왕초보도 때려잡는 영어회화 Upgrade 2

지은이 이상민
펴낸이 이상민
펴낸곳 (주)매드포스터디

초판 1쇄 발행 2019년 8월 1일

개발참여 매드포북스 LAB
　　　　　 JD Kim
　　　　　 Jodi Lynn Jones

기획/책임편집 이상민
편집디자인 한지은, 이상민
표지/본문디자인 한지은
일러스트 이동윤

주소 서울시 성동구 성수일로 89, 906호
이메일 publish@m4study.com
연락처 1661-7661
팩스 (02)6280-7661
출판등록 2010년 11월 2일 제 2010-000054호

값 17,000원
ISBN 979-11-967588-4-4 14740
ISBN 979-11-967588-0-6 14740 (세트)

www.m4books.com
매드포스터디 홈페이지를 방문하시면 MP3 자료를 비롯한
유용한 학습 콘텐츠들을 무료로 이용하실 수 있습니다.

Getting
Started!

왕초보도
때려잡는
영어회화

Upgrade 2

이상민 지음

Show'em Who's Boss!

머리말

선택이냐, 필수이냐의 차이는 있겠지만, 우리나라 대부분의 사람들이 갖고 싶어 하는 최고의 능력 중 하나에는 반드시 "유창한 영어회화 실력"이 포함되지 않을까 싶어요. 적어도 제 주변에서는 "난 영어회화에 관심 없어.", "우리 애들은 영어회화 못해도 돼."라고 말하는 사람은 못 봤거든요. 이렇게 많은 관심에도, 왜 우린 늘 왕초보 수준에서 벗어나지 못하고 "영어회화 정복"을 매년 새해 목표로 삼게 되는 걸까요?

"영어회화"는 "영어로 이야기를 나누는 것"이에요. 즉, 영어회화를 잘하려면 영어로 말을 많이 해야 하죠. 설마, 말하지 않고도 영어회화 실력을 늘릴 수 있는 방법이 있을 거라고 믿는 분이 계시진 않겠죠? 깊이 생각해보지 않아도 너무나도 분명한 이런 사실에도 불구하고, 주위를 둘러보면 가장 소극적인 "시청 활동"만을 요하는 동영상 강좌에 그토록 원하는 "영어회화 실력 향상"을 의존하는 사람들이 너무나 많은 것 같습니다. 아마도, 가장 익숙하면서도 편한 방법이기 때문에 그렇지 않나 싶어요.

동영상 강좌가 전혀 도움이 안 된다는 건 아니에요. 요즘에는 현지의 생생한 표현을 알려주는 재미 있는 동영상 강좌도 많더군요. 제 말은, "시청"에서 끝나면 안 된다는 거예요. 반드시 자기 입으로 직접 연습해야만 자기 실력이 된답니다. 전쟁에 나가려면 총알이 있어야겠죠? 동영상 강좌 시청은 총알을 비축하는 여러 방법 중 하나일 뿐이에요. 책을 통해서도 총알은 비축할 수 있죠. 문제는, 총알 비축만으로는 전쟁에서 승리할 수 없다는 사실이랍니다.

요즘은 동영상 강좌 서비스를 제공하는 교육업체들도 약간의 훈련 툴을 제공하기도 하고, 아예 훈련 툴을 핵심 서비스로 제공하는 업체들도 있지만, 무엇보다도 가장 좋은 회화학습 방법은 원어민 강사가 있는 어학원을 이용하든, 원어민에게 과외를 받든, 원어민 전화/화상영어 서비스를 이용하든, 어떤 식으로든 원어민과 직접 대화를 나누는 것이 아닐까 싶어요.

『왕초보도 때려잡는 영어회화』, 줄여서 『왕때영』은 원어민과 함께 영어회화를 공부하고자 하는 학습자들을 위해 개발했습니다. 사실, 만드는 과정이 그리 순탄치는 않았어요. 패턴영어처럼 어느 정도 고정된 틀이 있는 타 교재들과는 달리, 회화 교재는 주제마다 가르쳐야 할 방법이 달라서 레슨 마다 어떤 식으로 가르쳐야 할지 고민해야 했는데, 참고로 할 만한 시중 교재들이 딱히 없었거든요. 시중 교재 중 국내 출판사들이 만든 것들은 대부분 수업용 교재가 아닌 독학서였고, 해외 원서 교재들은 매일 조금씩 꾸준히 학습해야 하는 국내 학습자들에겐 약간 아쉬운 부분이 있었어요. 제작 과정 중 많은 우여곡절이 있었지만, 어찌 됐건, 영어교육 사업을 시작할 때부터 지금까지 늘 하나쯤 완성하고 싶었던 영어회화 교재를 이제 마무리하게 되니 정말 속 시원하네요. 『왕때영』이 저처럼 "영어회화 실력은 자기 입으로 직접 연습한 시간에 비례한다."라는 생각을 가진 영어회화 학습자들에게도 동일한 속 시원함을 드릴 수 있길 바랍니다.

이 책의 개발을 위해 함께 고생해주신 JD 선생님과 Jodi 선생님께 감사의 말씀 드립니다. 아울러, 늘 곁에서 큰 힘이 되어주는 제 아내와, 오랜 친구이자 든든한 파트너인 이왕태 이사, 그리고 한 분 한 분 다 언급할 순 없어도 늘 응원해주시고 저희를 위해 기도해주시는 모든 분께도 감사의 말씀 전하며, 모든 영광을 하나님께 돌립니다. 감사합니다.

이 상 민

이 책의 특징

**❶ 지금 왕때영을 잡은 당신은 초보이며,
왕때영은 바로 당신을 위한 책입니다.**

온라인 영어교육 서비스 중 "회화 학습"에 가장 효과적이라고 할 수 있는 전화/화상영어 분야에서 약 15년간 레벨테스트를 제공하며 쌓인 DB를 살펴보면 학습자들 가운데 약 70%는 8단계 레벨 중 2~3레벨에 속합니다. 즉, 좋게 말하면 "초보", 좀 더 심하게 말하면 "왕초보"란 말이죠. 토익 900점, 문법 박사, 듣기 천재, … 이런 것들은 전혀 필요 없습니다. 그냥 회화 실력만 놓고 보면, 영어회화 때문에 고민하는 대부분의 학습자들은 초보라고 볼 수 있어요. 그런데도 초보 학습자들은 대부분 이 사실을 인정하지 않아요. 분명, 본인의 회화 실력이 낮아서 어떻게든 도움을 구하기 위해 전화/화상영어 서비스를 찾아온 학습자인데도, 레벨 테스트 점수가 낮게 나오면 기분 나빠 하고, 회화책 1권은 너무 쉽다며 2~3권부터 시작하곤 하죠. 사실, "회화"라는 것 자체가 어렵지 않아요. 평상시 대화가 어려우면 그게 오히려 이상한 것이겠죠. 수능 영어나 토익에 어느 정도 익숙한 학습자들이 보면 회화책은 아주 쉬운 책에 속합니다. 물론, 이는 "독해"라는 측면에서 그렇단 말이지, 정작 대화 시엔 아주 간단한 문장도 제대로 내뱉지 못하는 분들이 많아요. "회화 학습"에서는 아무리 쉬운 문장도 적시에 자기 입으로 말할 수 없으면 완벽히 학습했다고 볼 수 없답니다. 자, 인정할 건 인정합시다. 『왕때영 (왕초보도 때려잡는 영어회화)』이라고 해서 다른 사람 쳐다보지 마세요. 지금 이 책을 잡은 당신은 초보이며, 이 책은 바로 당신을 위한 책입니다.

**❷ 업그레이드 편에서는
베이직 편과 동일한 또는 비슷한 주제에 관해
반복/심화 학습할 수 있도록 구성했어요.**

가끔 저는 누군가에게 영어를 가르쳐줄 때 더 많이 알려주고 싶은 욕심에 이것저것 관련된 내용들까지 한꺼번에 가르쳐주곤 해요. 학습자가 어느 정도 실력이 될 때는 재밌어하겠지만, 초보자일 경우엔 그로기 상태에 빠지게 되죠. 사실, 초보자들은 주제별로 쉬운 내용들만 먼저 쭉 배우고, 나머지 심화 내용들은 다시금 복습할 때 다루면 훨씬 더 이해하기 쉬운데, 『왕때영』은 이러한 점을 고려해 베이직 편과 업그레이드 편으로 나누었어요. 베이직 편 140개 레슨과 업그레이드 편 140개 레슨은 서로 같거나 비슷한 주제를 다루고 있으며, 베이직 편에는 초보 학습자들이 이해할 수 있는 내용들을, 업그레이드 편에는 그보다 심화된 내용들을 담았습니다.

❸ 핵심 부분은 원서 형태를 취하면서도
원서 파트에 대한 번역과 해설,
그리고 팁까지 포함하고 있어요.

하루에 4~6시간 정도 1:1 원어민 과외를 할 수 있고 온종일 영어로 말할 수 있는 환경에서 회화를 학습할 수 있다면 좋겠지만, 국내 학습자들에겐 꿈같은 이야기겠죠. 국내 환경에서 회화를 학습하려면 매일 꾸준히 하는 것이 제일 중요한 것 같아요. 아쉽게도, 작심하고 해외 어학연수를 떠나지 않는 한 하루 1시간 이상 회화 학습에 꾸준히 투자할 수 있는 사람은 많지 않죠. 학습한 내용을 복습하고 자기 입으로 직접 훈련하는 시간도 있어야 하므로, 원어민과 실제로 학습할 수 있는 시간은 최대 30분 정도에 불과하다고 볼 수 있습니다. 그러려면 내용을 빨리 이해할 수 있도록 어느 정도 떠먹여 주는 부분이 있어야 하는데, 이러한 이유로『왕때영』은 원어민과의 학습을 위해 핵심 부분은 원서 형태를 취하면서도 원서 파트에 대한 번역과 해설, 그리고 팁까지 포함하고 있답니다.

❹ 상황별 회화를 중심으로,
각 수준에서 소화할 수 있는 어휘 및 유용한 표현,
그리고 문법까지 종합적으로 다루고 있어요.

『왕때영』은 상황별 회화를 중심으로, 각 수준에서 소화할 수 있는 어휘 및 유용한 표현, 그리고 문법까지 종합적으로 다루고 있어요. 이 책을 가지고 회화 학습을 시작하는 시점에서는 "왕초보" 겠지만, 네 권으로 구성된 이 책의 마지막 장을 덮는 순간에는 어느새 중상급 단계에 올라 있을 거예요. 정말로 회화 실력 향상을 꿈꾼다면, 이 책 저 책 고민하지 말고,『왕때영』하나만 때려 잡으세요.『왕때영』만으로도 충분합니다.

자, 이제 시작해볼까요?

이 책의 구성과 활용

Basic 편 (레슨당 2페이지로 구성)

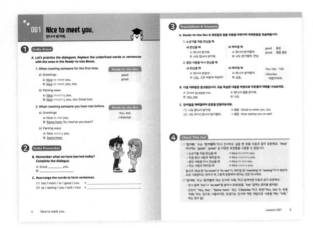

① **Gotta Know**
 - 핵심 학습 내용이 담긴 코너

② **Gotta Remember**
 - 복습 및 응용 코너

③ **Translations & Answers**
 - 번역 및 정답 제공 코너

④ **Check This Out**
 - 해설 및 팁 제공 코너

 수업 전
 · Translations & Answers 코너와 Check This Out 코너의 내용을 미리 가볍게 읽고 예습합니다. (처음에는 일부 내용이 이해가 안 될 수도 있습니다.)
 · 음원(MP3)을 활용해 당일 학습할 내용을 두세 번 가볍게 들어봅니다.
 · 익숙지 않은 어휘나 표현들은 따로 정리하여 암기합니다.

 수업 중
 · 교사의 리드에 따라 Gotta Know 코너(당일 배워야 할 핵심 내용이 담긴 코너)와 Gotta Remember 코너(복습/응용 코너)를 학습합니다.

 수업 후
 · Translations & Answers 코너와 Check This Out 코너의 내용을 다시 읽으며 당일 학습 내용을 꼼꼼히 복습합니다. (예습 시에는 이해가 안 되었던 내용들이 교사와의 수업 후 이해가 되면서 학습 효과가 배가됩니다.)
 · 학습 내용 중 유용한 문장은 따로 정리한 후 거의 암기할 수 있을 때까지 소리 내어 연습합니다. 이때 음원(MP3)을 활용해 "따라 읽기(음원을 먼저 듣고 따라 읽기)" 및 "동시에 말하기(음원을 재생함과 동시에 말하기)" 훈련을 하면 발음/억양/강세 훈련은 물론, 문장 암기 효과까지 기대할 수 있습니다.

Upgrade 편 (레슨당 4페이지로 구성)

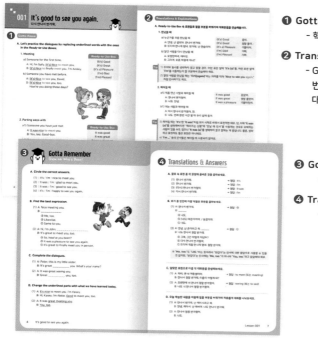

❶ Gotta Know
- 핵심 학습 내용이 담긴 코너

❷ Translations & Explanations
- Gotta Know 코너에 대한 번역, 해설 및 팁(일부 문제에 대한 정답) 제공 코너

❸ Gotta Remember
- 복습 및 응용 코너

❹ Translations & Answers
- Gotta Remember 코너에 대한 번역 및 정답(일부 문제에 대한 해설 및 팁) 제공 코너

수업 전
- 업그레이드 편은 베이직 편에서 다룬 주제와 같거나 또는 비슷한 주제에 대해 반복/심화 학습하기 때문에 수업 전 베이직 편을 먼저 복습하면 훨씬 효과적입니다. (레슨 번호는 같을 수도 있고 ±1 정도 차이가 있을 수도 있습니다.)
- Translations & Explanations 코너와 Translations & Answers 코너의 내용을 미리 가볍게 읽고 예습합니다. (처음에는 일부 내용이 이해가 안 될 수도 있습니다.)
- 음원(MP3)을 활용해 당일 학습할 내용을 두세 번 가볍게 들어봅니다.
- 익숙지 않은 어휘나 표현들은 따로 정리하여 암기합니다.

수업 중
- 교사의 리드에 따라 Gotta Know 코너(당일 배워야 할 핵심 내용이 담긴 코너)와 Gotta Remember 코너(복습 및 응용 코너)를 학습합니다.

수업 후
- Translations & Explanations 코너와 Translations & Answers 코너의 내용을 다시 읽으며 당일 학습 내용을 꼼꼼히 복습합니다. (예습 시에는 이해가 안 됐던 내용들이 교사와의 수업 후 이해가 되면서 학습 효과가 배가됩니다.)
- 학습 내용 중 유용한 문장은 따로 정리한 후 거의 암기할 수 있을 때까지 소리 내어 연습합니다. 이때 음원(MP3)을 활용해 "따라 읽기(음원을 먼저 듣고 따라 읽기)" 및 "동시에 말하기(음원을 재생함과 동시에 말하기)" 훈련을 하면 발음/억양/강세 훈련은 물론, 문장 암기 효과까지 기대할 수 있습니다.

회화 잘하는 법

2014년 6월쯤, 어릴 적부터 알고 지낸 한 친한 동생이 갑자기 절 찾아와서는 "형, 회화 실력을 늘릴 수 있는 방법 좀 알려줘."라고 물었습니다. 가르치는 것에서 손 뗀 지 15년 가까이 됐는데도, 아직 내게 이런 상담을 구하는 게 고맙기도 했지만, 한편으로는 답답함이 밀려왔습니다. 그 동생은 오랫동안 어학연수도 받아보고, 학원도 다녀보고, 전화/화상영어도 이용해본 애였거든요. 저는 영어 교육학 박사는 아닙니다만, 나름 오랫동안 영어를 공부하면서 많은 고민을 해봤기에 그 애 입장에서 같이 해답을 찾아보려고 노력했습니다.

이야기를 나눠본 결과, 그 애가 정말 단순하면서도 중요한 사실 하나를 놓치고 있다는 것을 알게 됐습니다. 바로 "말하기(Speaking)는 직접 자신의 입으로 말해야만 실력이 는다"는 것이죠. 어찌 보면 너무나 당연한 말이기에, 한편으로는 맥 빠지는 해답일 수도 있지만, 스스로에게 한번 물어 봅시다. 그걸 알면서 왜 실천하지 못하는지.

인터넷 서핑을 하다가 어떤 분이 이렇게 말씀하시는 걸 봤습니다. "너네가 왜 공부를 못하는 줄 알아? 너흰 공부를 안 해! (그러니까 못하는 거야.)" 와... 이런 걸 팩트 폭력이라고 하더군요. 맞는 말이라서 반박도 하기 힘든... 이것을 회화 버전으로 바꿔서 표현해보겠습니다. "여러분이 왜 회화를 못하는 줄 아세요? 여러분은 영어로 말을 안 해요."

"말하기(Speaking)는 직접 자신의 입으로 말해야만 실력이 는다"

사람들은 어떤 분야가 되었건 영어공부에 있어 소극적이며, 수동적입니다. 토익을 잘하려면 토익 학원에 가고, 회화를 잘하려면 어학연수를 가며, 문법을 배우려면 과외를 받습니다. 어떻게 해야 토익을 잘할 수 있고, 회화를 잘할 수 있으며, 문법을 잘 알 수 있는지 고민하기보다, 그런 것들을 가르쳐주는 장소나 사람에 의존하죠. 하지만 정작 학습법 자체를 모르면 그런 장소나 사람을 활용해도 크게 효과를 못 보게 됩니다.

어학연수를 떠났던 한 청년이 있었습니다. 나름 문법에 자신 있었던 그는 어학원에 다닌 지 한 달 만에 회화책 4권을 끝냈습니다. 별로 어려운 내용이 없었던 거죠. 하지만 한 달 후에도 여전히 회화 실력은 "어버버"였습니다. 부끄럽지만 바로 어릴 적 제 경험입니다. "회화"라는 게 어려울까요? 사람들이 평소에 주고받는 말을 "회화"라고 한다면, 그게 어려우면 이상하겠죠. 회화는 쉽습니다. 문법 전문가가 아니더라도 회화책을 그냥 쭉 읽어보면 대부분 이해가 될 정도로 쉽습니다. 제가 한 달 후에도 회화 실력이 늘지 않았던 이유는 회화책을 독해책 공부하듯 공부했기 때문이었습니다. 눈으로 보고 이해만 되면 학습을 끝냈다고 생각하고 진도 빼기 바빴던 것이죠. 사실, 독해책보다 회화책이 내용적인 면에서는 훨씬 쉽습니다.

회화 실력이 늘지 않았던 이유는 회화책을 독해책 공부하듯 공부했기 때문이었습니다.

"독해책 공부와 회화책 공부가 어떻게 다르길래 그러냐?"라고 물으신다면, "천지 차이"라고 답변 드리겠습니다. 언어에 있어 듣기(Listening)와 읽기(Reading)가 정보를 받아들이는 INPUT 영역에 해당한다면, 말하기(Speaking)와 쓰기(Writing)는 습득한(또는 획득한) 정보를 사용하는 OUTPUT의 영역에 해당합니다. 독해는 정보를 읽고 이해하는 것이 목적이지만, 회화는 의사소통이 목적입니다. 목적 자체가 다르며, 당연히 학습법도 다르죠.

여기서 한 번 생각해볼 문제는, 내가 내 입으로 말할(Speaking) 수 있는 내용을 상대방의 입을 통해 듣게(Listening) 되면 귀에 더 잘 들리며, 내가 글로 쓸(Writing) 수 있는 내용을 책으로 읽었을(Reading) 때 더 눈에 잘 들어오더라는 사실입니다. 하지만 반대로, 눈으로 봐서 이해한 내용을 다시 글이나 말로 표현하라고 하면 어려운 경우가 많습니다. 즉, 영어 학습 시 말하기와 쓰기 위주로 학습하면 듣기와 읽기 능력은 어느 정도 함께 상승하는 사례가 많지만, 듣기와 읽기를 잘한다고 해서 말하기나 쓰기 실력이 눈에 띄게 상승하는 사례는 드뭅니다. 물론, 네 가지 영역을 골고루 학습할 수 있다면 더욱 좋겠지만, 그럴 수 없다면, OUTPUT 영역을 위주로 학습하는 것이 훨씬 좋다고 말씀드리고 싶습니다.

다시 돌아와서, 저는 OUTPUT을 위한 회화책을 INPUT을 위한 독해책처럼 학습했습니다. 따라서 한 달이 지났을 때 책의 스토리는 대충 이해가 되었지만(당연히 글처럼 읽었으니) 배운 내용 중 그 어느 것도 제 입으로 쉽게 표현할 수는 없었습니다. 저는 비싼 돈 주고 책을 읽은 셈이었습니다.

저는 비싼 돈 주고 책을 읽은 셈이었습니다.

전 제 나이 또래 대부분의 사람들처럼 어릴 적부터 일본식 영어 발음에 익숙해 있었습니다. 따라서 발음은 엉망진창이었죠. 어떤 발음은 잘 들리지도 않고, 입으로 잘 나오지도 않았죠. 분명히 아는 발음인데도 제 머리와 제 입은 따로 놀았습니다. 하지만 토익 L/C 자료로 문장을 "따라 읽고", "동시에 말하는" 훈련을 하던 중 제 입으로는 불가하다고 생각했던 발음이 제대로 나오기 시작했습니다. 오호라~ 그때 비로소 깨닫게 되었습니다. 언어라는 건 머릿속으로 이해하는 것과 내 몸(입과 귀)이 습득하는 게 다르다는 사실을요. 즉, "안다는 것"과 "말할 수 있다는 것"이 다르다는 것을 알게 됐습니다.

회화는 아무리 쉬운 표현이라도 필요한 상황에 자신의 입으로 툭 튀어나오지 않으면 "회화를 학습했다"고 말할 수 없는 것입니다. 그러려면 머릿속 지식이 육체적인 감각, 즉 입을 통해 자연스럽게 나올 수 있도록 훈련하는 수밖에 없습니다. 이러한 의미에서 "말하기(회화)는 말하기를 통해 학습해야 한다"는 "아주 단순하면서도 대부분의 사람들이 실천하지 않는 진리"가 나오는 것이랍니다.

"안다는 것"과 "말할 수 있다는 것"이 다르다는 것을 알게 되었습니다.

회화를 학습할 때 원어민의 역할은 절대적이지 않습니다. 원어민 강사의 노하우나 체험에서 우러나오는 자세한 설명이 필요한 경우가 아니라면 자신이 알고 있는 내용을 써먹을 대화상대로, 더 정확히 말하자면 배운 내용을 입으로 훈련시켜줄 트레이너로 필요한 경우가 대부분이죠. 실제로 내용 이해는 한국 강사의 설명을 듣거나 한국말로 설명된 교재를 보는 게 더 빠릅니다. 그럼에도 불구하고 어학연수 가서 회화 수업을 받는 사람들을 보면, 하루에 6시간 넘게 1:1 수업을 하면서도 원어민 선생님의 설명을 듣고 이해하거나, 또는 책을 보고 이해하느라 수업 중 대부분의 시간을 낭비하는 학생들을 많이 봅니다. 이것은 전화영어나 화상영어 학습 때도 그대로 나타납니다. 제 말의 핵심은 어학연수나 전화영어, 화상영어가 효과가 없다는 말이 아닙니다. 그것을 활용하는 방법이 잘못되었다는 말이죠. 즉, 원어민과의 수업 시간은 자신이 아는 내용이나 학습한 내용을 훈련해야 할 시간인데, 그제서야 머릿속에 정보를 집어넣고 있다는 것입니다.

회화 공부는 훈련할 내용을 학습하고 이해하기 위한 시간과, 그것을 실제로 내 입으로 훈련하기 위한 시간이 필요합니다. 어학연수나 전화영어, 화상영어 학습의 관점에서 보자면 예습의 시간이 있어야 한다는 말입니다. 정보는 미리 머릿속에 담아와야 하고, 실제 수업 시간에는 그것을 내 입으로 훈련하는 시간으로 삼아야 합니다. 예습이 총알을 장전하는 시간이라면, 본 수업은 전투의 시간입니다. 매우 공격적이어야 하죠. 특히, 어학연수와는 수업 시간이 비교가 안 될 정도로 짧은 전화영어와 화상영어 학습은 수업 후에도 약 30분가량 자기만의 훈련 시간을 따로 가져야 합니다.

예습이 총알을 장전하는 시간이라면, 본 수업은 전투의 시간입니다.

이제, 지금까지 구구절절하게 설명한 내용을 요약해 "회화 잘하는 법"에 대한 결론을 짓겠습니다.

첫째, 회화는 '독해'가 아니라 '말하기'입니다. 읽지(Reading) 말고 말(Speaking)하십시오.
둘째, 원어민과의 수업 시간을 낭비하지 마십시오. 총알은 미리 장전해야 합니다.
셋째, 수업 시간에는 훈련에 집중하십시오.
넷째, 학습한 내용을 자신의 입으로 훈련하는 시간을 하루 최소 30분 이상 가지세요.

혼자서 훈련하는 시간을 꼭 가지세요. 훈련 시간을 낼 수 없다면, 어학연수나 전화영어, 화상영어 수업은 앞서 제 경험처럼 "비싼 돈 내고 책 읽는" 학습이 되기 쉽습니다. 훈련할 시간이 없다는 건, 회화 학습을 하기 싫다는 말입니다.

훈련할 시간이 없다는 건, 회화 학습을 하기 싫다는 말입니다.

마지막으로 한 말씀 드리고 글을 마무리하겠습니다. 아무리 좋은 교재가 나오고, 아무리 좋은 학습법이 개발되어도, "회화 실력은 자신이 직접 자기 입으로 훈련한 시간에 비례한다"는 사실은 변하지 않습니다! 이 책을 선택한 여러분은 "회화를 잘했으면 좋겠다"라는 막연한 바람에서 머물지 않고, 직접 책을 선택해 학습하려는 적극적인 의지가 있는 분들이라 믿습니다. 그러니 이제 같이 훈련을 시작합시다. 여러분은 할 수 있습니다.

회화 실력은 자신이 직접 자기 입으로 훈련한 시간에 비례합니다!

문장 연습은 이렇게...

혹시 "러브액츄얼리"라는 영화를 보셨나요? 영화에서 등장하는 여러 커플 중 어느 커플이 가장 기억에 남으세요? 보통은 스케치북으로 청혼하는 장면만 기억하시더군요. "TO ME, YOU ARE PERFECT" 기억나시죠? 제 경우엔 서로 언어가 달라 의사소통이 안 되던 작가 제이미와 포르투갈 가정부 오렐리아 커플이 가장 인상에 깊게 남았습니다. 제이미가 오렐리아를 바래다주는 상황에서 제이미는 영어로 "난 널 바래다주는 이 순간이 가장 행복해."라고 말하고, 오렐리아는 포르투갈어로 "전 당신과 곧 헤어져야 하는 이 순간이 가장 슬퍼요."라고 말하는데, 어쩜 같은 순간 같은 감정을 이처럼 다르게 표현할 수 있는지... 그 장면과 더불어 기억에 남는 건 제이미가 어학원 랩실에서 헤드셋을 끼고 열심히 포르투갈어를 공부하는 장면입니다. 눈치채셨나요? 바로 이 장면을 소개하기 위해 러브액츄얼리 이야기를 꺼낸 것이랍니다. 제이미가 오렐리아에게 청혼하기 위해 어학원에서 열심히 훈련했듯, 회화를 끝장내려는 의지가 있는 여러분이라면 적어도 제이미 이상의 노력을 기울여야 한답니다.

회화는 표현이 생명입니다. 특정 상황에서 얼마나 적절한 표현을 사용하는가가 중요하죠. 그러려면 많은 표현을 알고 있어야겠죠? 표현은 하나의 "단어(word)"일 수도 있고, "구(phrase)"일 수도 있고, "문장(sentence)"일 수도 있는데, 어차피 대화는 대부분 문장 단위로 할 것이므로 문장 단위로 연습하는 것이 좋습니다.

훈련에 앞서 가장 먼저 해야 할 것은 어떤 표현을 훈련할 것인지 "선택"하는 것입니다. 보통, 의욕이 앞서는 학습자는 맞닥뜨리는 표현을 몽땅 외우려고 덤볐다가 일주일도 못 가 포기하곤 하는데, 표현을 선택할 때에는 반드시 자신이 소화할 수 있는 양에서 최대 110% 정도만 선택하는 것이 좋습니다. 또한, 특이하고 재미있다고 해서 자주 쓰이는 건 아니므로 자신이 평소 자주 사용할 법한 표현들로만 선택하도록 합니다.

훈련할 표현을 정리했다면 제일 첫 단계는 "따라 읽기"입니다.

1-1 음원을 먼저 재생한 후 귀 기울여 듣습니다.

1-2 음원과 최대한 비슷하게 따라 읽어봅니다.

➡ 이렇게 한 문장당 최소 15회 이상 반복합니다.

두 번째 단계는 "동시에 말하기"입니다.

2-1 음원 재생과 동시에 말하기 시작합니다.

2-2 음원이 끝날 때 같이 끝날 수 있게 합니다.

➡ 이 단계 역시 한 문장당 최소 15회 이상 반복합니다.

이처럼 20~30여 회 이상 신경 써서 읽은 문장은 입에 익어서 적시에 무의식적으로 튀어나오기도 합니다. 이와 더불어 첫 번째 단계에서는 발음이 개선되고, 두 번째 단계에서는 억양과 강세까지 개선되는 효과를 기대할 수 있습니다. 연습해보면 알겠지만 두 번째 단계에서는 문장이 조금만 길어져도 비슷한 억양과 강세로 말하지 않으면 동시에 끝나지 않는답니다.

이 훈련에서는 주의해야 할 것이 세 가지 있습니다.

첫째, 간혹 반복 횟수에만 신경 쓰고, 정작 문장 내용이나 발음에는 신경을 안 쓰는 학습자들이 있는데, 그러면 그냥 멍 때리는 것과 같답니다. 반드시 문장 내용과 발음에 신경 쓰면서 읽어야 합니다.

둘째, 단계별 훈련 방법 소개에서 첫 번째 단계는 따라 "읽기"라고 표현했고, 두 번째 단계는 동시에 "말하기"라고 표현한 것 눈치채셨나요? 첫 번째 단계에서는 눈으로는 문장을 보고 귀로는 음원을 들으면서 연습하는 것입니다. 반면, 두 번째 단계에서는 보지 않고 "말해야" 합니다. 암기하면서 훈련하는 것이죠.

셋째, 말하는 내용은 다시 자신의 귀를 통해 2차 자극을 주게 됩니다. 즉, 자신이 말하는 내용이 다시 자신의 귀에 들리게 되면서 뇌에 반복 자극을 준다는 것이죠. 하지만 귀는 자신이 평상시 말하는 소리 크기에 익숙해져 있어서 평상시보다 더 크게 말해야 한답니다. 이러한 이유로 지금 까지 이 방법으로 훈련해본 적이 없었던 학습자들은 하루 이틀 만에 목이 쉬기도 합니다.

자, 이제 문장 연습 방법을 충분히 이해하셨죠? 소금물 가글 준비하시고, 오늘부터 꾸준히 30분 이상 이 방법으로 훈련해보세요! 한 달이 지날 즈음엔 표현력과 더불어 발음/억양/강세가 눈에 띄게 향상돼 있을 거예요. 쌀라쌀라 영어 방언이 터지는 날을 기대하며, 화이팅!

Contents
목차

▶▶▶

Let's Get Started!

▶▶▶

071 The others are white.

나머진 하얀색이야.

Gotta Know

A. Let's fill in the blanks using the expressions in the box.

one	another	some	others	the others

(1) There are 10 sheep over there.
＿＿＿＿＿＿＿ is black
and ＿＿＿＿＿＿＿ are white.

(2) I have five good friends.
＿＿＿＿＿＿＿ is a doctor,
＿＿＿＿＿＿＿ is a chef,
and ＿＿＿＿＿＿＿ are professors.

(3) They're selling a variety of items.
＿＿＿＿＿＿＿ are cheap
and ＿＿＿＿＿＿＿ are expensive.

(4) I invited 10 friends of mine.
＿＿＿＿＿＿＿ are from Asia
and ＿＿＿＿＿＿＿ are from America.

(5) I have 100 dollars.
＿＿＿＿＿＿＿ are one-dollar bills,
＿＿＿＿＿＿＿ are five-dollar bills,
and ＿＿＿＿＿＿＿ are 10-dollar bills.

A. 상자 속 표현들을 이용해 각 빈칸을 채워봅시다.

(1) 저기 양이 열 마리 있어.　　　　　→ 정답 : 순서대로
　　하나는 검은색이고,　　　　　　　　　One,
　　나머진 하얀색이야.　　　　　　　　　the others

(2) 난 친한 친구가 다섯 있어.　　　　　→ 정답 : 순서대로
　　하나는 의사고,　　　　　　　　　　　One,
　　다른 하나는 요리사고,　　　　　　　another 또는 one 또는 another one,
　　나머진 모두 교수야.　　　　　　　　the others

(3) 거기서 다양한 물건을 팔아.　　　　→ 정답 : 순서대로
　　어떤 것들은 싸고,　　　　　　　　　Some,
　　어떤 것들은 비싸.　　　　　　　　　others

(4) 난 10명의 친구들을 초대했어.　　　→ 정답 : 순서대로
　　몇몇은 아시아 출신이고,　　　　　　Some,
　　그 외엔 모두 미국에서 왔어.　　　　the others

(5) 나한테 100달러 있어.　　　　　　　→ 정답 : 순서대로
　　몇 장은 1달러짜리고,　　　　　　　Some,
　　몇 장은 5달러짜리,　　　　　　　　others,
　　나머진 모두 10달러짜리야.　　　　　the others

Tip

1) 대상이 두 개일 때 하나는 "**one**", 다른 하나는 "**the other (one)**"이라고 표현하죠? 이를 응용해, "하나"와 "개수가 정해져 있는 나머지 무리"를 가리킬 때는 "**one**", "**the others**"라고 표현해요. 마찬가지로, 대상이 "하나", "또 하나", "개수가 정해져 있는 나머지 무리"일 때는 "**one**", "**another (one)**", "**the others**"라고 표현하죠.

2) 대상이 크게 두 무리로 나뉘는 경우, 한 무리는 "**some**", 다른 무리는 "**the others**"라고 표현해요. 이때 전체 개수를 모를 경우, 즉 나머지 개수를 모를 때는 정관사 "**the**" 없이 그냥 "**others**"라고 표현하죠. 하지만 원어민 중에는 나머지 개수를 알든 모르든 그냥 "**the others**"라고 표현하는 사람들도 종종 있어요.

3) 대상이 크게 세 무리로 나뉘는 경우, 한 무리는 "**some**", 또 다른 무리는 "**others**", 나머지 무리는 "**the others**"라고 표현해요.

4) 개수가 정해져 있는 나머지 무리, 즉 "**the others**"는 "**the rest**"라고 표현하기도 해요.

5) "**the others**"와 "**others**"는 각각 "**the other ones**", "**other ones**"라고 표현하기도 하고, "**the other cars**", "**other kids**"처럼 구체적인 명사로 밝혀주기도 해요.

6) 조금 더 응용해서 다음과 같이 묘사할 수도 있어요.

한 대상,	또 다른 한 대상,	또 다른 한 대상,	개수가 정해져 있는 나머지 무리
one	another (one)	the third (one)	the others / the other ones / the rest

한 대상,	또 다른 한 대상,	또 다른 무리,	개수가 정해져 있는 나머지 무리
one	another (one)	others / other ones	the others / the other ones / the rest

A. Complete the dialogues. (Some answers may vary.)

(1) A: Are these all 10 dollars each?
   B: No, some are 20 dollars,
   _____ are 10 dollars,
   and the others are 5 dollars.

(2) A: Is everything decaf?
   B: One is decaf
   but _____ are not.

(3) A: Do you have any pets?
   B: I actually have several.
   Two of my pets are dogs
   and _____ ones are cats.

(4) A: Look at these comic books.
   B: _____ are mine
   and the others are Kevin's.
   A: Can I borrow some?

(5) A: What are all these kids whining about?
   B: One says he's hungry,
   _____ says he's thirsty,
   and the rest say they need to
   go to the bathroom.
   A: I should've called in sick today.

B. Answer the question below.

Q: How many foreign friends do you have and where're they from?
A: _____.

22   The others are white.

Translations & Answers

A. 알맞은 표현으로 다음 각 대화문을 완성해보세요. (일부 정답은 응답자에 따라 다를 수 있음)

(1) A: 이것들은 모두 개당 10달러인가요?
    B: 아뇨, 몇 개는 20달러, 다른 몇 개는 10달러,
       나머진 5달러예요.

→ 정답 : others
      / other ones

(2) A: 모두 다 디카페인이야?
    B: 하나는 디카페인이지만, 나머진 아니야.

→ 정답 : the others
      / the other ones
      / the rest

(3) A: 너 애완동물 있어?
    B: 실은 좀 많아. 애완동물 중 두 마리는 강아지고,
       나머진 고양이지.

→ 정답 : the other

(4) A: 이 만화책들 좀 봐.
    B: 몇 개는 내 거고, 나머진 케빈 거야.　(→ Some)
      / 다섯 개는 내 거고, 나머진 케빈 거야. (→ Five of them)
    A: 내가 좀 빌려도 돼?

→ 정답 : Some
      / Five of them

(5) A: 이 애들은 모두 뭐 때문에 칭얼대는 거야?
    B: 하나는 배고프다고 하고, 다른 하나는 목마르다고
       그러고, 나머진 화장실 가고 싶다고 그래.
    A: 오늘 병가 낼 걸 그랬네.

→ 정답 : another
      / another one
      / another boy
      / another kid

B. 다음 응답은 참고용입니다. 질문에 자유롭게 응답해보세요.

Q: How many foreign friends do you have and where're they from?
A: I have seven foreign friends. Four of them are from the Philippines
and the others are from America.

    Q: 당신은 외국인 친구가 몇 명이나 있나요? 그들은 어디 출신들인가요?
    A: 전 외국인 친구가 7명 있어요. 네 명은 필리핀 출신이고, 나머진 모두 미국인들이에요.

072 Would you be quiet?

조용히 좀 해줄래요?

Gotta Know

A. Let's look at the examples and change the sentences accordingly.

ex1) Please look at this. → Would you look at this?

(1) Please come over here. → _____?
(2) Please keep it down a little. → _____?

ex2) Would you do me a favor? → Will you please do me a favor?

(3) Would you hold this for a sec? → _____?
(4) Would you lend me some money? → _____?

ex3) Could you wait for a second? → Can you please wait for a second?

(5) Could you lend me a hand? → _____?
(6) Could you pick me up on your way? → _____?

B. Use the *Cheat Box* to fill in the blanks.

(1) _____ me! (≈ Sue me!)
(2) _____ a leg!
(3) Have some.
(4) Help yourself.
(5) Enjoy your meal.
(6) Join us for dinner.
(7) _____ ahead.
(8) _____ yourself.
(9) _____ me about it.
(10) Take it easy.
(11) _____ me five!
(12) _____ the club.
(13) Keep it up! (= Keep up the good work!)

Cheat Box
go
give
join
make
suit
tell
break

A. 보기를 참고로 하여 주어진 문장들을 바꿔봅시다.

ex1) 이것 좀 보세요. → 이것 좀 볼래요?

(1) 이리로 좀 와보세요. → 정답: Would you come over here?
이리로 좀 와볼래요?

(2) 조금만 조용히 좀 해주세요. → 정답: Would you keep it down a little?
조금만 조용히 좀 해줄래요?

ex2) 부탁 하나만 좀 들어줄래요?

(3) 이거 잠시만 좀 들어줄래요? → 정답: Will you please hold this for a sec?
(4) 돈 좀 빌려줄래요? → 정답: Will you please lend me some money?

ex3) 잠시만 좀 기다려줄 수 있어요?

(5) 저 좀 도와줄 수 있어요? → 정답: Can you please lend me a hand?
(6) 가는 길에 저 좀 픽업해줄 수 있어요? → 정답: Can you please pick me up on your way?

Tip 1) 명령을 공손한 부탁으로 바꾸려면 명령문 앞이나 끝에 "please"를 붙이거나, 문장 앞에 "would you", "will you please", "could you", "can you please" 등을 넣어 의문문으로 바꿔서 표현할 수도 있어요. 하지만 평상시 대화에서는 이렇게 말하기보다 "Will you …?" 또는 "Can you …?" 정도로 표현하는 경우가 훨씬 많습니다. 참고로, "Will you please …?"와 "Can you please …?"는 "Will you … please?", "Can you … please?"처럼 "please"를 끝으로 옮겨서 표현하기도 해요.

B. 다음은 명령문 중 명령의 의미가 약하거나 거의 없어서 권유나 부탁에 가까운, 혹은 전혀 다른 뜻으로 사용되는 유용한 표현들입니다. Cheat Box 속 표현들로 빈칸을 채워보세요.

(1) 배 째! → 정답 : Make
(2) 행운을 빌어! / 잘해봐! / 화이팅! → 정답 : Break
(3) 좀 먹어.
(4) 마음껏 먹어.
(5) 식사 맛있게 해. / 맛있게 드세요.
(6) 우리랑 같이 저녁 먹자.
(7) (그렇게) 해. / (계속) 해. / (먼저) 해. / (신경 쓰지 말고) 해. → 정답 : Go
(8) 좋을 대로 해. / 네 맘대로 해. → 정답 : Suit
(9) 내 말이! → 정답 : Tell
(10) 진정해. / 편히 쉬어.
(11) 하이파이브(하자)! → 정답 : Give
(12) 나도 마찬가지야. / 너만 그런 거 아니야. → 정답 : Join
(13) 계속 힘내! / 계속 그렇게 열심히 해!

Tip 2) "Sue me!"는 말 그대로 해석하면 "날 고소해!"라는 뜻으로, "맘에 안 들면 고소하든지!", "난 모르겠으니 그냥 고소하든지!" 이런 어감이에요. 우리말의 "배 째!"와 같은 뜻이 되죠. 이와 비슷한 표현으로는 "Make me! (배 째! / 그렇게 해보시던가!)"도 있으며, 이 둘에 비해 훨씬 덜 공격적인 표현으로는 "Whatever!"도 있어요. "Whatever!"은 상대방의 말을 가볍게 무시하는 표현으로, "그러든가 말든가!", "그러라지, 뭐!", "(뭐라고 하든 난) 관심 없어!", "어쩌라고!", "어쨌든!", "아, 됐어!" 정도의 느낌이랍니다.

Gotta Remember
Show 'em Who's Boss!

A. Rearrange the words to complete the dialogues. (Some answers may vary.)

(1) A: ___you / up / a / speak / little / would___?
   B: Sure. How about now? Am I loud enough?
   A: Yep.

(2) A: ___seat / have / a / please___.
   B: No thanks. I'd rather stand.
   A: Suit yourself.

(3) A: ___you / break / a / for / 50 / me / could___?
   B: Let's see. I have two 5's and two 20's.
   A: That's great.

(4) A: ___quiet / be / you / will___?
   B: Sorry. I didn't know you were sleeping.

(5) A: Is there anything I can get for you?
   B: ___a / of / me / glass / water / bring / can / please / you___?

- -

B. Complete the dialogues. (Some answers may vary.)

(1) A: _____!
   B: Thanks. I'll try my best!

(2) A: Can I try your cookies?
   B: Sure, _____.

(3) A: Can I use your cell phone?
   B: Sure, _____, but make it short.

(4) A: Don't you think you should apologize to me first?
   B: _____!

(5) A: He's just too bossy.
   B: _____ about it.
      That's the reason I'm quitting my job.

Translations & Answers

A. 단어들을 재배열하여 각 대화문을 완성해보세요. (일부 정답은 응답자에 따라 다를 수 있음)

(1) A: 좀 더 크게 말해줄래요?
    B: 네. 지금은 어때요? 제 말 잘 들려요?
    A: 네.
    → 정답 : Would you speak up a little?

(2) A: 앉으세요.
    B: 아니오, 괜찮아요. 그냥 서 있을게요.
    A: 그렇게 하세요.
    → 정답 : Please have a seat.
    / Have a seat, please.

(3) A: 50달러짜리 좀 바꿔줄래요?
    B: 어디 보자. 5달러짜리 두 개랑 20달러짜리 두 개 있네요.
    A: 거 잘됐네요.
    → 정답 : Could you break a 50 for me?

(4) A: 조용히 좀 해줄래?
    B: 미안. 네가 자고 있는지 몰랐어.
    → 정답 : Will you be quiet?

(5) A: 뭐 좀 갖다 드릴까요?
    B: 물 한 잔만 좀 갖다 줄래요?
    → 정답 : Can you please bring me a glass of water?
    / Can you bring me a glass of water, please?

B. 알맞은 표현으로 다음 각 대화문을 완성해보세요. (일부 정답은 응답자에 따라 다를 수 있음)

(1) A: 행운을 빌어!
    B: 고마워. 최선을 다할게!
    → 정답 : Break a leg

(2) A: 네 쿠키 좀 먹어봐도 돼?
    B: 응, 마음껏 먹어.
    → 정답 : help yourself
    / go ahead

(3) A: 네 휴대폰 좀 써도 돼?
    B: 응, 써. 하지만 짧게 끝내.
    → 정답 : go ahead

(4) A: 네가 먼저 나한테 사과해야 한다고 생각하지 않아?
    B: 배 째.
    → 정답 : Make me
    / Whatever

(5) A: 그는 이거 해라 저거 해라 사람을 너무 부려먹어.
    B: 그러니까 말이야. 그래서 내가 직장을 그만두는 거야.
    → 정답 : Tell me

073 Don't tell me you forgot.
너 설마 잊어버린 건 아니지?

A. Let's complete the dialogues using the given sentences.

I forgot. →	A: How much money do I owe you? B: You owe me 100 dollars. <u>Don't tell me you forgot.</u>

① I don't know how to do this. →	A: _____. B: I used to know how, but not anymore.
② I've changed my mind. →	A: _____. B: No, I'm still gonna go ahead with my original decision.
③ I forgot to hand in my paper. →	A: _____. B: Of course not. What do you take me for?

B. Let's look at the sentences on the left and make sentences on the right accordingly.

Don't do that again!	Don't bring that up again!
→ Never (ever) do that again! → Don't (you) ever do that again! → Don't you dare do that again!	→ (1) _____! → (2) _____! → (3) _____!

C. Let's look at the example and change the sentences accordingly.

ex) Don't lie to me anymore.
  → No more lying to me.

(1) Don't touch my stuff anymore.
  → _____.

(2) Don't yell in my house anymore.
  → _____.

A. 주어진 문장을 이용해 다음 각 대화문을 완성해봅시다.

나 깜빡했어.	→	A: 내가 너한테 빚진 게 얼마지? B: 100달러 빚졌어. 설마 잊어버린 건 아니지?
① 나 이거 어떻게 하는지 몰라.	→	→ 정답 : Don't tell me you don't know how to do this. A: 너 설마 이거 어떻게 하는지 모르는 건 아니지? B: 예전엔 알았는데, 지금은 모르겠어.
② 나 마음 바꿨어.	→	→ 정답 : Don't tell me you've changed your mind. A: 너 설마 마음 바뀐 건 아니지? B: 아니. 그래도 난 처음에 결정했던 대로 할 거야.
③ 나 리포트 제출하는 거 깜빡했어.	→	→ 정답 : Don't tell me you forgot to hand in your paper. A: 너 설마 리포트 제출하는 거 깜빡한 건 아니지? B: 당연히 아니지. 날 뭐로 보는 거야?

Tip 1) "설마 너 ~한 건 아니지?"라고 묻고 싶을 땐 "Don't tell me ..."라고 말하면 돼요. 형태는 부정 명령문이지만, 실제 의미는 "명령"이 아니라 "의심성 질문"에 가깝죠.

2) "Don't tell me ..."는 표면적으로는 "~라고 말하지 마."라는 뜻이라서 "Don't say ..."와 비슷한 것 같지만, 느낌은 완전히 달라요. "Don't tell me ..."는 "설마 ~한 건 아니지?"처럼 여차하면 따질 태세로 던지는 말이지만, "Don't say ..."는 단순히 어떤 말을 하지 말라는 표면적인 뜻으로만 사용된답니다.
ex) Don't tell me you didn't know.   너 설마 몰랐던 건 아니지?
ex) Don't say you didn't know.   몰랐다고 하지 마.

B. 다음은 부정 명령을 강조하는 방법입니다. 좌측 문장들을 참고로 하여 우측 문장들을 만들어 봅시다.

다시는 그러지 마! → 절대로 다시는 그러지 마! → (너) 다시는 그러지 마! → 너 또 그러기만 해봐!

다시는 그 이야기 꺼내지 마!

(1) → 정답 : Never (ever) bring that up again!
다시는 그 이야기 꺼내지 마!

(2) → 정답 : Don't (you) ever bring that up again!
(너) 다시는 그 이야기 꺼내지 마!

(3) → 정답 : Don't you dare bring that up again!
너 또 그 이야기 꺼내기만 해봐!

Tip 3) 다음과 같이 부정 명령을 강조할 때는 "even"을 사용하기도 해요.
ex) Don't (you) even go there.   (너) 거긴 가지도 마.

C. 보기를 참고로 하여 주어진 문장들을 바꿔봅시다.

ex) 이제 더는 나한테 거짓말하지 마.   → 이제 더는 나한테 거짓말하지 않기다.

(1) 이제 더는 내 물건에 손대지 마.   → 정답 : No more touching my stuff.
이제 더는 내 물건에 손대지 않기다.

(2) 이제 더는 내 집에서 소리 지르지 마. → 정답 : No more yelling in my house.
이제 더는 내 집에서 소리 지르지 않기다.

Gotta Remember
Show 'em Who's Boss!

A. Make any sentences you want using the phrase "Don't tell me ..."

(1) Don't tell me _____.

(2) Don't tell me _____.

(3) Don't tell me _____.

B. Complete the dialogues. (Some answers may vary.)

(1) A: It's your own fault he left you.
    B: _____ say that again.

(2) A: It's cool to have a waterbed!
    B: _____ jumping on the bed, okay?

(3) A: Don't _____ push the red button.
    B: Why not? What does it do?

(4) A: I'm just going to taste this soup.
    B: Don't you _____. Get out of my kitchen!

(5) A: Oh no. I'm gonna cry.
    B: _____ crying in front of me. I'm so done with it.

(6) A: _____ ever lie to me.
    B: I'm sorry. I just didn't want you to worry too much.

(7) A: What happened to your car?
    B: Don't _____ ask. Somebody keyed it.

C. Rearrange the words to form sentences.

(1) again / never / call / me / ever
    → _____.

(2) you / me / dare / touch / don't
    → _____!

(3) during / no / the / class / more / chatting
    → _____.

(4) me / don't / ever / talk / like / that / to / you
    → _____!

Don't tell me you forgot.

Translations & Answers

A. 다음 문장들은 참고용입니다. "Don't tell me ..."를 이용해 자유롭게 문장을 만들어보세요.

(1) Don't tell me <u>it didn't happen</u>.
그런 일 없었다고 하지 마.

(2) Don't tell me <u>you're still afraid of the dark</u>.
너 설마 아직도 어두운 게 무서운 건 아니지?

(3) Don't tell me <u>you don't know what day today is</u>.
너 설마 오늘이 무슨 날인지 모르는 건 아니지?

B. 알맞은 표현으로 다음 각 대화문을 완성해보세요. (일부 정답은 응답자에 따라 다를 수 있음)

(1) A: 그가 널 떠난 건 자업자득이야.
B: 절대로 다신 그런 말 하지 마.
→ 정답 : Never / Never ever
/ Don't ever / Don't you ever
/ Don't you dare

(2) A: 물침대라니 너무 신나!
B: 더 이상 침대 위에서 뛰지 않기다. 알았지?
→ 정답 : No more

(3) A: 빨간 버튼은 누를 생각도 하지 마.
B: 왜? 그걸 누르면 어떻게 되는데?
→ 정답 : ever / you ever

(4) A: 이 수프 맛만 볼게.
B: 그러기만 해봐. 내 부엌에서 꺼져!
→ 정답 : dare

(5) A: 아, 이런. 나 울 거 같아.
B: 제발 더는 내 앞에서 울지 마. 우는 건
이제 정말 지겨워.
→ 정답 : No more

(6) A: 다신 나한테 거짓말하지 마.
B: 미안. 난 단지 너 너무 걱정하게 하기
싫어서 그랬어.
→ 정답 : Don't / Don't you
/ Never

(7) A: 네 차 왜 저래?
B: 묻지도 마. 누가 내 차 긁어놨어.
→ 정답 : even

C. 단어들을 재배열하여 문장을 만들어보세요.

(1) 절대로 다시는 나한테 전화하지 마. → 정답 : Never ever call me again.
(2) 너 나 건드리기만 해봐! → 정답 : Don't you dare touch me!
(3) 이젠 수업 중에 잡담하지 않기다. → 정답 : No more chatting during the class.
(4) 너 다시는 내게 그런 식으로 말하지 마! → 정답 : Don't you ever talk to me like that!

074 I plan to leave tomorrow.

난 내일 떠날 계획이야.

Gotta Know

A. Let's look at the examples and make sentences accordingly.

ex1) receive calls → I'm having trouble (in) receiving calls.

(1) wake up early these days → _____.

(2) breathe → _____.

(3) convince her → _____.

ex2) concentrate
→ I'm having difficulty (in) concentrating.

(4) understand this
→ _____.

(5) sleep these days
→ _____.

(6) decide what to buy
→ _____.

B. Use the *Cheat Box* to fill in the blanks. (Some answers may vary.)

		Cheat Box
... V-ing	(1) I used to really _____ eating out on weekends.	keep
	(2) _____ lecturing me.	mean
	(3) Did you _____ reading this book?	mind
	(4) Just _____ going straight.	plan
	(5) Do you _____ waiting a little?	stop
	(6) You should really _____ drinking.	enjoy
... to V	(7) I _____ to hear good news from you.	learn
	(8) Where did you _____ to drive like that?	decide
	(9) I know you didn't _____ to do that.	expect
	(10) I _____ to leave tomorrow.	finish
	(11) I _____ not to let you down.	give up
	(12) I'm not sure if he'll _____ to join us or not.	promise

A. 보기를 참고로 하여 문장들을 만들어봅시다.

ex1) 전화를 수신하다 → 나 전화 수신이 잘 안 돼.

(1) 요즘 일찍 일어나다 → 정답 : I'm having trouble (in) waking up early these days.
나 요즘 일찍 잘 못 일어나겠어.

(2) 숨을 쉬다 → 정답 : I'm having trouble (in) breathing.
나 숨이 잘 안 쉬어져. / 나 숨을 제대로 못 쉬겠어.

(3) 걔 설득하다 → 정답 : I'm having trouble (in) convincing her.
나 걔 설득하는 데 애먹고 있어.

ex2) 집중하다 → 나 집중이 잘 안 돼.

(4) 이것을 이해하다 → 정답 : I'm having difficulty (in) understanding this.
나 이거 이해가 잘 안 돼.

(5) 요즘 잠을 자다 → 정답 : I'm having difficulty (in) sleeping these days.
나 요즘 잠을 잘 못 자.

(6) 뭘 사야 할지 결정하다 → 정답 : I'm having difficulty (in) deciding what to buy.
나 뭘 사야 할지 잘 못 고르겠어.

> **Tip**
>
> 1) "~하는 것에 어려움이 있다", "~할 때 어려움이 있다"라고 말하고 싶을 때는 "have trouble (in) ~ing", "have difficulty (in) ~ing"처럼 표현하면 돼요. "in"은 생략하고 말하는 경우가 많죠. 드물긴 하지만 동명사 대신 명사가 등장하기도 하는데, 이때는 전치사 "in"을 생략하지 않으며, 전치사 "in" 대신 "with"를 이용하기도 해요. 참고로, "have a problem (in) ~ing"도 이와 비슷한 뜻으로 사용할 수 있는데, 이는 "have a problem with + 명사" 형태로 더 많이 사용돼요.
>
> ex) I'm having a problem with the heating.　　난방에 문제가 있어요.
> ex) I'm having a problem with my toilet.　　변기에 문제가 있어.

B. 다음은 목적어로 동명사와 to부정사 중 어느 하나만을 받는 대표적인 동사들을 소개한 것입니다. Cheat Box 속 표현들로 빈칸을 채워보세요. (일부 표현은 두 번 이상 사용 가능)

• 목적어로 동명사를 받는 동사들

(1) → 정답 : enjoy　　난 예전에는 주말마다 외식하는 걸 정말 좋아했었어.
(2) → 정답 : Stop　　나한테 설교 좀 그만해!
(3) → 정답 : finish　　너 이 책 다 읽었어?
(4) → 정답 : keep　　그냥 계속 직진해.
(5) → 정답 : mind　　잠깐만 기다려줄래?
(6) → 정답 : give up / stop　　넌 정말 술 좀 끊어야 해.

• 목적어로 to부정사를 받는 동사들

(7) → 정답 : expect　　(너한테서) 좋은 소식 기대해.
(8) → 정답 : learn　　너 어디서 그런 식으로 운전하는 걸 배운 거야?
(9) → 정답 : mean　　난 네가 그럴 의도 없었다는 거 알아.
(10) → 정답 : plan　　난 내일 떠날 계획이야.
(11) → 정답 : promise　　널 실망시키지 않겠다고 약속할게.
(12) → 정답 : decide　　난 걔가 우리와 함께하기로 할지 잘 모르겠어.

> **Tip**
>
> 2) "give up ~ing"는 "give up on ~ing"처럼 "on"을 넣어서 표현하기도 하는데, 이에는 딱히 규칙이 없어서, 뒤에 어떤 표현이 등장할 때 "on"을 추가해주는지 그때그때 파악해서 연습할 수밖에 없어요.

Gotta Remember
Show 'em Who's Boss!

A. Make any sentences you want using the given phrases.

(1) I'm having difficulty _____.

(2) I'm having difficulty _____.

(3) I'm having trouble _____.

(4) I'm having trouble _____.

B. Complete the dialogues using the appropriate forms of the given verbs.

(1) A: I'm really sorry. I didn't mean _____
  your feelings.
  B: I know.
  (← hurt)

(2) A: I gave up on _____ it to her.
  B: I would've done the same.
  (← explain)

(3) A: Why don't we go for a drink?
  B: No. I promised _____ home early.
  (← be)

(4) A: I just finished _____ a movie.
  B: How did you like it?
  (← watch)

(5) A: When do you plan _____?
  B: At 45 or 50. How about you?
  (← retire)

(6) A: You want to learn _____ yourself?
  B: I do.
  A: Then give taekwondo a shot.
  (← defend)

(7) A: Can we wait for a bit? He should be here soon.
  B: I don't mind _____ a few more minutes.
  (← wait)

(8) A: You keep _____.
  B: Because it's already past my bedtime.
    I'm not a night owl like you.
  (← yawn)

C. Answer the question below.

Q: What is something you've been having trouble with these days?

A: _____.

Translations & Answers

A. 다음 문장들은 참고용입니다. 주어진 표현들을 이용해 자유롭게 문장을 만들어보세요.

(1) I'm having difficulty <u>remembering names</u>.　　나 이름이 잘 안 외워져.
(2) I'm having difficulty <u>losing weight</u>.　　나 살이 잘 안 빠져.
(3) I'm having trouble <u>making friends</u>.　　나 친구들을 잘 못 사귀겠어.
(4) I'm having trouble <u>finding a job</u>.　　나 직장이 안 구해져.

B. 주어진 동사의 알맞은 형태를 이용해 다음 각 대화문을 완성해보세요.

(1) A: 정말 미안해. 네 기분을 상하게 하려던 건 아니었어.　　→ 정답 : to hurt
　　B: 알아.

(2) A: 나 걔한테 그거 설명해주는 거 포기했어.　　→ 정답 : explaining
　　B: 나라도 그랬을 거야.

(3) A: 우리 술 한잔하러 가는 게 어때?　　→ 정답 : to be
　　B: 안 돼. 집에 일찍 들어가기로 했어.

(4) A: 나 방금 영화 한 편 다 봤어.　　→ 정답 : watching
　　B: 어땠어?

(5) A: 넌 언제 은퇴할 계획이야?　　→ 정답 : to retire
　　B: 45세나 50세 정도에. 넌?

(6) A: 호신술을 배우고 싶다고?　　→ 정답 : to defend
　　B: 응.
　　A: 그럼 태권도 한번 해봐.

(7) A: 우리 잠시만 기다려도 돼? 걔 곧 도착할 거야.　　→ 정답 : waiting
　　B: 난 몇 분 더 기다려도 괜찮아.

(8) A: 너 계속 하품하네.　　→ 정답 : yawning
　　B: 잘 시간이 지나서 그래. 난 너처럼 야행성이 아니거든.

C. 다음 응답은 참고용입니다. 질문에 자유롭게 응답해보세요.

Q: What is something you've been having trouble with these days?
A: <u>I've been having trouble making decisions. I'm so indecisive that</u>
　 <u>I always end up relying on my husband when making decisions.</u>

　Q: 당신이 요즘 들어 어려움을 겪고 있는 것은 무엇인가요?
　A: 뭔가를 결정 내리는 게 어려워요. 너무 우유부단해서 결정할 일이 생기면
　　결국 항상 남편을 의존하게 되죠.

075 I have many things to buy.
나 살 게 많아.

Gotta Know

A. Let's look at the examples and make sentences accordingly.

ex1) Do you mind ...?   → Do you mind my asking?
      (└ I ask.)

(1) I'm uncomfortable with ...   → _____.
              (└ He loiters.)

(2) I don't like ...   → _____.
          (└ She comes to my house.)

ex2) This is too complicated ...
                  (└ I understand.)
    → This is too complicated for me to understand.

(3) It's too spicy ...
          (└ He eats.)
    → _____.

(4) This jacket is too big ...
              (└ She wears.)
    → _____.

B. Let's look at the example and change the sentences accordingly.

ex) I need to buy many things.   → I have many things to buy.

(1) I need to ask plenty of questions.   → _____.
(2) I need to stop by a bunch of places. → _____.
(3) I need to consider many things.   → _____.

C. Let's look at A1 through A4 and choose what needs to follow.

A1) I'm happy ...   •   • B1) to be a doctor
A2) I'm here ...   •   • B2) to hear that
A3) It's very easy ... •   • B3) to ask you a favor
A4) She grew up ... •   • B4) to use

36   I have many things to buy.

A. 보기를 참고로 하여 문장들을 만들어봅시다.

ex1) ...해도 괜찮아?
(└ 내가 묻는다. / 내가 부탁한다.)
→ 내가 뭐 좀 물어봐도 돼?
/ 내가 뭐 좀 부탁해도 돼?

(1) 난 ...이 불편해.
(└ 걔가 어슬렁거린다.)
→ 정답 : I'm uncomfortable with his loitering.
난 걔가 어슬렁거리는 게 불편해.

(2) 난 ...이 싫어.
(└ 걔가 우리 집에 온다.)
→ 정답 : I don't like her coming to my house.
난 걔가 우리 집에 오는 게 싫어.

ex2) 이건 ... 너무 복잡해.
(└ 내가 이해한다.)
→ 이건 내가 이해하기에는 너무 복잡해.

(3) (그건) ... 너무 매워.
(└ 걔가 먹는다.)
→ 정답 : It's too spicy for him to eat.
(그건) 걔가 먹기엔 너무 매워.

(4) 이 재킷은 ... 너무 커.
(└ 걔가 입는다.)
→ 정답 : This jacket is too big for her to wear.
이 재킷은 걔가 입기엔 너무 커.

> **Tip**
> 1) 문장에는 반드시 "동사(verb)"가 있어야 하며, 그 동사가 나타내는 동작이나 상태의 주체인 "주어(subject)"도 존재하게 돼요. 동명사나 to부정사 역시 그 태생은 동사였기 때문에 함께 쌍을 이루는 주어가 존재하는데, 이를 문장의 주어와 구분하기 위해 **"의미상의 주어"**라고 부르죠. 동명사의 의미상의 주어는 동명사 앞에 소유격으로 표현해주며, to부정사의 의미상의 주어는 to부정사 앞에 **"for + 목적격"** 형태로 표현해줘요. 참고로, 문법적으로는 틀리지만, 대화 시에는 동명사의 의미상의 주어를 소유격이 아닌 목적격으로 표현하는 경우도 종종 있어요.
> 2) 동명사의 경우에는 의미상의 주어 자체가 잘 사용되지 않으므로 개념만 이해해두세요.

B. 보기를 참고로 하여 주어진 문장들을 바꿔봅시다.

ex) 난 많은 것을 사야 해.
→ 나 사야 할 게 많이 있어. / 나 살 게 많아.

(1) 난 많은 질문을 해야 해.
→ 정답 : I have plenty of questions to ask.
나 물어봐야 할 게 많아. / 나 물어볼 게 많아.

(2) 난 많은 곳을 들러야 해.
→ 정답 : I have a bunch of places to stop by.
나 들러야 할 곳이 많아. / 나 들를 곳이 많아.

(3) 난 많은 것을 고려해야 해.
→ 정답 : I have many things to consider.
나 고려해야 할 게 많아. / 나 고려할 게 많아.

> **Tip**
> 3) to부정사는 명사 뒤에서 명사를 꾸며주기도 해요. 이때는 주로 "~해야 할" 또는 "~할"이라고 해석되죠.

C. A1~A4에 이어질 알맞은 말을 찾아 문장을 완성해보세요.

A1) → 정답 : B2) I'm happy to hear that. 그렇다니 기뻐. / 그렇다니 다행이야.
A2) → 정답 : B3) I'm here to ask you a favor. 나 너한테 부탁 좀 하려고 왔어.
A3) → 정답 : B4) It's very easy to use. (그건) 사용하기 아주 쉬워.
A4) → 정답 : B1) She grew up to be a doctor. 걘 커서 의사가 됐어.

> **Tip**
> 4) to부정사는 문장 내에서 부사의 역할을 하기도 해요. 대부분 "~하기 위해서", "~하려고"라는 뜻으로 사용되지만, 그 외에도 "~해서", "~하기에는" 등 다양한 뜻으로 사용된답니다.

Gotta Remember
Show'em Who's Boss!

A. Look at each given sentence and complete the dialogues using "for ~ to ..."

(1) A: Why is it so hard _____?   (You say no to her.)
    B: Because I like her.

(2) A: It's too hard _____.   (I decide.)
    B: Come on. Why do you have to be so indecisive?

(3) A: It's hard _____.   (I understand her.)
    B: I know what you mean.

(4) A: I love this, but it's too expensive _____.   (I buy.)
    B: Don't worry. I'll get it for you.

B. Complete the sentences using "to ..." (Answers may vary.)

(1) I have so many things _____.
(2) I have a ton of things _____.
(3) I have a few errands _____.
(4) I have a flight _____.
(5) I have a family _____.
(6) I don't have time _____.
(7) I don't have any friends _____.
(8) I need more time _____.
(9) I can't think of any reasons _____.

C. Make any sentences you want using the given phrases.

(1) I'm here to _____.
(2) I'm here to _____.
(3) I'm happy to _____.
(4) I'm happy to _____.
(5) I'm ready to _____.
(6) I'm ready to _____.

D. Answer the question below.

Q: Why do you study English?
A: _____.

38   I have many things to buy.

Translations & Answers

A. 주어진 문장을 알맞게 바꿔서 다음 각 대화문을 완성해보세요.

(1) A: 넌 왜 걔한테 거절을 잘 못 하는 거야? → 정답 : for you to say no to her
     B: 걜 좋아하니까.

(2) A: 난 너무 어려워서 결정 못 하겠어. → 정답 : for me to decide
     B: 야, 넌 왜 그렇게 우유부단하게 구는 거야?

(3) A: 난 걔 이해를 잘 못 하겠어. → 정답 : for me to understand her
     B: 무슨 말인지 알겠어.

(4) A: 이게 무척 마음에 들지만, 내가 사기엔 → 정답 : for me to buy
        너무 비싸네.
     B: 걱정 마. 내가 사줄게.

B. 다음 문장들은 참고용입니다. 알맞은 표현으로 각 문장을 완성해보세요.

(1) I have so many things <u>to do</u>.   나 할 게 엄청 많아.
(2) I have a ton of things <u>to worry about</u>. 나 걱정해야 할 게 산더미야.
(3) I have a few errands <u>to run</u>.   나 심부름해야 할 게 몇 개 있어.
(4) I have a flight <u>to catch</u>.   나 타야 할 비행기가 있어.
(5) I have a family <u>to take care of</u>.   나 돌봐야 할 가족이 있어.
(6) I don't have time <u>to go there today</u>.   나 오늘 거기 갈 시간 없어.
(7) I don't have any friends <u>to talk to</u>.   나 대화 나눌 친구가 없어.
(8) I need more time <u>to think</u>.   나 생각할 시간이 더 필요해.
(9) I can't think of any reasons <u>to say no</u>. 나 거절할 만한 이유를 못 찾겠어.

C. 다음 문장들은 참고용입니다. 주어진 표현들을 이용해 자유롭게 문장을 만들어보세요.

(1) I'm here to <u>meet someone</u>.   난 (여기) 누구 좀 만나러 왔어.
(2) I'm here to <u>help you</u>.   나 (여기) 너 도와주러 왔어.
(3) I'm happy to <u>work with you</u>. (난) 너랑 함께 일하게 돼서 기뻐.
(4) I'm happy to <u>help out</u>.   도울 수 있어서 기뻐. / 당연히 도와줘야지.
(5) I'm ready to <u>order</u>.   (저) 주문할게요. / (저) 주문해도 될까요?
(6) I'm ready to <u>leave</u>.   난 떠날 준비 됐어. / 난 출발할 준비 됐어.

D. 다음 응답은 참고용입니다. 질문에 자유롭게 응답해보세요.

Q: Why do you study English?   Q: 당신은 왜 영어를 공부하나요?
A: <u>I study English so I can travel around the world.</u>   A: 전 세계 일주를 다녀오려고
   <u>It's always been my childhood dream.</u>   영어를 공부해요. 어릴 적부터
                                                   꿈이었거든요.

It's hard to choose.

고르기가 어렵네.

Gotta Know

A. Let's look at the example and make new sentences accordingly.

ex) It's hard.　　　　　　　　→ It's hard to find time.
(└ find time)

(1) It's great.　　　　　　　→ _____.
(└ have you back)

(2) It's hard.　　　　　　　→ _____.
(└ get a job)

(3) It's easy.　　　　　　　→ _____.
(└ tell when he's trying to lie)

(4) It is best.　　　　　　　→ _____.
(└ prepare for a rainy day)

B. Let's practice the dialogues using the given information.

A: It's no use <u>crying</u>. B: I know, but I can't help it.	① wait for him ② repeat yourself
A: It's no good <u>talking to her</u>. B: I know what you mean.	③ listen to him ④ apologize to her

C. Let's look at the examples and change the sentences accordingly.

ex1) I love <u>you</u>.
→ It's you that I love.

ex2) I <u>visited</u> the States <u>last year</u>.
→ It was last year that I visited the States.

(1) I hate <u>your attitude</u>.
→ _____.

(2) <u>Jina</u> told on you to the cops.
→ _____.

(3) I met Marvin <u>yesterday</u>.
→ _____.

A. 보기를 참고로 하여 새로운 문장들을 만들어봅시다.

ex) (그건) 어려워.
(⌐ 시간을 내다)
→ 시간 내기가 어려워.

(1) (그건) 정말 좋아.
(⌐ 네가 돌아오다)
→ 정답 : It's great to have you back.
네가 다시 돌아와서 진짜 반가워.

(2) (그건) 어려워.
(⌐ 직장을 구하다)
→ 정답 : It's hard to get a job.
직장 구하는 건 어려워.

(3) (그건) 쉬워.
(⌐ 걔가 언제 거짓말하는지 알다)
→ 정답 : It's easy to tell when he's trying to lie.
걘 거짓말하려고 하면 딱 보여.

(4) (그건) 최선이야.
(⌐ 비 오는 날을 위해 준비하다)
→ 정답 : It is best to prepare for a rainy day.
유비무환이야.

Tip 1) "좋다, 어렵다, 쉽다" 등 결론을 먼저 말하고 나서, 무엇이 "좋다, 어렵다, 쉽다"는 것인지를 뒤에서 밝혀주는 것을 "가주어 구문"이라고 해요. 이때, 맨 앞의 "it"은 결론을 먼저 말하기 위해 임시로 사용한 "가주어(가짜 주어)"이며, "진주어(진짜 주어)"는 문장 끝에 to부정사나 동명사, 또는 that 명사절 형태로 등장하죠. 진주어 대신 자리를 차지하고 있는 가주어 덕분에 진주어 부분을 제외해도 문법적으로는 완벽한 문장이 된답니다.

ex) It's easy to learn how to swim. 수영 배우는 건 쉬워.
ex) It's not easy being a man. 남자로 살아가는 건 쉽지 않아.
ex) It's said that time is money. 시간은 돈이라고들 하지.

B. 주어진 정보를 이용해 다음 대화문들을 연습해봅시다.

A: 울어봤자 소용없어. B: 알아. 하지만 어쩔 수가 없네. A: 걔랑 이야기해봤자 소용없어. B: 네 말이 무슨 말인지 알아.	① 걜 기다리다 ② 같은 말을 되풀이하다 ③ 걔 말을 듣다 ④ 걔한테 사과하다

C. 보기를 참고로 하여 주어진 문장들을 바꿔봅시다.

ex1) 난 널 사랑해. → 내가 사랑하는 사람은 (바로) 너야.
ex2) 난 작년에 미국을 방문했어. → 내가 미국을 방문한 건 (바로) 작년이었어.

(1) 난 네 태도가 싫어.
→ 정답 : It's your attitude that I hate.
내가 싫어하는 건 (바로) 네 태도야.

(2) 지나가 널 경찰에 밀고했어.
→ 정답 : It was Jina that told on you to the cops.
경찰에 널 밀고한 사람은 (바로) 지나였어.

(3) 난 어제 마빈을 만났어.
→ 정답 : It was yesterday that I met Marvin.
내가 마빈을 만난 건 (바로) 어제였어.

Tip 2) 가주어 구문과 형태는 비슷하지만 완전 의미가 다른 구문으로는 "It's A that B" 강조 구문도 있어요. 이 구문은 생각보다 간단한데, 실제로 강조하고자 하는 부분을 A 자리에, 나머지를 B 자리에 넣으면 되죠. 사실, 과장하는 느낌이 강해서 실제 대화 시에 자주 사용되진 않아요.

A. Make any sentences you want using the given phrases.

(1) It's good _____.

(2) It's best _____.

(3) It's better _____.

(4) It's okay _____.

(5) It's wrong _____.

(6) It's very tiring _____.

(7) It's important _____.

(8) It's nearly impossible _____.

B. Complete the dialogues using the phrase "It's A that B."

(1) A: What're you so worried about? Is it Jeremy?   (I'm worried about you.)
    B: No, _____.

(2) A: Who're you waiting for?   (I've been waiting for you.)
    B: _____.
    A: Me? Why?
    B: I wanted to give this to you.

(3) A: A woman keeps calling and hanging up.   (My sister is calling.)
       What's going on? Are you cheating on me?
    B: _____.

(4) A: Are you in love with Ben?   (I'm in love with you.)
    B: Of course not. _____.

C. Rearrange the words to form sentences.

(1) whining / it's / use / about / it / no
    → _____.

(2) there / it's / no / right / now / going / use
    → _____.

(3) me / no / good / it's / trying / to / persuade
    → _____.

Translations & Answers

A. 다음 문장들은 참고용입니다. 주어진 표현들을 이용해 자유롭게 문장을 만들어보세요.

(1) It's good <u>to be back home</u>.   집에 돌아오니 좋네. / 역시 집이 최고야.
(2) It's best <u>to stay home when it rains</u>.   비 올 땐 집에 있는 게 최고야.
(3) It's better <u>to try it than regret it later</u>. 나중에 후회하는 것보단 한번 해보는 게 나아.
(4) It's okay <u>for you to use my car</u>.   네가 내 차 써도 괜찮아.
(5) It's wrong <u>to speak ill of others</u>.   남 흉보는 건 나쁜 거야.
(6) It's very tiring <u>to play with kids</u>.   아이들과 놀아주는 건 몹시 피곤한 일이야.
(7) It's important <u>to pick the right major</u>.   알맞은 전공 선택이 중요해.
(8) It's nearly impossible <u>to fool Daniel</u>.   대니얼을 속이는 건 거의 불가능에 가까워.

B. 주어진 문장을 강조하는 문장으로 바꿔서 각 대화문을 완성해보세요.

(1) A: 넌 뭘 그렇게 걱정하는 거야?   → 정답 : it's you that I'm worried about.
        제러미 걱정하는 거야?
    B: 아니, 내가 걱정하는 건 바로 너야.

(2) A: 너 누구 기다려?   → 정답 : It's you that I've been waiting for.
    B: 내가 기다린 건 바로 너야.
    A: 나? 왜?
    B: 너한테 이거 주고 싶어서.

(3) A: 어떤 여자가 계속 전화해서 끊어. 무슨   → 정답 : It's my sister that's calling.
        일이야? 너 나 두고 바람피우는 거야?
    B: 계속 전화하는 건 내 여동생이야.

(4) A: 너 벤 사랑해?   → 정답 : It's you that I'm in love with.
    B: 말이 되는 소릴 해. 내가 사랑하는 건
        바로 너야.

C. 단어들을 재배열하여 문장을 만들어보세요.

(1) (그것에 관해) 징징대봐야 소용없어.   → 정답 : It's no use whining about it.
(2) 지금 거기 가봤자 소용없어.   → 정답 : It's no use going there right now.
(3) 날 설득하려 해봤자 소용없어.   → 정답 : It's no good trying to persuade me.

  ※ "~해도 소용없어.", "~해봤자 소용없어."라고 말하고 싶을 때는 다음과 같이 표현하기도
    해요.
      ex) There's no use looking back.
        (과거를) 되돌아봐도 (아무) 소용없어. / 뒤돌아봐도 (아무) 소용없어.
      ex) There's no point cramming the night before the test.
        시험 전날 밤에 벼락치기 해봤자 (아무) 소용없어.

077 Sorry I stormed out on you.

(그렇게) 화내고 나가버려서 미안해.

Gotta Know

A. Use the *Cheat Box* to fill in the blanks.

(1) Thank God.

(2) Thank goodness.

(3) Thanks _____ advance.

(4) Thanks, but _____ thanks.

(5) I wanted to thank you again.

(6) You don't have to thank me _____ that.

(7) Don't thank me. Thank yourself.

(8) Jerry didn't _____ say "Thank you."

(9) _____ thanks to you all.

(10) We _____ Benjamin to thank for this problem.

Cheat Box

in	for	have
no	even	many

B. Let's look at the examples and change the sentences accordingly.

ex1) I'm sorry I yelled at you. → I'm sorry for yelling at you.

(1) I'm sorry I lied to you. → _____.

(2) I'm sorry I lost your pen. → _____.

(3) I'm sorry I missed your call. → _____.

(4) I'm sorry I haven't paid you back. → _____.

ex2) I'm sorry I'm so late. → I'm sorry to be so late.

(5) I'm sorry I bother you. → _____.

(6) I'm sorry I upset you. → _____.

(7) I'm sorry I interrupt. → _____.

(8) I'm sorry I disappoint you. → _____.

ex3) I'm sorry, (but) our time's up. → I'm afraid our time's up.

(9) I'm sorry, (but) I have to go now. → _____.

(10) I'm sorry, (but) I'm gonna be late. → _____.

A. 다음은 "thank"를 활용한 유용한 표현들입니다. Cheat Box 속 표현들로 빈칸을 채워보세요.

(1) 정말 다행이다. / 하나님 감사해요.
(2) 정말 다행이다. / 신께 감사할 일이다.
(3) 미리 고마워.   → 정답 : in
(4) 고맙지만 사양할게.   → 정답 : no
(5) 다시 한번 고맙다는 말을 하고 싶었어.
(6) 그 일로 내게 고마워할 필요 없어.   → 정답 : for
(7) 나한테 고마워할 거 없어. 네 공이 큰데, 뭘.
(8) 제리는 고맙다는 말조차 하지 않았어. → 정답 : even
(9) 여러분 모두 대단히 감사합니다.   → 정답 : Many
(10) 지금 이 문제가 생긴 건 다 벤저민 때문이야. → 정답 : have

Tip 1) 보통, "**다행이다**"라고 말할 때는 "**Thank God.**"을 입버릇처럼 사용해요. 이 뒤에는 뭐가 다행인지를 완벽한 문장 형태로 밝혀주기도 하죠. "**I'm glad ...**"와 "**Good thing ...**"도 비슷한 표현으로 자주 사용되니 함께 알아두세요.

    ex) Thank God I don't have to work today.   앗싸, 나 오늘 일 안 해도 된다.
    ex) Thank God you're okay.   네가 괜찮아서 천만다행이야.
    ex) I'm glad you're okay.   네가 괜찮아서 다행이야.
    ex) Good thing you're okay.   네가 괜찮으니 망정이지.

B. 보기를 참고로 하여 주어진 문장들을 바꿔봅시다.

ex1) 너한테 소리 질러서 미안해.

(1) 너한테 거짓말해서 미안해. → 정답 : I'm sorry for lying to you.
(2) 네 펜 잃어버려서 미안해. → 정답 : I'm sorry for losing your pen.
(3) 네 전화 못 받아서 미안해. → 정답 : I'm sorry for missing your call.
(4) 네 돈 안 갚은 거 미안해. → 정답 : I'm sorry for not paying you back.

ex2) 많이 늦어서 미안해.

(5) 너 귀찮게 해서 미안해. → 정답 : I'm sorry to bother you.
(6) 너 화나게 해서 미안해. → 정답 : I'm sorry to upset you.
(7) 너 방해해서 미안해. → 정답 : I'm sorry to interrupt.
(8) 너 실망시켜서 미안해. → 정답 : I'm sorry to disappoint you.

ex3) 미안하지만, 시간 다 됐어.

(9) 미안하지만, 난 이만 가봐야겠어. → 정답 : I'm afraid I have to go now.
                                   (아쉽지만,) 난 이만 가봐야겠어.
(10) 미안하지만, 나 늦을 것 같아. → 정답 : I'm afraid I'm gonna be late.
                                   (미안하지만,) 나 늦을 것 같아.

Tip 2) "**I'm sorry ...**" 뒤에는 "**for + 동명사**" 대신 to부정사가 등장할 수도 있어요. 단, "**I'm sorry for ...**"는 이미 자신이 저지른 행동으로 인해 미안하다고 말하는 느낌인 반면, "**I'm sorry to ...**"는 지금 하고 있거나 앞으로 하게 될 일에 대해 미안하다고 말하는 느낌이죠.

3) "**sorry**"는 "**미안한**"이라는 뜻 외에도 "**안된**", "**유감스러운**", "**후회스러운**"이라는 뜻으로도 쓰여요. "**유감스러운**"이라는 뜻일 때 "**I'm sorry, (but) ...**"은 "**I'm afraid ...**"라고 표현할 수도 있죠.

Gotta Remember
Show'em Who's Boss!

A. Complete the dialogues.

(1) A: Why don't you have some more?
B: Thanks, _____. I think I've had enough.

(2) A: Sorry I'm late.
B: It's okay. _____ you made it in time.

(3) A: Thanks for letting me borrow your car.
B: You don't have to _____ that.

(4) A: Gordon sure helped us out yesterday.
B: I forgot _____ him today. I guess
I'll just do it tomorrow.

B. Complete the dialogues using the given information. (Some answers may vary.)

(1) A: I'm sorry _____.   (I was so rude last night.)
B: You should be sorry!

(2) A: I'm sorry _____.   (I take up so much of your time.)
B: No, I didn't have anything to do
anyway.

(3) A: I'm sorry _____, but   (I bother you.)
can I ask you a couple of questions?
B: Shoot.

(4) A: I'm sorry _____.   (I kept you waiting.)
B: Not a problem. I've only been waiting
here for two hours.

(5) A: I'm sorry _____.   (I didn't return your calls.)
B: Whatever happened to you?
A: I was actually out of the country
for a couple of days.

(6) A: I'm sorry _____.   (I disappoint you.)
B: It's okay. I'm used to it.
A: Oh, like you never disappoint me!

Translations & Answers

A. 알맞은 표현으로 다음 각 대화문을 완성해보세요.

(1) A: 좀 더 들지 그래?
   B: 고맙지만, 됐어. 충분히 많이
      먹은 거 같아.
   → 정답 : but no thanks

(2) A: 늦어서 미안.
   B: 괜찮아. 네가 시간 맞춰
      도착해서 정말 다행이야.
   → 정답 : Thank God

(3) A: 차 빌려줘서 고마워.
   B: 그런 거로 나한테 고마워하지
      않아도 돼.
   → 정답 : thank me for

(4) A: 어젠 진짜 고든 덕을 봤어.
   B: 오늘 걔한테 고맙다는 말을
      깜박했네. 그냥 내일 해야겠다.
   → 정답 : to thank

B. 주어진 문장을 알맞게 바꿔서 각 대화문을 완성해보세요. (일부 정답은 응답자에 따라 다를 수 있음)

(1) A: 어젯밤에 너무 무례하게 굴어서
      미안해.
   B: 당연히 미안하겠지!
   → 정답 : for being so rude last night

(2) A: 시간 많이 뺏어서 미안해.
   B: 아니야, 어차피 할 게 아무것도
      없었어.
   → 정답 : to take up so much of your time
            / for taking up so much of your time

(3) A: 귀찮게 해서 미안한데, 몇 가지
      좀 물어봐도 돼?
   B: 해봐.
   → 정답 : to bother you
            / for bothering you

(4) A: 기다리게 해서 미안해.
   B: 괜찮아. 여기서 기다린 지 겨우
      두 시간밖에 안 됐어.
   → 정답 : for keeping you waiting
            / to keep you waiting

(5) A: 답신 못 해줘서 미안해.
   B: 도대체 무슨 일이 있었던 거야?
   A: 실은 2~3일 정도 외국에 다녀왔어.
   → 정답 : for not returning your calls

(6) A: 널 실망시켜서 미안해.
   B: 괜찮아. 적응됐어.
   A: 이야, 넌 실망시키는 일이 없는
      것처럼 말하네!
   → 정답 : to disappoint you
            / for disappointing you

078 Who gave that to you?

그거 누가 너한테 줬어?

Gotta Know

A. Use the *Cheat Box* to fill in the blanks. (Some answers may vary.)

V ... to ~	(1) _____ my regards to your parents.
	(2) _____ this picture to her via email.
	(3) Can you _____ English to my son?
	(4) _____ a bedtime story to Jane.
	(5) She didn't _____ the news to anyone.
	(6) Don't _____ this to anyone.
	(7) Don't _____ your guitar to anyone.
V ... for ~	(8) _____ this for your wife.
	(9) I can _____ dinner for you.
	(10) Let me _____ a new one for you.
	(11) _____ a sandwich for me.
	(12) Can you _____ a job for my son?

Cheat Box

buy
fix
get
cook
give
lend
make
read
send
show
tell
teach

B. Use the *Cheat Box* to fill in the blanks. (Some answers may vary.)

(1) For _____?
(2) For old times' _____.
(3) I'm happy for you.
(4) _____ for you.
(5) Lucky for you.
(6) I'm doing this for you.
(7) What's this used for?
(8) That's what friends _____ for.
(9) You look young for your _____.
(10) It's pretty good for the _____.
(11) You know I'm good for _____.
(12) I wouldn't miss it for the _____.

Cheat Box			
it	are	sake	price
age	good	what	world

A. 다음은 간접목적어(I.O.)를 직접목적어(D.O.) 뒤로 보낼 때 어떤 전치사를 필요로 하는지에 따라 동사들을 분류한 것입니다. Cheat Box 속 표현들로 빈칸을 채워보세요. (일부 정답은 응답자에 따라 다를 수 있음)

- "to"를 필요로 하는 동사들

  (1) → 정답 : Give   너희 부모님께 내 안부 전해줘.
  (2) → 정답 : Send   걔한테 이메일로 이 사진 좀 보내줘.
  (3) → 정답 : teach   내 아들에게 영어 좀 가르쳐줄래?
  (4) → 정답 : Read   제인에게 잠자리 동화 좀 읽어줘.
  (5) → 정답 : tell   걘 그 소식을 아무에게도 말해주지 않았어.
  (6) → 정답 : show   이거 아무한테도 보여주지 마.
  (7) → 정답 : lend   네 기타를 아무에게나 빌려주지 마.

- "for"를 필요로 하는 동사들

  (8) → 정답 : Buy   네 아내에게 이거 사다 줘.
  (9) → 정답 : cook   내가 너 저녁 해줄게.
  (10) → 정답 : make   내가 (너한테) 새것 하나 만들어줄게.
  (11) → 정답 : Fix   샌드위치 하나 만들어줘.
  (12) → 정답 : get   내 아들에게 일자리 하나 구해줄래?

Tip

1) 두 개의 목적어를 필요로 하는 동사들은 간접목적어와 직접목적어의 위치를 바꿔서 표현하기도 해요. 단, "~에게"에 해당하는 간접목적어를 직접목적어 뒤에 표현하는 경우에는 반드시 "to"나 "for"와 같은 전치사를 동반해야 하는데, "어떤 행동을 먼저 한 후에 누군가에게 주다"라는 뜻일 때는 "for"를, 그 외에는 "to"를 주로 사용하죠. 다음과 같이 전치사로 "of"나 "on"을 사용하는 동사들도 있으나 그 수가 많진 않아요.

    ex) Ask anything of me.   내게 뭐든지 물어봐. / 내게 뭐든 부탁해.
    ex) Are you playing a joke on me?   너 지금 나랑 장난하자는 거야?
                                         / 너 지금 나 놀리는 거야?

B. 다음은 "for"를 이용한 유용한 표현들입니다. Cheat Box 속 표현들로 빈칸을 채워보세요. (일부 정답은 응답자에 따라 다를 수 있음)

(1) (For what? →) 왜? / 뭐 때문에? / 뭐하려고?   → 정답 : what
     (For good? →) 영원히? / 아주?   / good
(2) 옛정을 생각해서.   → 정답 : sake
(3) 잘됐네.
(4) 잘됐네.   → 정답 : Good
(5) 운 좋네. / 잘됐네.
(6) 난 너를 위해 이러는 거야.
(7) 이건 어디에 쓰는 거야?
(8) 그래서 친구가 좋다는 거잖아.   → 정답 : are
(9) 넌 나이에 비해 어려 보이는구나. / 너 동안이네.   → 정답 : age
(10) (그건) 가격에 비해 꽤 괜찮아.   → 정답 : price
(11) 내가 돈 잘 갚는 거 알잖아.   → 정답 : it
(12) 만사 다 제쳐놓고 갈게. / 무슨 일이 있어도 꼭 볼게.   → 정답 : world

Gotta Remember
Show'em Who's Boss!

A. Complete the sentences.

(1) Buy some souvenirs _____ your friends.

(2) Read that back _____ me.

(3) Give a hug _____ your brother for me.

(4) Mom, can you make a tuna sandwich _____ me?

(5) Send this gift _____ them.

(6) Fix something to eat _____ me.

(7) Can I ask a favor _____ you?

(8) Can you cook some pasta _____ me?

(9) Show it _____ me.

(10) Offer a drink _____ our guest, please.

B. Complete the dialogues.

(1) A: You look young _____.
B: Thank you. It's because I live a stress-free life.

(2) A: I'm going to America this winter.
B: _____?
A: To study English for a year.

(3) A: You're coming to my wedding, right?
B: Of course I am. I _____ for the world.

(4) A: I really need somebody to lean on right now.
B: You can lean on me. That's _____.

(5) A: I know how to drive.
B: _____ you! By the way, do you have a driver's license?

(6) A: Can I borrow some money?
B: How much?
A: 500 dollars. I'll pay you back at the end of May.
You know _____.
B: Okay.

Translations & Answers

A. 알맞은 전치사로 다음 각 문장을 완성해보세요.

(1) 네 친구들에게 기념품 좀 사다 줘. → 정답 : for
(2) 그것 좀 나한테 다시 읽어줘 봐. → 정답 : to
(3) 나 대신 네 오빠 한 번 안아줘. → 정답 : to
(4) 엄마, 참치 샌드위치 좀 만들어 주실래요? → 정답 : for
(5) 걔네한테 이 선물 좀 보내줘. → 정답 : to
(6) 나 먹을 것 좀 차려 줘. → 정답 : for
(7) 너한테 부탁 하나만 해도 돼? → 정답 : of
(8) 나 파스타 좀 만들어줄래? → 정답 : for
(9) 나한테 (그거) 좀 보여줘. → 정답 : to
(10) 우리 손님에게 마실 것 좀 내어주세요. → 정답 : to

※ 간접목적어와 직접목적어의 순서는 가변적이에요. "~에게" 또는 "~을 위해"라는 의미를 반드시 강조하고자 할 경우에는 "**동사 + 직접목적어 + 전치사 + 간접목적어**"의 형태로 표현하지만, 그게 아니라면 짧은 게 먼저 등장하는 경향이 있죠. 간접목적어와 직접목적어의 길이가 비슷한 경우에는 말하는 사람의 평소 말 습관에 좌우된다고 볼 수 있답니다. 둘 다 아주 짧은 경우에는 직접목적어를 먼저 내세웁니다. 예를 들어, "**Give me that.**"이라고 말하기보다 "**Give that to me.**"라고 말하는 것이 더 일반적이죠.

B. 알맞은 표현으로 다음 각 대화문을 완성해보세요.

(1) A: 너 동안이구나.
   B: 고마워. 스트레스 안 받고 살아서 그래. → 정답 : for your age

(2) A: 난 이번 겨울에 미국에 갈 거야.
   B: 왜?
   A: 1년간 어학연수 좀 다녀오려고. → 정답 : For what

(3) A: 너 내 결혼식에 오는 거 맞지?
   B: 물론이지. 무슨 일이 있어도 가야지. → 정답 : wouldn't miss it

(4) A: 난 지금 기댈 수 있는 누군가가 절실히 필요해.
   B: 나한테 기대도 돼. 친구 좋다는 게 이런 거지. → 정답 : what friends are for

(5) A: 나 운전할 줄 알아.
   B: 좋겠다! 그런데 너 운전면허는 있냐? → 정답 : Good for

(6) A: 돈 좀 빌려줄래?
   B: 얼마나?
   A: 500달러. 5월 말에 갚을게. 내가 돈 잘 갚는 거 알잖아.
   B: 알았어. → 정답 : I'm good for it

079 I'm not sure if she's home.

걔가 집에 왔는지 잘 모르겠어. / 걔가 집에 있는지 잘 모르겠어.

Gotta Know

A. Let's look at the example and change the sentences accordingly.

ex) Is he seeing anyone?　　　→ Do you know if he's seeing anyone?

(1) Does she have a boyfriend?　→ _____ ?

(2) Is he free tomorrow?　　　 → _____ ?

(3) Is she still looking for a job?　→ _____ ?

(4) Is there an ATM around here?　→ _____ ?

B. There are three incorrect sentences among those below. Let's find them.

(1) I don't know if I can do this or not.

(2) She hasn't told me if or not she's coming.

(3) I'm not sure whether she's home or not.

(4) I'm not sure whether or not I locked the door.

(5) I'm not sure if to say yes or not.

(6) I'm still deciding whether to buy this or not.

(7) I'm still thinking about if I should return this.

(8) Are you still worried about whether or not you can get the job?

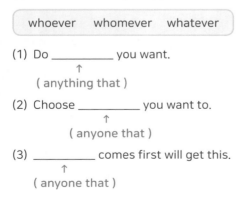

C. Let's complete the sentences with the words in the box. (Some answers may vary.)

> whoever　whomever　whatever

(1) Do _____ you want.
　　　　↑
　　(anything that)

(2) Choose _____ you want to.
　　　　　↑
　　　(anyone that)

(3) _____ comes first will get this.
　　↑
　(anyone that)

A. 보기를 참고로 하여 주어진 문장들을 바꿔봅시다.

ex) 걔 사귀는 사람 있어? → 너 (혹시) 걔 사귀는 사람 있는지 알아?

(1) 걔 남친 있어? → 정답 : Do you know if she has a boyfriend?
너 (혹시) 걔 남친 있는지 알아?

(2) 걔 내일 시간 돼? → 정답 : Do you know if he's free tomorrow?
너 (혹시) 걔 내일 시간 되는지 알아?

(3) 걔 아직 직장 구해? → 정답 : Do you know if she's still looking for a job?
너 (혹시) 걔 아직 직장 구하는지 알아?

(4) 이 근처에 ATM 있어? → 정답 : Do you know if there's an ATM around here?
너 (혹시) 이 근처에 ATM 있는지 알아?

Tip

1) 보통, "(만약) ~면"처럼 조건을 내거는 표현으로 알고 있는 "if"는 "~인지"라는 뜻으로 사용되기도 해요. 이때는 "if" 대신 "whether"을 이용할 수도 있지만, 대화 시에는 "if"가 훨씬 더 일반적이며, "whether"은 다소 격식적인 느낌을 주죠.

B. 다음 중 틀린 문장이 3개 있습니다. 틀린 문장을 골라봅시다.

(1) 내가 이걸 할 수 있을지 없을지 모르겠어.
(2) 걘 오는지 안 오는지 나한테 말 안 해줬어.
(3) 걔가 집에 왔는지 안 왔는지 잘 모르겠어. / 걔가 집에 있는지 없는지 잘 모르겠어.
(4) 내가 문을 잠갔는지 안 잠갔는지 잘 모르겠어.
(5) (나) 승낙해야 할지 말지 잘 모르겠어. / (나) 허락해야 할지 말지 잘 모르겠어.
(6) (나) 이걸 사야 할지 말지 아직 결정 못 했어.
(7) (나) 아직 이거 반품해야 할지 생각 중이야.
(8) 너 아직도 채용될 수 있을지 없을지 걱정하는 거야?

→ 정답(틀린 문장) : (2) She hasn't told me if she's coming or not.
(5) I'm not sure whether to say yes or not.
또는 I'm not sure if I should say yes or not
(7) I'm still thinking about whether I should return this.

Tip

2) "~인지 아닌지"라는 의미를 만들려면 "if"나 "whether"이 이끄는 문장 속 끝부분에 "or not"을 더해주면 돼요. "whether"이 이끄는 문장의 경우엔 "whether" 바로 뒤에 붙여서 "whether or not ..."처럼 사용되기도 하죠.

3) "if"와는 달리, "whether"은 "whether to ..."처럼 사용되기도 하고, 전치사의 목적어로 사용되기도 해요.

C. 상자 속 표현들을 이용해 다음 각 문장을 완성해봅시다. (일부 정답은 응답자에 따라 다를 수 있음)

whoever	누구든 (~한 사람)	→ 주격(목적격으로도 사용)
whomever	누구든 (~한 사람)	→ 목적격
whatever	무엇이든 (~한 것)	

(1) 뭐든 네가 원하는 거 해. → 정답 : Do whatever you want.
(2) 누구든 네가 원하는 사람을 선택해. → 정답 : Choose who(m)ever you want to.
(3) 누구든 먼저 오는 사람이 이걸 갖게 될 거야. → 정답 : Whoever comes first will get this.

Tip

4) 현대 영어에서는 대부분 "whoever"가 "whomever"의 역할을 대신해요.

Gotta Remember
Show'em Who's Boss!

A. Make any sentences you want using the given phrases.

(1) I'm not sure if _____.

(2) Do you know if _____?

(3) I don't know if _____.

(4) I don't remember if _____.

(5) I can't decide if _____.

(6) Let's see if _____.

(7) I have no idea if _____.

B. Complete the dialogues using the given sentences and the word *if*.

(1) A: I just want to know _____ _____. (Is there anything I can do for you?)

   B: Thanks, but not at the moment.

(2) A: I'm not sure _____ or not. (Did I lock the door?)

   B: You did. I double checked it just in case.

(3) A: I haven't decided _____ or not. (Should I sell my car?)

   B: I'd sell it if I were you. I mean, it's too old.

(4) A: Let me check _____ or not. (Is that a fake?)

   B: Here you go.

C. Complete the dialogues. (Some answers may vary.)

(1) A: I'm paying, so get _____ you want.

   B: Really? Thanks a lot. Why're you being so nice to me?

   A: I think you've earned it.

(2) A: I'm sure I'll approve of _____ you love.

   B: Even Terry?

   A: No, except for Terry. He's twice your age.

(3) A: That guy is so nosy.

   B: You're one to talk.

   A: Hey, I'm not nosy.

   B: Right. _____ you say.

I'm not sure if she's home.

Translations & Answers

A. 다음 문장들은 참고용입니다. 주어진 표현들을 이용해 자유롭게 문장을 만들어보세요.

(1) I'm not sure if <u>I should take my coat</u>.   외투를 가져가는 게 좋을지 잘 모르겠어.
(2) Do you know if <u>he speaks English</u>?   너 (혹시) 걔 영어 할 줄 아는지 알아?
(3) I don't know if <u>I should trust him</u>.   내가 걜 믿어야 할지 모르겠어.
(4) I don't remember if <u>I had lunch</u>.   내가 점심을 먹었는지 기억이 안 나.
(5) I can't decide if <u>I should buy this or not</u>. 이걸 살지 말지 결정을 못 내리겠어.
(6) Let's see if <u>there's anything to eat</u>.   먹을 게 있나 (어디) 한번 보자.
(7) I have no idea if <u>I can make it on time</u>.   내가 제때 도착할 수 있을지 (전혀) 모르겠어.

B. 주어진 문장과 "if"를 이용해 다음 각 대화문을 완성해보세요.

(1) A: 난 그냥 내가 해줄 수 있는 게 있는지 알고 싶어.   → 정답 : if there's anything
     B: 고맙지만, 지금 당장은 없어.   I can do for you

(2) A: 내가 문을 잠갔는지 안 잠갔는지 잘 모르겠어.   → 정답 : if I locked the door
     B: 잠갔어. 혹시나 해서 내가 확인했어.

(3) A: 내 차를 팔아야 할지 말아야 할지 결정을 못 했어.   → 정답 : if I should sell my car
     B: 나라면 팔겠어. 너무 오래됐으니까 말이야.

(4) A: 그거 짝퉁인지 아닌지 어디 좀 보자.   → 정답 : if that's a fake
     B: 자, 여기.

C. 알맞은 표현으로 다음 각 대화문을 완성해보세요. (일부 정답은 응답자에 따라 다를 수 있음)

(1) A: 돈은 내가 낼 테니, 네가 원하는 거 있으면 다 사.   → 정답 : whatever
     B: 진짜? 정말 고마워. 왜 나한테 이렇게 잘해주는 거야?
     A: 난 네가 이런 대우를 받을 자격이 있다고 생각해.

(2) A: 난 분명 네가 사랑하는 사람이라면 누구든 승낙할 거야.   → 정답 : whoever
     B: 그게 테리라도요?   / whomever
     A: 안 돼. 그놈은 빼고. 걘 네 나이보다 곱절이나 많잖아.

(3) A: 저 남자애 오지랖 짱이야.   → 정답 : Whatever
     B: 사돈 남 말 하시네.
     A: 야, 난 아니거든.
     B: 그래. 어련하시겠어.

※ "except for"는 "~은 제외하고"라는 뜻이에요. "for"를 생략하기도 하죠.
     ex) I'll be free all week except tomorrow.   난 내일만 빼고 일주일 내내 시간 돼.
     ex) Everybody here likes me except for my boss.
                              내 상사 빼고 여기 있는 사람들은 모두 날 좋아해.

I'm on my way out.
나 (지금) 나가는 길이야.

Gotta Know

A. Let's practice the dialogues using the given information.

A: Where're you?
B: I'm on my way to <u>school</u>.

A: Can I drop by your place on my way
to <u>the grocery store</u>?
B: Sure. What time?

① work
② the gym
③ the office
④ the cafe

B. There are five incorrect sentences among those below. Let's find them.

(1) I'm on my way home.
(2) I'm on my way to out.
(3) She's on her way here.
(4) Are they on their ways to your house?
(5) He might be on his way there.
(6) I ran into one of my old friends on my way work.
(7) He's on his way to airport.
(8) Stop by my dorm on my way to the mall.

C. Use the _Cheat Box_ to fill in the blanks.

(1) Now _____?
(2) (It's) Now or _____!
(3) Now you're _____.
(4) Now, where was I?
(5) Now is not a good time.
(6) Now _____ can be said that you're a genius.
(7) Only five guests have arrived up _____ now.
(8) I was sleeping up until now.
(9) I see him _____ now and then.
(10) He left _____ now.
(11) Use mine _____ now.
(12) From now _____, don't ask me any questions.
(13) She must be sleeping _____ now.

Cheat Box

by
it
on
to
for
just
what
every
never
talking

A. 주어진 정보를 이용해 다음 대화문들을 연습해봅시다.

> A: 너 어디야?
> B: 학교 가는 길이야.
>
> A: 슈퍼 가는 길에 너희 집에 들러도 돼?
> B: 그럼. 몇 시에?

> ① 일 / 회사
> ② 헬스장
> ③ 사무실
> ④ 커피숍

B. 다음 중 틀린 문장이 5개 있습니다. 틀린 문장을 골라봅시다.

(1) 나 (지금) 집에 가는 길이야.
(2) 나 (지금) 나가는 길이야.
(3) 걘 이리로 오는 중이야.
(4) 걔네 너희 집 가는 길이야?
(5) 걘 아마 그리로 가는 중일 거야.
(6) 나 출근길에 옛날 친구 중 하나를 만났어.
(7) 걘 공항에 가고 있어.
(8) 쇼핑센터 가는 길에 내 기숙사에 잠깐 들러.

→ 정답(틀린 문장) : (2) I'm on my way out. ("to" 삭제)
(4) Are they on their way to your house?
(6) I ran into one of my old friends on my way to work.
(7) He's on his way to the airport.
(8) Stop by my dorm on your way to the mall.

Tip 1) 어디로 가는지 말할 필요가 없는 경우엔 그냥 **"on the way"**라고 표현하기도 해요.
ex) Help is on the way.　도움의 손길(구조대, 경찰 등)이 오고 있어.

C. 다음은 "now"를 이용한 유용한 표현들입니다. Cheat Box 속 표현들로 빈칸을 채워보세요.

(1) 이번엔 또 뭐야?　　　　　　　　　　　　　→ 정답 : what
(2) 지금 아니면 절대 못 해! / 지금이 유일한 기회야!　→ 정답 : never
(3) 이제야 말이 통하네. (진작 그렇게 나왔어야지.)　→ 정답 : talking
(4) 내가 어디까지 얘기했었지?
(5) 지금은 좋은 때가 아니야. / 지금은 좀 그래.
(6) 이제야 말하지만 넌 천재야.　　　　　　　　→ 정답 : it
(7) 지금까지 도착한 손님이 다섯 명밖에 안 돼.　→ 정답 : to
(8) 나 여태까지 자고 있었어.
(9) 나 가끔 걔 봐. / 나 가끔 걔 만나.　　　　　→ 정답 : every
(10) 걘 방금 떠났어.　　　　　　　　　　　　→ 정답 : just
(11) 일단은 내 거 써. / 우선 내 거 써. / 당분간 내 거 써.　→ 정답 : for
(12) 지금부터 나한테 아무 질문도 하지 마.　　→ 정답 : on
(13) 걘 지금쯤 자고 있을 거야.　　　　　　　→ 정답 : by

Tip 2) **"Now you're talking."**은 말 그대로 **"이제서야 네가 말하는구나."**라는 뜻이에요. 이는 상대방이 지금까지 한 말들은 내가 듣고 싶었던 말이 아니었음을 반어적으로 표현하는 말로, 상대방의 말이나 제안이 이제야 내 마음에 든다는 뜻이랍니다. 즉, **"이제야 말이 통하네."**, **"진작 그렇게 나올 것이지."** 정도의 표현이죠.

A. Complete the sentences using the phrase "on one's way (to) ..." (Answers may vary.)

(1) I'm on my way _____.

(2) Are you on _____?

(3) Can you drop me off at the gym on _____?

(4) Can I drop by your place on _____?

(5) Stop by my office on _____.

(6) I ran into one of my old friends on _____.

B. Complete the dialogues.

(1) A: I'm sorry. Did you want your jacket?
B: I'm okay _____. I won't need it for a while.

(2) A: He should have called you _____.
B: I know. Maybe he just forgot.

(3) A: Do you think I should make my move?
B: Of course! It's now _____!

(4) A: Sorry, I didn't mean to make you upset.
I take back everything I just said. Let's go get some pizza!
B: Now _____.

(5) A: You got a sec?
B: Now's not _____. Do you mind coming back in an hour?
A: Not a problem.
B: Thanks.

(6) A: Make sure to show up to school on time
_____.
B: Okay, I will.

(7) A: Do you need something?
B: I do, but just forget about it _____.
I'll email you later.
A: Okay.

Translations & Answers

A. 다음 문장들은 참고용입니다. "on one's way (to) ..."를 이용해 자유롭게 문장을 만들어보세요.

(1) I'm on my way <u>to the bookstore</u>.
나 서점 가는 길이야.

(2) Are you on <u>your way to school</u>?
너 학교 가는 길이야?

(3) Can you drop me off at the gym on <u>your way to work</u>?
너 회사 가는 길에 나 헬스장에 좀 떨궈줄래?

(4) Can I drop by your place on <u>my way home</u>?
나 집에 가는 길에 너희 집에 잠깐 들러도 돼?

(5) Stop by my office on <u>your way to the meeting</u>.
회의 가는 길에 내 사무실에 들러.

(6) I ran into one of my old friends on <u>my way to the pharmacy</u>.
나 약국 가는 길에 우연히 옛날 친구 중 하나를 만났어.

B. 알맞은 표현으로 다음 각 대화문을 완성해보세요.

(1) A: 미안해. 재킷 입으려 했던 거야?
B: 일단은 괜찮아. 한동안은 필요 없을 거야.
→ 정답 : for now

(2) A: 걔가 지금쯤 너한테 전화했어야 하는데.
B: 그러게. 아마 까먹었나 보지.
→ 정답 : by now

(3) A: 내가 나서야 한다고 생각해?
B: 당연하지! 지금 아니면 영원히 못 해.
→ 정답 : or never

(4) A: 미안, 널 화나게 하려던 건 아니었어. 방금
말한 거 다 취소할게. 피자나 먹으러 가자.
B: 진작 그렇게 나올 것이지.
→ 정답 : you're talking

(5) A: 너 시간 좀 있어?
B: 지금은 좀 그래. 한 시간 후에 올래?
A: 그래.
B: 고마워.
→ 정답 : a good time

(6) A: 앞으로는 학교에 제시간에 오도록 해.
B: 네, 그럴게요.
→ 정답 : from now on

(7) A: 너 뭐 필요한 거 있어?
B: 있긴 한데, 지금은 그냥 신경 쓰지 마.
내가 이따가 이메일 보낼게.
A: 그래.
→ 정답 : for now

It'll be raining all week.

일주일 내내 비 올 거야.

Gotta Know

A. Let's practice the dialogue using the given information.

A: What're you doing tomorrow?
B: I'll be <u>studying all day for my final</u>.

① work all day

② work on my paper

③ run some errands

④ visit my grandparents

B. Let's look at the examples and change the sentences accordingly.

ex1) I'll help you.   → I'm willing to help you.

(1) I'll do that for you.   → _____.

(2) I'll take responsibility.   → _____.

(3) I'll take the risk.   → _____.

ex2) Do you need to take out a loan?
      → I'll have to take out a loan.

(4) Do you need to call and ask?
      → _____.

(5) Do you need to go home before nine?
      → _____.

(6) Do you need to leave in half an hour?
      → _____.

ex3) Do I need to take a taxi?
      → You'll have to take a taxi.

(7) Do I need to come back later?
      → _____.

(8) Do I need to wait for a while?
      → _____.

(9) Do I need to wear my sunglasses?
      → _____.

A. 주어진 정보를 이용해 다음 대화문을 연습해봅시다.

| A: 너 내일 뭐 해? | ① 온종일 일하다 | ③ 심부름을 하다 |
| B: 온종일 기말시험 공부할 거야. | ② 리포트를 쓰다 | ④ 조부모님을 찾아뵙다 |

Tip 1) "내일 이맘때쯤엔 네가 그 사람을 만나고 있겠군."처럼 정말 특정한 시간에 이루어지는 행동을 말하거나, "난 내일 이맘때쯤 공항으로 향하고 있을 거야."처럼 개인적인 스케줄을 말하는 상황에서는 "will be ~ing"처럼 미래진행 시제로 표현하기도 해요. 하지만 의미에 있어서는 단순미래 시제와 크게 다르지 않죠.

B. 보기를 참고로 하여 주어진 문장들을 바꿔봅시다.

ex1) 내가 너 도울게.　　　　　→ 내가 (기꺼이) 널 도와줄게.

(1) 내가 널 위해 그거 할게.　　→ 정답 : I'm willing to do that for you.
　　　　　　　　　　　　　　　　　내가 (기꺼이) 널 위해 그거 해줄게.

(2) 내가 책임질게.　　　　　　→ 정답 : I'm willing to take responsibility.
　　　　　　　　　　　　　　　　　내가 (기꺼이) 책임질게.

(3) 난 위험을 무릅쓸 거야.　　→ 정답 : I'm willing to take the risk.
　　　　　　　　　　　　　　　　　난 (기꺼이) 위험을 무릅쓰겠어.

ex2) 너 대출받아야 해?　　　　→ (나) 대출받아야 할 것 같아.

(4) 너 전화해서 물어봐야 해?　→ 정답 : I'll have to call and ask.
　　　　　　　　　　　　　　　　　(나) 전화해서 물어봐야 할 것 같아.

(5) 너 9시 전에 집에 가야 해?　→ 정답 : I'll have to go home before nine.
　　　　　　　　　　　　　　　　　(나) 9시 전에 집에 가야 할 듯싶어.

(6) 너 30분 있다가 출발해야 해?　→ 정답 : I'll have to leave in half an hour.
　　　　　　　　　　　　　　　　　(나) 30분 있다가 출발해야 할 듯싶어.

ex3) 나 택시 타야 해?　　　　　→ (넌) 택시를 타야 할 거야.

(7) 나 이따 다시 와야 해?　　　→ 정답 : You'll have to come back later.
　　　　　　　　　　　　　　　　　(너) 이따 다시 와야 할 듯싶어.

(8) 나 잠시 기다려야 해?　　　→ 정답 : You'll have to wait for a while.
　　　　　　　　　　　　　　　　　(너) 잠시 기다려야 할 거야.

(9) 나 선글라스 껴야 해?　　　→ 정답 : You'll have to wear your sunglasses.
　　　　　　　　　　　　　　　　　(너) 선글라스 껴야 할 거야.

Tip 2) "기꺼이"라는 의미가 추가되긴 하지만 "I'm willing to ..."도 "I'll ..."과 비슷한 의미로 사용될 수 있어요.

3) "will"은 간혹 "have to"나 "need to"처럼 의무나 필요성을 나타내는 표현들을 완곡하게 표현할 때도 사용돼요. 이때는 "미래"의 의미가 아니라 "현재"의 뜻이며, 그냥 의무나 필요성이 묻어나는 어감을 좀 누그러뜨려 준다고 생각하면 되죠.

Gotta Remember
Show'em Who's Boss!

A. Make questions using the given sentence.

> I'll be meeting Sarah in Kangnam tomorrow.

| Sarah | → | Who(m) will you be meeting in Kangnam tomorrow? |

in Kangnam → (1) _____ ?

tomorrow → (2) _____ ?

I → (3) _____ ?

B. Complete the dialogues with the expressions in the box.

> take a bus   ask someone else
> check with my wife   drive myself home

(1) A: Can I fix you a drink?
   B: No thank you. I'll have to _____.

(2) A: Are you coming today?
   B: I'm not sure. I'll need to _____ first.

(3) A: Where's the nearest gas station around here?
   B: I don't know. You'll have to _____.

(4) A: What happened to your car?
   B: It's still in the shop. I think I'll have to _____ today.

C. Make any sentences you want using the given phrases.

(1) I'm willing to _____.
(2) I'm willing to _____.
(3) I'll have to _____.
(4) I'll have to _____.
(5) You'll have to _____.
(6) You'll have to _____.

Translations & Answers

A. 주어진 문장을 이용해 의문문들을 만들어보세요.

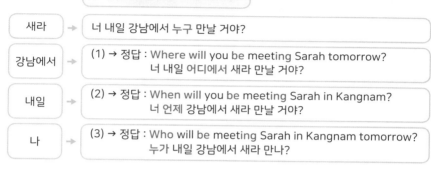

난 내일 강남에서 새라 만날 거야.

새라 → 너 내일 강남에서 누구 만날 거야?

강남에서 → (1) → 정답 : Where will you be meeting Sarah tomorrow?
너 내일 어디에서 새라 만날 거야?

내일 → (2) → 정답 : When will you be meeting Sarah in Kangnam?
너 언제 강남에서 새라 만날 거야?

나 → (3) → 정답 : Who will be meeting Sarah in Kangnam tomorrow?
누가 내일 강남에서 새라 만나?

B. 상자 속 표현들을 이용해 다음 각 대화문을 완성해보세요.

take a bus 버스를 타다	ask someone else 다른 사람에게 묻다
check with my wife 아내와 상의하다	drive myself home 직접 차 몰고 집에 가다

(1) A: 술 한 잔 줄까?
B: 고맙지만 사양할게. 직접 차 몰고 집에 가야 하거든. → 정답 : drive myself home

(2) A: 너 오늘 와?
B: 잘 모르겠어. 아내와 먼저 상의해봐야 할 것 같아. → 정답 : check with my wife

(3) A: 이 근처에 가장 가까운 주유소는 어디에 있어요?
B: 전 모르겠는데요. 다른 사람에게 물어보셔야겠네요. → 정답 : ask someone else

(4) A: 네 차는 어쩌고?
B: 아직 정비소에 있어. 오늘은 버스를 이용해야 할까 봐. → 정답 : take a bus

C. 다음 문장들은 참고용입니다. 주어진 표현들을 이용해 자유롭게 문장을 만들어보세요.

(1) I'm willing to pay extra for this.
이것과 관련해서 추가 비용이 발생하면 (기꺼이) 낼게.

(2) I'm willing to quit my job if things don't work out.
일이 잘 안 풀리면 내가 (기꺼이) 일 관둘게.

(3) I'll have to stay up all night studying. (나) 밤새 잠 안 자고 공부해야 할 듯싶어.
(4) I'll have to take a rain check on that. (나) 그건 다음 기회로 미뤄야 할 것 같아.
(5) You'll have to wait a while for the next train. (너) 다음 열차는 좀 기다려야 할 거야.
(6) You'll have to keep it a secret. (너) (그거) 비밀로 해야 할 거야.

082 When're you coming back?
너 언제 돌아와?

Gotta Know

A. Let's practice the dialogue using the given verbs.

A: When're you <u>leaving</u>?
B: I'm <u>leaving</u> tomorrow.

①	②	③
go	come	arrive

B. Let's complete the sentences using *at, to* or *for*.

(1) I'm going _____ Peter's place today.

(2) Is Tim still coming _____ the party tonight?

(3) I'm leaving _____ Sacramento tomorrow.

(4) She's arriving _____ the office in an hour.

C. Let's complete the sentences using the verb *leave*.

(1) I'm _____ Korea today.

(2) I'm _____ Korea tomorrow.

D. Let's look at the example and change the sentences accordingly.

ex) I'm gonna get a new car soon. → I'm getting a new car soon.

(1) I'm gonna meet Emma tonight. → _____.

(2) I'm gonna work this Saturday. → _____.

(3) I'm gonna see Jean this Sunday.

→ _____.

(4) I'm gonna quit my job after next week.

→ _____.

(5) I'm gonna get married in two months.

→ _____.

(6) I'm gonna have lunch with James tomorrow.

→ _____.

Translations & Explanations

A. 주어진 동사들을 이용해 다음 대화문을 연습해봅시다.

A: 너 언제 떠나?
B: 난 내일 떠나.

| ① 가다 | ② 오다 | ③ 도착하다 |

Tip 1) "go(가다)", "come(오다)", "arrive(도착하다)", "depart(출발하다)", "leave(떠나다)", "start(떠나다, 길을 나서다, 출발하다, 시작하다)" 등 이동과 관계된 동사들을 가리켜 "왕래 발착 동사"라고 해요. 이러한 왕래발착 동사들은 진행형 형태만으로도 미래의 의미를 가질 수 있죠.

B. "at", "to", "for" 중 알맞은 것으로 다음 각 문장을 완성해봅시다.

(1) 난 오늘 피터네 집에 갈 거야.　　　→ 정답 : to
(2) 오늘 밤 파티에 팀 오는 거 맞지?　　→ 정답 : to
(3) 나 내일 새크라멘토로 떠나.　　　　→ 정답 : for
(4) 갠 한 시간 있으면 사무실에 도착할 거야.　→ 정답 : at

Tip 2) "leave"처럼 "떠나다", "출발하다"라는 뜻을 가진 동사로는 "depart"도 있어요. 보통, "depart"는 사람보다 기차, 비행기, 배 등의 운송수단과 관련된 내용을 말할 때 사용되는 경우가 많아서 회화 시에는 잘 안 쓰이죠. "depart"도 "leave"처럼 바로 뒤에 출발지점을 표현할 수도 있지만, 그보다 "depart from"처럼 출발지점 앞에 "from"을 넣어주는 게 더 일반적이에요.

C. 동사 "leave"를 이용해 다음 문장들을 완성해봅시다.

(1) 난 오늘 한국으로 떠나.　　→ 정답 : leaving for
(2) 난 내일 한국을 떠나.　　　→ 정답 : leaving

D. 보기를 참고로 하여 주어진 문장들을 바꿔봅시다.

ex) 나 곧 새 차 뽑을 거야.　　→ 나 곧 새 차 뽑아.

(1) 나 오늘 저녁에 엠마 만날 거야.　→ 정답 : I'm meeting Emma tonight.
나 오늘 저녁에 엠마 만나.

(2) 나 이번 주 토요일에 일할 거야.　→ 정답 : I'm working this Saturday.
나 이번 주 토요일에 일해.

(3) 난 이번 주 일요일에 진 만날 거야.　→ 정답 : I'm seeing Jean this Sunday.
난 이번 주 일요일에 진 만나.

(4) 난 다음 주까지만 직장 다닐 거야.　→ 정답 : I'm quitting my job after next week.
난 다음 주까지만 직장 다녀.

(5) 나 두 달 있다가 결혼할 거야.　→ 정답 : I'm getting married in two months.
나 두 달 있다가 결혼해.

(6) 나 내일 제임스랑 점심 먹을 거야.　→ 정답 : I'm having lunch with James tomorrow.
나 내일 제임스랑 점심 먹어.

Tip 3) 왕래발착 동사뿐만 아니라 이미 시간이나 장소 등이 결정된 계획이나 약속을 말할 때에도 진행형을 사용할 수 있어요.

Gotta Remember
Show 'em Who's Boss!

A. Complete the dialogues. (Some answers may vary.)

(1) A: I'm _____ to IKEA. Wanna come along?
B: Yes, of course. I need to buy a tea table.

(2) A: What are you doing tomorrow?
B: I'm _____ Ben move.

(3) A: When is our train?
B: It's _____ in 15 minutes. We have to hurry.

(4) A: It's kind of cool.
B: No doubt about that. I'm _____ this.

(5) A: Dinner's ready.
B: _____.

(6) A: I'm getting hungry.
B: Same here. Let's go grab some lunch. I'm _____.

(7) A: He's arriving in three days.
B: Are you _____ him up?
A: I think so.

(8) A: He's flying to Korea to attend his friend's wedding.
B: Is it this week?
A: Yep! He's _____ off this Friday.

B. Make any sentences you want using the phrase "What time are you ...?"

(1) What time are you _____?
(2) What time are you _____?
(3) What time are you _____?
(4) What time are you _____?

C. Answer the question below.

Q: When are you getting paid?
A: _____.

Translations & Answers

A. 알맞은 표현으로 다음 각 대화문을 완성해보세요. (일부 정답은 응답자에 따라 다를 수 있음)

(1) A: 나 이케아 갈 건데, 너도 갈래?
    B: 응, 물론이지. 나 티테이블 하나 사야 해.   → 정답 : going

(2) A: 너 내일 뭐 해?
    B: 벤 이사하는 거 도울 거야.   → 정답 : helping

(3) A: 우리 기차 시간이 어떻게 되지?
    B: 15분 있으면 출발해. 서둘러야 해.   → 정답 : leaving

(4) A: 좀 괜찮은데.
    B: 그러게. 나 이거 살래.   → 정답 : getting

(5) A: 저녁 다 됐다.
    B: 갈게요.   → 정답 : Coming

(6) A: 나 슬슬 배가 고파.
    B: 나도. 점심 먹으러 가자. 내가 살게.   → 정답 : buying

(7) A: 걔 3일 있으면 도착해.
    B: 네가 걔 픽업해?
    A: 그럴 거 같아.   → 정답 : picking

(8) A: 걘 친구 결혼식 참석차 한국에 가.
    B: 그게 이번 주야?
    A: 응! 이번 주 금요일에 떠나.   → 정답 : taking

> ※ "take off"의 뜻 중에는 "이륙하다"라는 뜻이 있어요. "이륙"은 어딘가로 가기 위한 것
> 이겠죠? 이런 의미에서 "take off"는 꼭 비행기를 타고 어딘가로 가는 것이 아니더라도
> 지금 있는 곳을 떠나 어딘가로 출발한다는 의미로도 사용된답니다. 어딘가로 떠난다고
> 말할 때는 간단히 "be off to ..."라고 표현할 수도 있어요.
>   ex) I'm off to work.   나 회사 다녀올게. / 나 출근하는 길이야.

B. 다음 문장들은 참고용입니다. "What time are you ...?"를 이용해 자유롭게 문장을 만들어 보세요.

(1) What time are you <u>getting off</u>?   너 몇 시에 퇴근해?
(2) What time are you <u>taking off</u>?   너 몇 시에 출발해?
(3) What time are you <u>going home tonight</u>?   너 오늘 밤에 집에 몇 시에 갈 거야?
(4) What time are you <u>picking her up</u>?   너 걔 몇 시에 픽업해?

C. 다음 응답은 참고용입니다. 질문에 자유롭게 응답해보세요.

Q: When are you getting paid?   Q: 당신은 월급을 언제 받나요?
A: <u>I'm getting paid at the beginning of next week.</u>   A: 다음 주 초에 받아요.

083 I was about to hit the shower.

나 지금 막 샤워하려던 참이었어.

Gotta Know

A. Let's practice the dialogue using the given information.

> A: What're you doing now?
> B: I was about to <u>go to bed</u>.

① call you	③ watch a movie
② go to work	④ take a shower

B. Let's look at the example and change the sentences accordingly.

ex) I was (just) about to go home. → I was just gonna go home.

(1) I was (just) about to go out.   → _____.

(2) I was (just) about to wake up.   → _____.

(3) I was (just) about to have dinner. → _____.

(4) I was (just) about to say that. → _____.

C. Let's practice the dialogues using the given information.

> A: I was gonna <u>call you</u>.
> B: Then, why didn't you?
> A: <u>I fell asleep.</u>

> A: How come you didn't <u>stop by</u>?
> B: I was going to, but <u>I was too tired.</u>

① go to your party / Something important came up.
② get here on time / My car had a flat.
③ have lunch / I had to run an errand.
④ go out / It was too cold.

Translations & Explanations

A. 주어진 정보를 이용해 다음 대화문을 연습해봅시다.

| A: 너 지금 뭐 해?
B: 잠자리에 들려던 참이었어. | ① 너한테 전화하다 | ③ 영화를 보다 |
| | ② 일하러 가다 | ④ 샤워를 하다 |

> **Tip**
> 1) "너 지금 뭐 해?"라는 질문에 대답할 때는 "~하려는 참이야.", "~하려던 참이었어." 둘 다 비슷한 의미이므로 "I'm about to ..."와 "I was about to ..." 중 어느 것으로 대답하든 관계없어요. 이처럼 "I was about to ..."는 과거 시점에 하려던 것을 의미할 수도 있고, "I'm about to ..."와 비슷한 의미로 사용될 수도 있답니다.

B. 보기를 참고로 하여 주어진 문장들을 바꿔봅시다.

ex) (나) (지금 막) 집에 가려던 참이었어. → (나) 집에 가려던 참이었어.

(1) (나) (지금 막) 나가려던 참이었어. → 정답 : I was just gonna go out.
　　　　　　　　　　　　　　　　　　　　(나) 나가려던 참이었어.

(2) (나) (지금 막) 일어나려던 참이었어. → 정답 : I was just gonna wake up.
　　　　　　　　　　　　　　　　　　　　(나) 일어나려던 참이었어.

(3) (나) (지금 막) 저녁 먹으려던 참이었어. → 정답 : I was just gonna have dinner.
　　　　　　　　　　　　　　　　　　　　(나) 저녁 먹으려던 참이었어.

(4) (나) (지금 막) 그 말 하려던 참이었어. → 정답 : I was just gonna say that.
　　　　　　　　　　　　　　　　　　　　(나) 그 말 하려던 참이었어.

> **Tip**
> 2) "~하려던 참이었어."라는 말은 곧 "지금 막 ~하려고 했었어."라는 말과 같기 때문에 "I was (just) about to ..."는 "I was just gonna ..."라고 표현할 수도 있어요.

C. 주어진 정보를 이용해 다음 대화문들을 연습해봅시다.

A: 너한테 전화하려고 했었어. B: 그럼, 왜 안 했어? A: 잠들어버렸어.	① 네 파티에 가다 / 뭔가 중요한 일이 생겼어.
	② 여기 제시간에 오다 / 내 차 타이어가 펑크 났어.
A: 너 왜 안 들렀어? B: 그러려고 했는데, 너무 피곤했어.	③ 점심을 먹다 / 난 심부름을 하나 해야 했어.
	④ 외출하다, 나가다 / (날씨가) 너무 추웠어.

> **Tip**
> 3) "just"를 빼고 그냥 "I was gonna ..."처럼 표현하면, 단순히 그 당시(과거 시점에) 뭔가를 계획하고 있었다는 의미가 되어, "~하려고 했어."라는 뜻이 돼요.
> 4) 이유를 물을 때는 "how come"이라는 표현을 사용하기도 해요. 이는 의문문의 의문사처럼 문장 맨 앞에 사용하지만, 뒤를 따르는 문장은 평서문 형태를 취하게 되죠.
> 　ex) How come you're home so early?　너 왜 이렇게 집에 일찍 온 거야?
> 　ex) How come you broke up with him?　너 어쩌다가 걔랑 헤어지게 됐어?

Gotta Remember
Show'em Who's Boss!

A. Complete the dialogues with the expressions in the box.

> wake up   finish up my paper
> call you   say the same thing
> leave for work   ask you the same thing

(1) A: Hey, can I call you back? I was just about to _____.
    B: I thought you had a day off today.

(2) A: Let's go grab a bite.
    B: I was gonna _____. You beat me to it.

(3) A: Did I wake you?
    B: You kinda did, but I was just about to _____ anyway.

(4) A: I'm sorry, I was gonna _____, but I fell asleep watching TV.
    B: Sorry won't cut it. I was waiting for your call all night long. Don't call me again.

(5) A: I'm hungry. Do you want to go get lunch?
    B: Yeah, let's do that. Actually, I was about to _____.

(6) A: I was gonna _____, but I couldn't because there was a blackout.
    B: A blackout in a luxury condominium in the center of New York City? Do you expect me to buy that?

B. Make any sentences you want using the given phrases.

(1) I was just about to _____.
(2) I was just about to _____.
(3) I was just gonna _____.
(4) I was just gonna _____.

C. Answer the question below.

Q: What were you going to do after studying English today?
A: _____.

I was about to hit the shower.

Translations & Answers

A. 상자 속 표현들을 이용해 다음 각 대화문을 완성해보세요.

wake up	(잠에서) 깨다	finish up my paper	리포트를 끝내다
call you	네게 전화하다	say the same thing	같은 말을 하다
leave for work	일하러 가다	ask you the same thing	네게 같은 것을 묻다

(1) A: 야, 내가 다시 전화해도 돼? 나 지금 막 출근
　　 하려던 참이었거든.
　　 B: 너 오늘 쉬는 날인 줄 알았는데.

→ 정답 : leave for work

(2) A: 우리 간단히 뭣 좀 먹으러 가자.
　　 B: 나도 그 말 하려고 했었는데. 네가 먼저 했네.

→ 정답 : say the same thing

(3) A: 내가 너 깨운 거야?
　　 B: 그런 셈이긴 한데, 어쨌든 일어나려던 참이었어.

→ 정답 : wake up

(4) A: 미안, 너한테 전화하려고 했는데, TV 보다가
　　 잠들어버렸어.
　　 B: 미안하다면 다야? 난 밤새도록 네 전화
　　 기다렸는데. 다신 나한테 전화하지 마.

→ 정답 : call you

(5) A: 나 배고파. 점심 먹으러 갈래?
　　 B: 응, 그러자. 나도 그 말 하려던 참이었어.

→ 정답 : ask you the same thing

(6) A: 리포트 다 끝내려고 했는데, 정전 때문에 못 했어.
　　 B: 뉴욕 시 한복판에 있는 고급 아파트에서 정전
　　 이라고? 그 말을 나더러 믿으라는 거야?

→ 정답 : finish up my paper

※ "**buy(사다)**"는 가끔 사실 같지 않은 것을 "**믿다**"라는 뜻으로도 쓰여요.
　 ex) Do you expect me to buy that lame excuse?
　　　 그런 말도 안 되는 변명을 나더러 믿으라는 거야?

B. 다음 문장들은 참고용입니다. 주어진 표현들을 이용해 자유롭게 문장을 만들어보세요.

(1) I was just about to <u>catch a taxi</u>. 　　　　 나 (지금 막) 택시 잡으려던 참이었어.
(2) I was just about to <u>hit the sack</u>. 　　　　　 나 (지금 막) 잠자리에 들려던 참이었어.
(3) I was just gonna <u>go there to drop this off</u>. 　 나 이거 갖다 주러 그리로 가려던 참이었어.
(4) I was just gonna <u>go back to my place</u>. 　　　 나 집에 돌아가려던 참이었어.

C. 다음 응답은 참고용입니다. 질문에 자유롭게 응답해보세요.

Q: What were you going to do after studying English today?
A: <u>I'm really tired, so I thought I would just head straight home and go to bed.</u>
　 Q: 당신은 오늘 영어 공부 끝나고 뭘 하려고 했나요?
　 A: 많이 피곤해서 그냥 집에 바로 가서 잘까 했어요.

084 What're your plans for today?

너 오늘 계획이 어떻게 돼?

Gotta Know

A. Let's practice the dialogues. Replace the underlined sentences with the ones in the *Ready-to-Use Boxes*.

(1) A: <u>What're your plans for today?</u>
B: I'm planning on taking my kids to the zoo.

(2) A: <u>What're you doing today?</u>
B: Nothing. Why?

Ready-to-Use Box
What's your plan for today?
What're you planning to do today?
What're you planning on doing today?
What're you gonna do today?
What will you do today?
What will you be doing today?
What do you have going on today?

(3) A: <u>Do you have any special plans for today?</u>
B: Nothing special. I'm just gonna relax at home.

Ready-to-Use Box
Do you have any plans for today?
Do you have anything going on today?
Do you have anything to do today?
Are you doing anything today?

B. Let's look at the examples and change the sentences accordingly.

ex1) I'm planning to take a year off after this semester.
→ I'm planning on taking a year off after this semester.

(1) I'm planning to start my own business.
→ _____.

(2) I'm planning to return to school next year.
→ _____.

ex2) Are you planning to buy a new house this year?
→ Are you planning on buying a new house this year?

(3) Are you planning to study abroad?
→ _____?

(4) Are you planning to accept his offer?
→ _____?

A. Ready-to-Use Box 속 표현들로 밑줄 부분을 바꿔가며 대화문들을 연습해봅시다.

(1) A: 너 오늘 계획이 어떻게 돼?
     B: 애들 데리고 동물원에 갈 생각이야.

What's your plan for today?
    너 오늘 계획이 어떻게 돼?
What're you planning to do today?
    넌 오늘 뭐 할 계획이야?
What're you planning on doing today?
    넌 오늘 뭐 할 계획이야?

(2) A: 너 오늘 뭐 해?
     B: 별일 없어. 왜?

What're you gonna do today? 너 오늘 뭐 할 거야?
What will you do today?   너 오늘 뭐 할 거야?
What will you be doing today? 너 오늘 뭐 할 거야?

What do you have going on today?
    너 오늘 무슨 계획 있어?

(3) A: 너 오늘 특별한 계획 있어?
     B: 특별한 건 없어. 그냥 집에서 쉴 거야.

Do you have any plans for today?
    너 오늘 무슨 계획 있어?
Do you have anything going on today?
    너 오늘 뭐 할 거 있어?
Do you have anything to do today?
    너 오늘 뭐 할 거 있어?
Are you doing anything today?
    너 오늘 뭐 할 거 있어?

Tip

1) 계획은 한 가지일 수도 있고, 여러 가지일 수도 있기 때문에 "What's your plan?"처럼 단수로 물을 수도 있고, "What're your plans?"처럼 복수로 물을 수도 있어요. 복수로 물을 때는 전체적으로 다양한 계획들을 물어보는 것이고, 단수로 물을 때는 그냥 대표적인 계획을 묻는 것이라고 볼 수 있죠. 하지만 사실, 계획이 하나일지 여러 개일지 미리 알고 묻는 경우는 없기 때문에 두 표현은 의미상으로 거의 같다고 볼 수 있으며, 어떤 표현을 사용할 것인지는 개인의 언어적 선호에 달렸다고 볼 수 있습니다.

2) "What do you have going on today?"는 학습자들에게 좀 낯선 표현이긴 하지만 미국 현지에서는 상대방의 스케줄을 물을 때 자주 쓰이는 표현이며, 영국에서는 "What have you got going on today?"라고 표현해요. 좀 특이한 것은 이 두 표현을 섞어서 "What do you got going on today?"라고 말하는 사람들도 있다는 것이죠. 문법적으로는 틀린 표현이지만, 가끔 들을 수 있는 표현이니 참고해두세요.

B. 보기를 참고로 하여 주어진 문장들을 바꿔봅시다.

ex1) 나 이번 학기 끝나면 1년 휴학할 계획이야.

(1) 나 창업할 계획이야.   → 정답 : I'm planning on starting my own business.
(2) 나 내년에 복학할 계획이야. → 정답 : I'm planning on returning to school next year.

ex2) 너 올해 집 새로 장만할 계획이야?

(3) 너 유학 갈 계획이야?   → 정답 : Are you planning on studying abroad?
(4) 너 걔 제안 받아들일 계획이야? → 정답 : Are you planning on accepting his offer?

Gotta Remember
Show'em Who's Boss!

A. Correct the sentences. (Some answers may vary.)

(1) Do you have any special plans on tomorrow evening?
→ _____?

(2) I'm not planning doing anything today.
→ _____.

(3) What're you guys planning for doing tonight?
→ _____?

(4) Do you have anything going with tomorrow morning?
→ _____?

B. Make any sentences you want using the given phrases.

(1) I'm planning to _____.
(2) I'm planning to _____.
(3) I'm planning to _____.
(4) I'm planning on _____.
(5) I'm planning on _____.
(6) I'm planning on _____.

C. Rearrange the words to form sentences.

(1) planning / Jenny's / tonight / going / party / I'm / to / on / housewarming
→ _____.

(2) Christmas / you / on / planning / what're / this / doing
→ _____?

(3) on / how / here / you / planning / staying / are / long
→ _____?

D. Answer the questions below.

(1) Q: What're you gonna do tonight?
A: _____.

(2) Q: What're you planning to do tomorrow?
A: _____.

(3) Q: What's your plan for this weekend?
A: _____.

Translations & Answers

A. 다음 각 문장에서 틀린 부분을 찾아 바르게 고쳐보세요. (일부 정답은 응답자에 따라 다를 수 있음)

(1) 너 내일 저녁에 특별한 계획 있어?
→ 정답 : Do you have any special plans for tomorrow evening?
또는 Do you have any special plans tomorrow evening? (→ on 삭제)

(2) 난 오늘 딱히 뭐 하려고 계획 중인 거 없어. (나 오늘 그냥 있으려고.)
→ 정답 : I'm not planning on doing anything today.

(3) 너희 오늘 밤에 뭐 할 계획이야?
→ 정답 : What're you guys planning on doing tonight?
또는 What're you guys planning for tonight? (→ doing 삭제)

(4) 너 내일 아침에 뭐 할 거 있어?
→ 정답 : Do you have anything going on tomorrow morning?

B. 다음 문장들은 참고용입니다. 주어진 표현들을 이용해 자유롭게 문장을 만들어보세요.

(1) I'm planning to <u>go to college</u>. 나 대학에 진학할 계획이야.
(2) I'm planning to <u>leave for the weekend</u>. 나 주말에 어디 좀 다녀올 계획이야.
(3) I'm planning to <u>take a trip with my parents</u>. 나 부모님과 함께 여행 갈 계획이야.
(4) I'm planning on <u>buying a new car</u>. 나 차 새로 살 계획이야.
(5) I'm planning on <u>having a natural birth</u>. 나 자연 분만할 계획이야.
(6) I'm planning on <u>going skiing on Sunday</u>. 나 일요일에 스키 타러 갈 계획이야.

C. 단어들을 재배열하여 문장을 만들어보세요.

(1) 난 오늘 저녁에 제니의 집들이에 갈 계획이야.
→ 정답 : I'm planning on going to Jenny's housewarming party tonight.

(2) 넌 이번 성탄절에 뭐 할 계획이야?
→ 정답 : What're you planning on doing this Christmas?

(3) 너 여기 얼마나 머물 계획이야?
→ 정답 : How long are you planning on staying here?

D. 다음 응답들은 참고용입니다. 각 질문에 자유롭게 응답해보세요.

(1) Q: What're you gonna do tonight? Q: 당신은 오늘 밤에 뭘 할 건가요?
A: <u>I'm going to the movies with my wife.</u> A: 아내랑 영화 보러 갈 거예요.

(2) Q: What're you planning to do tomorrow? Q: 당신은 내일 뭘 할 계획인가요?
A: <u>Actually, no plan is my plan.</u> A: 사실, 무계획이 제 계획이에요.

(3) Q: What's your plan for this weekend? Q: 당신은 이번 주말에 계획이 어떻게 되나요?
A: <u>I don't know. It all depends on what</u> A: 모르겠어요. 전적으로 제 아내가
<u>my wife wants to do.</u> 뭘 하고 싶은지에 달렸어요.

085 She has the hots for Simon.
갠 사이먼한테 끌렸어.

Gotta Know

A. Use the *Cheat Boxes* to fill in the blanks.

(1) I have a _____ date tomorrow.

(2) He's ready to go _____ with someone.

(3) Do you have a date with someone?

(4) He's gonna _____ her out (on a date).

(5) I'm gonna go on a date with Emma tonight.

(6) You should go out with him.

(7) I'm dating him.

(8) Could you _____ me up with Andrew?

(9) He would never _____ on me.

(10) She _____ me up.

(11) They're going through a bit of a rough patch.

(12) I broke up with Olivia.

(13) They _____ up.

(14) Did she _____ out on you?

(15) I'm gonna _____ Brian.

(16) I made up with her last week.

Cheat Box	
ask	cheat
fix	split
dump	stood
walk	steady
blind	

(17) I just can't seem to find Mr. _____.

(18) I've never found the right girl.

(19) We _____ in love at first sight.

(20) You've totally fallen _____ Luis, haven't you?

(21) I have a crush _____ her.

(22) Do you have a thing for Jessica?

(23) I'm _____ about that girl.

(24) She's just playing hard to _____.

(25) I really _____ it off with Phil.

(26) We have good chemistry.

(27) Are you (two) an _____ now?

(28) You two must be made for each other.

(29) We are a _____ made in heaven.

(30) She's the one for me.

Cheat Box	
on	item
for	crazy
get	match
hit	right
fell	

A. 다음은 남녀 간의 만남과 관련된 유용한 표현들입니다. Cheat Box 속 표현들로 빈칸을 채워 보세요.

(1) 나 내일 소개팅이 있어.	→ 정답 : blind
(2) 걘 누군가와 정식으로 사귈 준비가 돼 있어.	→ 정답 : steady
(3) 너 누구랑 데이트 있어?	
(4) 걘 그녀에게 데이트 신청할 거야.	→ 정답 : ask
(5) 나 오늘 저녁에 엠마랑 데이트할 거야.	
(6) 걔랑 사귀어 봐. / 걔랑 데이트해봐.	
(7) 나 그 사람이랑 사귀고 있어.	
(8) 나한테 앤드루 좀 소개해줄래?	→ 정답 : fix
(9) 걘 절대로 날 두고 바람피우진 않을 거야.	→ 정답 : cheat
(10) 걔가 나 바람맞혔어. / 나 걔한테 바람맞았어.	→ 정답 : stood
(11) 걔네 지금 관계 안 좋아.	
(12) 나 올리비아랑 헤어졌어.	
(13) 걔네 헤어졌어.	→ 정답 : split
(14) 그녀가 너에게서 떠났어?	→ 정답 : walk
(15) 나 브라이언 차버릴 거야.	→ 정답 : dump
(16) 나 그녀랑 지난주에 화해했어.	
(17) 난 도저히 내 짝(백마 탄 왕자님)을 못 찾겠어.	→ 정답 : right
(18) 난 한 번도 이상형을 찾지 못했어.	
(19) 우린 첫눈에 반했어.	→ 정답 : fell
(20) 너 루이스한테 완전히 홀딱 빠진 거지?	→ 정답 : for
(21) 난 그녀에게 홀딱 반했어.	→ 정답 : on
(22) 너 제시카한테 마음 있어?	
(23) 나 저 여자한테 푹 빠졌어.	→ 정답 : crazy
(24) 그녀는 그냥 비싸게 구는 거야.	→ 정답 : get
(25) 난 정말 필과 죽이 잘 맞아.	→ 정답 : hit
(26) 우린 서로 궁합이 잘 맞아. / 우린 잘 어울려.	
(27) 너희 (둘이) 커플이야? / 너희 (둘이) 사귀어?	→ 정답 : item
(28) 너희 둘은 분명 천생연분이야.	
(29) 우린 천생연분이야.	→ 정답 : match
(30) 그녀는 딱 내 짝이야.	

Tip

1) "date(사귀다, 데이트하다)"를 포함해, "marry(결혼하다)", "divorce(이혼하다)"와 같이 남녀 사이의 관계와 관련된 동사들을 사용할 때는 전치사 "with"를 사용하지 않아요. 단, 이러한 단어들이 명사로 쓰일 때는 "with"를 사용하죠.

ex) She's been dating my friend for two months.

걘 두 달째 내 친구와 데이트 중이야.

ex) Will you marry me? 나와 결혼해 줄래?

ex) He divorced his wife two years ago. 걘 2년 전에 아내와 이혼했어.

ex) I have a date with her tonight. 난 그녀와 오늘 밤에 데이트 있어.

2) 남녀 관계에서 누군가를 "차버리다"라고 표현할 때는 "dump" 또는 "ditch"라는 표현을 사용해요. "(~에게) 차였어."라고 말하려면 "be dumped (by ...)"라고 하면 되겠죠? 참고로, "ditch"는 친구 사이에서 "수업을 제끼다"는 의미로도 사용돼요.

ex) She ditched her boyfriend yesterday. 걘 어제 남자 친구를 차버렸어.

ex) Let's ditch class today. (= Let's skip class today.) 우리 오늘 수업 제끼자.

Gotta Remember
Show 'em Who's Boss!

A. Complete the dialogues. (Some answers may vary.)

(1) A: I _____ Olivia.
    B: You mean she broke up with you?
       Did she catch you cheating on her again?

(2) A: He seems like a nice person.
    B: He is. You should _____ him.

(3) A: I'm so in love with Jenny. She's _____ for me.
    B: I'm so happy for you.

(4) A: Suji and Ted seem to get along with each other.
    B: Indeed, they are _____!

(5) A: She was _____ her boyfriend of five years
       for no reason.
    B: I'm sure he had a reason. Maybe he found
       someone else.

(6) A: How was your date last night?
    B: The loser _____.

(7) A: Do you _____ for Jessica?
    B: Of course not. Where's this coming from?

(8) A: She turned you down again?
    B: It's okay. She's just _____.

B. Answer the question below.

Q: Have you found Mr./Miss right?
A: _____
   _____
   _____ .

She has the hots for Simon.

Translations & Answers

A. 알맞은 표현으로 다음 각 대화문을 완성해보세요. (일부 정답은 응답자에 따라 다를 수 있음)

(1) A: 나 올리비아랑 헤어졌어.
    B: 걔가 너랑 헤어졌단 말이지?
       너 바람피우다 또 걸렸어?
→ 정답 : broke up with

(2) A: 그 사람 괜찮은 거 같아.
    B: 맞아. 그 사람이랑 사귀어 봐.
→ 정답 : go out with

(3) A: 나 제니를 너무 사랑해. 딱 내 짝이야.
    B: 그렇다니 정말 잘됐네.
→ 정답 : the one

(4) A: 수지와 테드는 사이가 좋은 것 같아.
    B: 정말, 걔넨 천생연분이야.
→ 정답 : made for each other
         / a match made in heaven

(5) A: 걘 5년 사귄 남친한테 아무 이유 없이
       차였어.
    B: 분명 걔 남친은 이유가 있었을 거야.
       아마 딴 여자가 생겼을걸.
→ 정답 : dumped by

(6) A: 어젯밤 데이트는 어땠어?
    B: 그 망할 녀석이 나 바람맞혔어.
→ 정답 : stood me up

(7) A: 너 제시카한테 마음 있어?
    B: 당연히 아니지. 뭔 소리야?
→ 정답 : have a thing

(8) A: 걔한테 또 퇴짜맞았다고?
    B: 괜찮아. 그냥 비싸게 구는 거야.
→ 정답 : playing hard to get

※ 여자가 남자를 가리켜 "걘 그냥 아는 친구야."라고 말하려면 "He's my friend.", "He's just a friend." 또는 "He's my guyfriend."라고 표현해요. 아예 친구 관계도 아닌 "그냥 아는 사람"이라고 말하려면 "He's just someone I know." 또는 "He's just one of my acquaintances."라고 표현하죠. 반대로, 남자가 여자를 가리켜 "걘 그냥 아는 친구야."라고 말하려면 "She's my friend.", "She's just a friend." 또는 "She's my girlfriend."라고 표현하며, "그냥 아는 사람"은 "She's just someone I know." 또는 "She's just one of my acquaintances."라고 표현해요. 참고로, "She's my girlfriend."와는 달리, "He's my boyfriend."는 주로 "사귀는 관계"를 뜻하기 때문에 간혹, 오해가 발생할 수 있는 상황에서는 "He's not my boyfriend, boyfriend."라고 해명하기도 해요.

B. 다음 응답은 참고용입니다. 질문에 자유롭게 응답해보세요.

Q: Have you found Mr./Miss right?
A: Yes, back when I was in college.
   She was too good for me, though.

Q: 당신은 이상형을 만난 적이 있나요?
A: 네, 대학 다닐 때요. 제겐 너무 과분하긴
   했어요.

086 The baby keeps crying.
아기가 계속 울어.

Gotta Know

A. Use the *Cheat Boxes* to fill in the blanks.

1. Useful parenting-related expressions.

(1) The baby is crying! Try feeding her.
(2) Why do you think she _____ on crying?
(3) She's messed her diaper! Time to change it!
(4) Can you _____ Scott's diaper for me?
(5) After the diaper change, _____ the baby.
(6) It's time to _____ the baby to sleep.
(7) Please hold the baby.
(8) I'll _____ the baby a bath tonight.
(9) Does she have her baby teeth already?
(10) If you're good, I'll get you a _____.
(11) My son is in his terrible _____.
(12) We need to get a _____ so I can go back to work.
(13) Do you want to have a _____ with Angie?

Cheat Box	
put	nanny
give	treat
twos	change
dress	playdate
keeps	

---

2. Useful expressions using the verb *keep*.

(1) Keep the change.
(2) Keep up the good _____. (= Keep it up.)
(3) Keep that in mind.
(4) Keep it _____ yourself.
(5) Can you keep it _____ a little?
(6) Don't keep me _____ the dark.
(7) Do you keep a diary?
(8) He never keeps his promises.
(9) Let's just keep it _____ us.
(10) Let's keep this a secret.
　　　(= Let's keep this hush-hush.)
(11) She's terrible _____ keeping secrets.
(12) You gotta learn to keep your _____.
(13) I hope you keep _____ in class.
(14) Keep me _____. (= Keep me informed.)
(15) Keep dreaming.

Cheat Box	
at	down
in	work
to	between
up	updated
cool	

80　　The baby keeps crying.

Translations & Explanations

A. Cheat Box 속 표현들로 빈칸을 채워보세요.

1. 육아와 관련된 유용한 표현들

(1) 아기 울어! 맘마 좀 줘봐.
(2) 쟤가 왜 계속 우는 걸까? → 정답 : keeps
(3) 우리 공주님이 기저귀에 실례했어! 갈아줘야 해!
(4) (나 대신) 스캇 기저귀 좀 갈아줄래? → 정답 : change
(5) 기저귀 갈고 나면 아기 옷 좀 입혀줘. → 정답 : dress
(6) 아기 재울 시간이야. → 정답 : put
(7) 아기 좀 안고 있어 줘. / 아기 좀 잡고 있어 줘.
(8) 난 오늘 밤에 아기 목욕시킬 거야. → 정답 : give
(9) 걔 벌써 젖니 났어?
(10) (네가) 말 잘 들으면 맛있는 거 사줄게. → 정답 : treat
(11) 내 아들은 지금 미운 두 살이야. → 정답 : twos
(12) 나 복직하려면 우리 유모 한 명 얻어야겠어. → 정답 : nanny
(13) 너 앤지랑 플레이데이트 할래? → 정답 : playdate

2. "keep"을 이용한 유용한 표현들

(1) 잔돈은 가지세요.
(2) 계속 그렇게 잘하도록 해. / 계속 수고해. → 정답 : work
(3) 그거 명심해.
(4) (그거) 너 혼자만 알고 있어. / (그거) (다른 사람들한텐) 말하지 마. → 정답 : to
(5) 목소리 조금만 낮춰줄래? / 조금만 조용히 해줄래? → 정답 : down
(6) 나한테 비밀로 하지 마. / 나한테 숨기지 말고 말해. → 정답 : in
(7) 너 일기 써?
(8) 걘 약속을 지키는 법이 없어.
(9) 그냥 (그거) 우리끼리 비밀로 하자. → 정답 : between
(10) 이건 비밀로 하자.
(11) 걘 비밀 지키는 거 정말 못해. → 정답 : at
(12) 넌 성질 죽이는 법 좀 배워야 해. → 정답 : cool
(13) (네가) 수업 뒤처지지 않길 바라. → 정답 : up
(14) 나한테 진행 상황 수시로 알려줘. → 정답 : updated
(15) 꿈 깨. / 정신 차려.

Tip

1) "keep" 뒤에 동명사가 등장하면 어떠한 행동을 "**계속하다**", "**반복하다**"라는 뜻이 돼요. 계속되거나 반복되는 의미를 좀 더 강조하고 싶을 때는 "**keep on ~ing**"처럼 표현해주면 되죠.

2) "**keep + 목적어 + 형용사**" 형태로 "어떤 대상이 어떤 상태를 계속 유지하게 하다"라는 뜻으로도 사용될 수 있어요. 이때 형용사 자리에는 "**현재분사(~ing)**"나 "**과거분사(~ed)**"가 자주 등장하죠.

    ex) Sorry to keep you waiting.   기다리게 해서 미안해.
    ex) Keep the door locked.   문 잠가둬.

Gotta Remember
Show'em Who's Boss!

A. Complete the dialogues. (Some answers may vary.)

(1) A: Help me put the baby _____.
   B: A drive around the block usually does the trick.

(2) A: Watch your language or he'll be really upset.
   B: Okay, I'll keep that _____.

(3) A: This won't budge.
   B: Just keep _____.

(4) A: So, I went on a date last night and...
   B: Keep it _____. I don't want to hear another
      of your raunchy stories.

(5) A: You look exhausted. What's going on?
   B: It's my son. He's _____ his terrible twos.

(6) A: I _____ forgetting things.
   B: You think that's bad? Wait until you hit my age.

(7) A: Can you _____ a little?
   B: Sorry. I didn't know the baby was sleeping.

(8) A: Keep it _____, will ya?
   B: Don't worry. My lips are sealed.

B. Answer the questions below.

(1) Q: What do you think is the most difficult part of parenting?
   A: _____
      _____.

(2) Q: Are you good at keeping secrets?
   A: _____
      _____.

The baby keeps crying.

Translations & Answers

A. 알맞은 표현으로 다음 각 대화문을 완성해보세요. (일부 정답은 응답자에 따라 다를 수 있음)

(1) A: 애 재우는 것 좀 도와줘.
   B: 보통은 차에 태워서 한 바퀴 돌면 기적같이 잠이 들지.
   → 정답 : to sleep
   / to bed

(2) A: 말조심해. 안 그러면 그가 엄청 화낼 거야.
   B: 응, 그 말 명심할게.
   → 정답 : in mind

(3) A: 이거 꿈쩍도 안 해.
   B: 그냥 계속 시도해봐.
   → 정답 : trying

(4) A: 그래서, 어젯밤에 데이트하러 갔는데...
   B: 말하지 마. 네 저질 이야기는 또 듣고 싶지 않아.
   → 정답 : to yourself

(5) A: 너 피곤해 보이는데. 무슨 일 있어?
   B: 아들 녀석 때문에. 미운 두 살이라고 부르는 시기거든.
   → 정답 : in

(6) A: 자꾸 깜빡하네.
   B: 그게 심하다고 생각해? 내 나이 되기 전까진 양반이야.
   → 정답 : keep

(7) A: 목소리 조금만 낮춰줄래?
   B: 미안. 아기가 자고 있는지 몰랐어.
   → 정답 : keep it down

(8) A: 비밀로 해줄 거지?
   B: 걱정 마. 입 꼭 다물게.
   → 정답 : a secret
   / hush-hush
   / between us

B. 다음 응답들은 참고용입니다. 각 질문에 자유롭게 응답해보세요.

(1) Q: What do you think is the most difficult part of parenting?
   A: I think it's putting the baby to bed. Mine always needs me to read her
   a bedtime story for at least an hour before falling asleep.
   Q: 당신은 육아의 가장 힘든 부분이 무엇이라고 생각하나요?
   A: 아기 재우는 것요. 저희 애는 항상 한 시간 이상 잠자리 동화를 읽어줘야 잠이 들어요.

(2) Q: Are you good at keeping secrets?
   A: I must not be because my friends never tell me any of theirs.
   Q: 당신은 비밀을 잘 지키는 편인가요?
   A: 친구들이 절대로 제게 비밀을 터놓지 않는 걸 보면, 잘 못 지키나 봐요.

087 I'll be able to finish it by Friday.

(나) (그거) 금요일까지 끝낼 수 있을 거야.

Gotta Know

A. Let's look at the example and correct the sentences accordingly.

> ex) I'll can be there by three p.m. → (X)
> → I'll be able to be there by three p.m.

(1) I won't can join you guys for dinner. → (X)
→ _____ .

(2) You won't can get a deal like that anymore. → (X)
→ _____ .

(3) Will I can get my money back? → (X)
→ _____ ?

(4) We might can pick you up from work. → (X)
→ _____ .

(5) We should can get there in 10 minutes. → (X)
→ _____ .

B. Let's practice the dialogues using the given information.

A: Were you able to <u>find your size</u>? B: No, I wasn't. It was such a bummer.	① get a refund
	② find a better deal
A: I wasn't able to <u>get the position</u>. B: That sucks. Sorry to hear that.	③ get her to change her mind
	④ get a raise

C. Let's look at the examples and change the sentences accordingly.

> ex1) I can do that. → I can afford to do that.
>
> ex2) We can't waste any more time.
> → We can't afford to waste any more time.

(1) I can buy a new car. → _____ .

(2) I can't risk that. → _____ .

(3) We can rent this apartment. → _____ .

(4) I can't lose this job. → _____ .

A. 보기를 참고로 하여 주어진 문장들을 바르게 고쳐봅시다.

ex) 나 오후 3시까지 거기 갈 수 있을 거야.

(1) → 정답 : I won't be able to join you guys for dinner.
난 너희랑 저녁 같이 못 먹을 거야.

(2) → 정답 : You won't be able to get a deal like that anymore.
(넌) 이젠 그런 값에 못 사. / (넌) 이젠 그런 물건 못 사.

(3) → 정답 : Will I be able to get my money back?
(내가) 내 돈 돌려받을 수 있을까?

(4) → 정답 : We might be able to pick you up from work.
내가 너 퇴근할 때 픽업할 수 있을지도 몰라.

(5) → 정답 : We should be able to get there in 10 minutes.
우린 10분 있으면 거기 도착할 수 있을 거야.

 Tip

1) "can"은 "be able to"라고 표현하기도 해요. 참고로, "can"은 누군가의 능력을 말할 때 외에도 허락을 구하거나, 무언가를 부탁 또는 제안할 때, 또는 가능성을 언급할 때도 사용되는데, "be able to"는 오로지 능력을 말할 때만 사용될 수 있죠.

2) "be able to"는 현재 시제로는 잘 안 쓰여요. 굳이 간단한 "can"이 있는데 불필요하게 길게 말할 필요는 없겠죠? 대신, 미래의 능력을 말할 때 조동사의 반복을 피하기 위해 (조동사는 "will can"처럼 두 개 이상을 연이어 사용할 수 없음) "will be able to" 또는 "won't be able to"의 형태로 쓰이는 경우가 많아요.

B. 주어진 정보를 이용해 다음 대화문들을 연습해봅시다.

A: 네 사이즈를 찾았어? B: 아니. 정말 아쉬웠어.	① 환불받다
	② 더 나은 물건을 찾다, 더 싼 물건을 찾다
A: 그 자린 물 건너갔어. B: 에구, 어쩌냐. 유감이야.	③ 그녀의 마음을 바꾸게 하다 / 그녀를 설득하다
	④ 월급 인상을 받다

Tip

3) "can"의 과거형은 "could"이지만, "could"로 과거의 능력을 말하는 경우는 별로 없어요. "could"는 현재나 미래의 가능성을 말하거나 "Could you ...?"처럼 공손하게 무언가를 요청할 때 주로 사용되기 때문이죠. 대신, 과거의 능력을 말할 때는 "be able to"를 자주 이용해요.

C. 보기를 참고로 하여 주어진 문장들을 바꿔봅시다.

ex1) 난 그거 할 수 있어. / 난 그거 할 여유가 돼.
ex2) 우린 시간을 더 낭비할 수 없어.

(1) 난 새 차 살 여력이 돼. → 정답 : I can afford to buy a new car.
(2) 난 그런 위험을 감수할 수 없어. → 정답 : I can't afford to risk that.
(3) 우린 이 아파트를 임대할 여유가 돼. → 정답 : We can afford to rent this apartment.
(4) 난 이 직장을 잃을 수 없어. → 정답 : I can't afford to lose this job.

Tip

4) 주로 금전적인 것과 관련하여 "~할 형편이 되다", "~할 여유가 있다"라고 말할 때는 "can afford to ..."라고 표현해요. 이는 능력이나 상황 면에서 "여력이 있다/없다", "여의치 않다"라고 말할 때도 사용되는데, 이때는 그냥 "can"의 의미와 같다고 볼 수 있죠.

Gotta Remember
Show'em Who's Boss!

A. Complete the dialogues with the expressions in the box.

> help you out   attend the meeting
> go out to lunch   renew your passport
> get a hold of her   make it to the airport

(1) A: About tomorrow, I may or may not be able to _____ with you guys. It all depends on my work.
    B: Don't worry. If you're busy, we can do dinner instead.

(2) A: Were you able to _____?
    B: I couldn't. I tried calling her like 20 times, but she didn't answer.

(3) A: I won't be able to _____ tomorrow.
    B: Are you out of your mind? Don't you know how important this meeting is?

(4) A: Were you able to _____ in time?
    B: Barely! I was this close to missing my flight.

(5) A: I'll be able to _____.
    B: Thank you. I'm at my wit's end.

(6) A: Were you able to _____?
    B: No. I haven't found the time.

B. Make any sentences you want using the given phrases.

(1) Were you able to _____?
(2) Were you able to _____?
(3) Were you able to _____?
(4) I won't be able to _____.
(5) He may be able to _____.
(6) We might be able to _____.

C. Answer the question below.

Q: What is something you can't afford now?
A: _____.

    I'll be able to finish it by Friday.

Translations & Answers

A. 상자 속 표현들을 이용해 다음 각 대화문을 완성해보세요.

help you out	너를 도와주다
go out to lunch	점심 먹으러 나가다
get a hold of her	걔한테 연락하다, 걔한테 연락이 닿다
attend the meeting	회의에 참석하다
renew your passport	네 여권을 갱신하다
make it to the airport	공항에 도착하다

(1) A: 내일 있잖아, 나 너희랑 점심 먹으러 같이 갈 수도 → 정답 : go out to lunch
　　있고 못 갈 수도 있어. 일이 어떻게 되는지 봐서
　　움직여야 할 것 같아.
　 B: 걱정하지 마. 바쁘면 저녁을 같이 먹어도 되니까.

(2) A: 걔한테 연락됐어? → 정답 : get a hold of her
　 B: 아니. 스무 번 정도 전화해봤는데, 안 받더라고.

(3) A: 나 내일 회의에 참석 못 할 거야. → 정답 : attend the meeting
　 B: 너 미쳤어? 이번 미팅이 얼마나 중요한지 몰라?

(4) A: 공항에는 늦지 않게 도착할 수 있었어? → 정답 : make it to the airport
　 B: 간신히! 간발의 차로 놓칠 뻔했다니까.

(5) A: 내가 너 도와줄 수 있을 거야. → 정답 : help you out
　 B: 고마워. 난 어떻게 해야 할지 모르겠어.

(6) A: 너 여권 갱신은 한 거야? → 정답 : renew your passport
　 B: 아니. 아직 그럴 시간이 없었어.

B. 다음 문장들은 참고용입니다. 주어진 표현들을 이용해 자유롭게 문장을 만들어보세요.

(1) Were you able to <u>make a reservation</u>?　　너 예약할 수 있었어?
(2) Were you able to <u>make it there in time</u>?　　너 제시간에 거기 도착할 수 있었어?
(3) Were you able to <u>get in touch with Jack</u>?　　너 잭이랑 연락됐어?
(4) I won't be able to <u>get off early today</u>.　　나 오늘 일찍 퇴근 못 할 거야.
(5) He may be able to <u>help us</u>.　　걔가 우릴 도울 수 있을지도 몰라.
(6) We might be able to <u>find some good deals</u>.　(우리가) 좋은 걸 득템할 수 있을지도 몰라.

C. 다음 응답은 참고용입니다. 질문에 자유롭게 응답해보세요.

Q: What is something you can't afford now?
A: <u>I can't afford a house yet, but I think I'll be able to get one before I reach 40.</u>
　Q: 당신이 현재 형편 또는 여력이 안 되는 것은 무엇인가요?
　A: 전 아직 집 살 형편이 안 돼요. 하지만 마흔 살 되기 전엔 하나 장만할 수 있을 거예요.

088 Please help me do the dishes.

(나) 설거지하는 것 좀 도와줘.

Gotta Know

A. Let's look at the examples and make questions accordingly.

ex1) these boxes → Can you help me with these boxes?
ex2) move this → Can you help me move this?

(1) directions → _____ ?
(2) my homework → _____ ?
(3) carry this box → _____ ?
(4) fold the laundry → _____ ?
(5) this question → _____ ?

B. Let's look at A1 through A4 and see what among B1 through B4 follows.

A1) I don't run as fast as I used to. •   • B1) I can't help hearing.

A2) I pulled an all-nighter yesterday. •   • B2) I can't help eating it.

A3) These walls are paper thin. •   • B3) I can't help yawning.

A4) This is too good. •   • B4) I can't help getting old.

C. Let's look at the example and change the sentences accordingly.

ex) I can't help wondering.
   → I can't help but wonder.

(1) I can't help agreeing with you.
   → _____ .

(2) I couldn't help saying it.
   → _____ .

(3) I can't help dozing off.
   → _____ .

(4) I couldn't help laughing.
   → _____ .

A. 보기를 참고로 하여 질문들을 만들어봅시다.

ex1) 이 상자들 → (나) 이 박스들 나르는 것 좀 도와줄래?
ex2) 이것을 옮기다 → (나) 이거 옮기는 것 좀 도와줄래?

(1) 길 안내 → 정답 : Can you help me with directions?
(나) 길 찾는 것 좀 도와줄래?

(2) 내 숙제 → 정답 : Can you help me with my homework?
(나) 숙제 좀 도와줄래?

(3) 이 상자를 나르다 → 정답 : Can you help me carry this box?
(나) 이 상자 나르는 것 좀 도와줄래?

(4) 빨래를 개다 → 정답 : Can you help me fold the laundry?
(나) 빨래 개는 것 좀 도와줄래?

(5) 이 문제 → 정답 : Can you help me with this question?
(나) 이 문제 푸는 것 좀 도와줄래?

B. 다음은 이어지는 한 사람의 말입니다. 자연스럽게 연결해봅시다.

A1) → 정답 : B4) I don't run as fast as I used to. I can't help getting old.
나 예전만큼 빨리 못 달려. 나이 먹는 건 어쩔 수 없나 봐.

A2) → 정답 : B3) I pulled an all-nighter yesterday. I can't help yawning.
나 어제 밤새워 공부했어. 하품이 멈추질 않네.

A3) → 정답 : B1) These walls are paper thin. I can't help hearing.
이 벽은 너무 얇아. 안 들으려고 해도 들려.

A4) → 정답 : B2) This is too good. I can't help eating it.
이거 너무 맛있어. 계속 먹게 되네.

Tip 1) 어쩔 수 없는 상황에 대해서는 "can't help ~ing(~하지 않을 수가 없다)"라는 표현을 사용해요. 구체적인 행동을 밝히지 않고, 그냥 "I can't help it. (난 어쩔 수 없어.)"라고 표현하는 경우도 많죠.

C. 보기를 참고로 하여 주어진 문장들을 바꿔봅시다.

ex) 궁금해하지 않을 수가 없네. / 궁금한 걸 어떻게 해.

(1) 네 말에 동의할 수밖에 없군. → 정답 : I can't help but agree with you.
(2) 난 그 말을 할 수밖에 없었어. → 정답 : I couldn't help but say it.
(3) 졸음을 참을 수가 없네. → 정답 : I can't help but doze off.
(4) 나도 모르게 웃음이 나오더라고. → 정답 : I couldn't help but laugh.

Tip 2) "can't help ~ing"는 "can't help but ..."이나 "can't choose but ...", 또는 그냥 "cannot but ..."으로 표현하기도 해요. "but" 뒤에는 동사 원형이 등장하죠.

Gotta Remember
Show'em Who's Boss!

A. Correct the sentences. (Some answers may vary.)

(1) Can you help me finding my cat? → _____ ?

(2) Please help me for preparing dinner. → _____ .

(3) I cannot fight feeling sorry for him. → _____ .

(4) I can't help but feeling a little used. → _____ .

B. Complete the dialogues. (Some answers may vary.)

(1) A: I can't help _____ my nails when I'm nervous.
    B: Same here.

(2) A: Just forget about it.
    B: I wish I could, but I can't help _____ about it.

(3) A: I can't help _____ when I see her. What's wrong with me?
    B: You're in love.

(4) A: You look like you've gained some weight.
    B: I've been having burgers almost every day. I can't help _____ them.
       They're just too good.

C. Make any sentences you want using the given phrases.

(1) Can you help me _____?

(2) Can you help me _____?

(3) Please help me _____.

(4) Please help me _____.

(5) I can't help _____.

(6) I can't help _____.

D. Rearrange the words to form sentences.

(1) my / you / help / me / pick / birthday / present / mom's / can
    → _____ ?

(2) help / the / couldn't / accept / offer / but / I
    → _____ .

Please help me do the dishes.

Translations & Answers

A. 다음 각 문장에서 틀린 부분을 찾아 바르게 고쳐보세요. (일부 정답은 응답자에 따라 다를 수 있음)

(1) (내가) 내 고양이 찾는 것 좀 도와줄래?   → 정답 : finding → find
(2) (나) 저녁 준비하는 것 좀 도와줘.   → 정답 : for preparing → prepare
(3) 걔한테 미안한 마음이 드는 건 어쩔 수가 없네.   → 정답 : fight → help
(4) 다소 이용당한 듯한 느낌이 드는 건 어쩔 수가 없네.
     → 정답 : but 삭제 또는 feeling → feel

※ "can't help ..." 대신 "can't fight ..."라고 표현하기도 하지만 "fight" 뒤에는 동명사가 등장하지 않아요.
     ex) We couldn't fight our feelings any longer. 우린 감정을 더 이상 숨길 수 없었어.

B. 알맞은 표현으로 다음 각 대화문을 완성해보세요. (일부 정답은 응답자에 따라 다를 수 있음)

(1) A: 난 긴장하면 나도 모르게 손톱을 물어뜯게 돼.   → 정답 : biting
     B: 나도.

(2) A: 그냥 잊어버려.   → 정답 : thinking
     B: 그러고 싶지만, 계속 생각이 나는 걸 어떡해.

(3) A: 그녀를 보면 나도 모르게 미소짓게 돼. 나 왜 이러지?   → 정답 : smiling
     B: 사랑에 빠진 거야.

(4) A: 너 살 좀 찐 것 같네.   → 정답 : eating
     B: 요즘 거의 하루도 빠짐없이 햄버거를 먹었더니 그러네.
     자꾸 먹게 돼. 정말이지 너무 맛있거든.

C. 다음 문장들은 참고용입니다. 주어진 표현들을 이용해 자유롭게 문장을 만들어보세요.

(1) Can you help me underline solve this problem?   (나) 이 문제 푸는 것 좀 도와줄래?
(2) Can you help me with something?   (나) 뭐 좀 도와줄래?
(3) Please help me do the dishes.   (나) 설거지하는 것 좀 도와줘.
(4) Please help me clean the room.   (나) 방 청소하는 것 좀 도와줘.
(5) I can't help but like him.   걔 좋아하지 않을 수가 없네.
(6) I can't help smiling.   웃음이 절로 나오네. / 나도 모르게 미소를 짓게 돼.

D. 단어들을 재배열하여 문장을 만들어보세요.

(1) (나) 우리 엄마 생일선물 고르는 것 좀 도와줄래?
     → 정답 : Can you help me pick my mom's birthday present?

(2) 난 그 제안을 받아들일 수밖에 없었어.
     → 정답 : I couldn't help but accept the offer.

089 Is it okay to sit here?

여기 앉아도 돼?

Gotta Know

A. Let's look at the example and change the sentences accordingly.

ex) Can I use this?
    = Is it okay (for me) to use this?   = Is it okay if I use this?

(1) Can I park here?
    = _____ ?   = _____ ?

(2) Can I say something?
    = _____ ?   = _____ ?

(3) Can I do this later?
    = _____ ?
    = _____ ?

(4) Can I sit here?
    = _____ ?
    = _____ ?

B. Let's find the sentences that use *could use* as *need*.

(1) You <u>could use</u> mine if you want.

(2) I think I <u>could use</u> some hot coffee.

(3) I <u>could use</u> some company.

(4) You look like you <u>could use</u> a day off.

(5) I <u>could use</u> some coffee.

(6) It's very easy to use. Even my seven-year-old <u>could use</u> it.

(7) I <u>could use</u> some advice.

(8) I <u>could use</u> a nap.

(9) They <u>could use</u> a chill-pill.

(10) There weren't any forks, so I thought I <u>could use</u> this.

(11) You seem like you <u>could use</u> some help.

A. 보기를 참고로 하여 다음 각 문장들을 바꿔보세요.

ex) (내가) 이거 써도 돼?

(1) 여기 주차해도 돼?
→ 정답 : Is it okay (for me) to park here?　　= Is it okay if I park here?

(2) (내가) 뭐 좀 말해도 돼?
→ 정답 : Is it okay (for me) to say something? = Is it okay if I say something?

(3) 이거 나중에 해도 돼?
→ 정답 : Is it okay (for me) to do this later?　　= Is it okay if I do this later?

(4) 여기 앉아도 돼?
→ 정답 : Is it okay (for me) to sit here?　　= Is it okay if I sit here?

Tip

1) 상대방에게 허락을 구할 때는 "Can I …?"나 "May I …?" 외에도 "Is it okay (for me) to …?"라고 표현하기도 해요. "okay" 대신 "all right"를 써서 표현하기도 하죠.

2) "Would it be okay (for me) to …?"라고 표현하면 좀 더 공손한 표현이 돼요.
ex) Would it be okay (for me) to park here?　　여기 주차해도 될까요?

3) "okay"나 "all right" 뒤에는 to부정사가 아닌 if절(if + 주어와 동사가 있는 완벽한 문장)이 등장하기도 해요. 이 경우, "would"를 이용하게 되면 if절 속의 시제도 과거로 맞춰줘야 하지만, 대화 시에는 그냥 현재 시제로 표현하는 경우도 가끔 있답니다.
ex) Would it be okay if I parked here?　　여기 주차해도 될까요?

B. 밑줄 친 부분 중 "need"의 의미로 사용된 것들을 골라봅시다.

(1) (네가) 원한다면 내 걸 써도 돼.
(2) (나) 따뜻한 커피 좀 마셔야 할 것 같아.
(3) 나 누가 같이 좀 있어 주면 좋겠어. / 나 같이 얘기할 상대가 필요해.
(4) 너 하루 쉬어야 할 것 같아 (보여).
(5) 나 커피 좀 마셔야겠어.
(6) 그건 사용하기 아주 쉬워. 우리 일곱 살짜리 애도 (그거) 사용할 수 있어.
(7) 나 조언이 좀 필요해.
(8) 난 낮잠 좀 자야겠어.
(9) 걔넨 진정 좀 해야 해. / 걔넨 진정제가 필요해.
(10) 포크가 하나도 없어서 이걸 사용해도 되는 줄 알았어.
(11) (너) 도움이 좀 필요한가 보네.

→ 정답 : (1),(6),(10)번을 제외하고 모두 "need"의 의미로 사용됨.

Tip

4) "could use"를 "~을 사용할 수 있었다" 또는 "~을 사용할 수도 있을 것이다"라는 뜻으로만 알고 있는 학습자들이 많은데, 실제 대화에서는 "~이 필요하다"라는 뜻으로도 많이 사용돼요. "need"와 의미가 비슷하지만 좀 더 구어적인 느낌이 묻어나는 표현이라 볼 수 있죠. 간혹, 이를 "can use"처럼 현재 시제로 표현하기도 하지만 의미는 "could use"와 차이가 없어요.

Gotta Remember
Show'em Who's Boss!

A. Complete the dialogues with the expressions in the box.

a beer	a little salt	some coffee	a new pair of jeans

(1) A: You look sleepy.
B: Yeah, that's because I didn't sleep well last night. I could use _____.

(2) A: Where're you going now?
B: I'm going pants shopping.
A: Let me come with you. I could use _____.

(3) A: I could really use _____.
B: Wait till you're off the clock.

(4) A: How is it?
B: Not that bad. It could use _____, though.

B. Rearrange the words to form sentences.

(1) you / you / coffee / look / could / like / some / use
→ _____.

(2) lecture notes / your / to / me / for / borrow / is / it / all right
→ _____?

C. Make any sentences you want using the given phrases.

(1) Is it okay _____?
(2) Is it okay _____?
(3) Is it all right _____?
(4) I could use _____.
(5) You look like you could use _____.

D. Answer the question below.

Q: What time of day do you feel like you could use coffee the most?
A: _____.

Translations & Answers

A. 상자 속 표현들을 이용해 다음 각 대화문을 완성해보세요.

a beer	맥주 한 잔	some coffee	약간의 커피
a little salt	약간의 소금	a new pair of jeans	새로운 청바지 한 벌

(1) A: 너 졸려 보여.
    B: 응, 어젯밤에 잠을 제대로 못 자서 그래.
       커피 좀 마셔야겠어.   → 정답 : some coffee

(2) A: 너 지금 어디 가?
    B: 바지 사러 가.   → 정답 : a new pair of jeans
    A: 나도 같이 가자. 나 청바지 하나 필요하거든.

(3) A: 나 맥주 한 잔만 마시면 딱 좋겠어.   → 정답 : a beer
    B: 근무 끝날 때까지 기다려.

(4) A: 어때?   → 정답 : a little salt
    B: 그리 나쁘진 않아. 근데 소금을 좀 넣어야겠어.

B. 단어들을 재배열하여 문장을 만들어보세요.

(1) 너 커피 좀 마셔야 할 것 같아.
      → 정답 : You look like you could use some coffee.

(2) (내가) 네 강의 노트 좀 빌려도 돼?
      → 정답 : Is it all right for me to borrow your lecture notes?

C. 다음 문장들은 참고용입니다. 주어진 표현들을 이용해 자유롭게 문장을 만들어보세요.

(1) Is it okay <u>to ask you a personal question</u>?   너한테 개인적인 질문 하나 해도 돼?
(2) Is it okay <u>if I grab a glass of water</u>?   나 물 한 잔 마셔도 돼?
(3) Is it all right <u>for me to borrow this book</u>?   (내가) 이 책 빌려도 돼?
(4) I could use <u>some rest</u>.   나 좀 쉬어야겠어.
(5) You look like you could use <u>a stiff drink</u>.   너 독한 술 한잔해야 할 것 같네.

D. 다음 응답은 참고용입니다. 질문에 자유롭게 응답해보세요.

Q: What time of day do you feel like you could use coffee the most?
A: <u>As soon as I get to work. I just can't function without coffee.</u>

   Q: 당신은 하루 중 언제 가장 커피가 필요하다는 느낌이 드나요?
   A: 전 회사에 도착하자마자 커피부터 마셔야 겨우 일을 시작할 수 있어요.

Gotta Know

A. Let's practice the dialogues using the given information.

A: You may want to <u>use this</u>.
B: Yeah. Maybe you're right.

A: You might not want to <u>eat that</u>.
B: Why not?

① drive to work

② reconsider

③ return it

④ throw it away

B. Let's look at the examples and change the sentences accordingly.

ex1) I could do that.   → I could've done that.

(1) You could kill yourself. → _____.
(2) He could win the race. → _____.
(3) It could be dangerous. → _____.
(4) We could be together. → _____.

ex2) You might hurt yourself.
   → You might've hurt yourself.

(5) I might say yes.
   → _____.
(6) He might miss the bus.
   → _____.
(7) It might be true.
   → _____.
(8) We might eat something bad.
   → _____.

A. 주어진 정보를 이용해 다음 대화문들을 연습해봅시다.

A: 이걸 사용하는 게 좋을걸. B: 그래. 네 말이 맞을지도 모르겠네.	① 차를 몰고 출근하다
	② 재고하다
A: 그거 안 먹는 게 좋을걸. B: 왜?	③ (그것을) 돌려주다, (그것을) 반납하다
	④ (그것을) 버리다

Tip

1) "You may want to ..."라고 하면 표면적으로는 "넌 ~하는 것을 원할지도 몰라."라는 뜻이지만, 실제로는 "~**하는 게 좋을걸.**"이라는 협박 또는 권고성 표현이 되는 경우가 많아요. "may" 대신 "might"을 사용해도 의미는 크게 달라지지 않죠. 반대로, "~ **안 하는 게 좋을걸.**"이라고 말하려면 "You may not want to ..." 또는 "You might not want to ..."라고 하면 되겠죠?

B. 보기를 참고로 하여 주어진 문장들을 바꿔봅시다.

ex1) 내가 그거 할 수 있을 수도 있어. → 내가 그거 할 수도 있었어.

(1) 넌 죽을 수도 있어. → 정답 : You could've killed yourself.
넌 죽을 수도 있었어.

(2) 걔가 경주에서 우승할 수도 있어. → 정답 : He could've won the race.
걔가 경주에서 우승할 수도 있었어.

(3) (그건) 위험할 수도 있어. → 정답 : It could've been dangerous.
(그건) 위험할 수도 있었어.

(4) 우리가 사귈 수도 있어.
/ 우린 함께할 수도 있어. → 정답 : We could've been together.
우린 사귈 수도 있었어.
/ 우린 함께할 수도 있었어.

ex2) 네가 다칠지도 몰라. → 네가 다쳤을지도 몰라.

(5) 내가 수락할지도 몰라. → 정답 : I might've said yes.
내가 수락했을지도 몰라.

(6) 걔가 버스를 놓칠지도 몰라. → 정답 : He might've missed the bus.
걔가 버스를 놓쳤을지도 몰라.

(7) (그게) 사실일지도 몰라. → 정답 : It might've been true.
(그게) 사실이었을지도 몰라.

(8) 우리가 뭔가 상한 걸 먹을지도 몰라. → 정답 : We might've eaten something bad.
우리가 뭔가 상한 걸 먹은 건지도 몰라.

Tip

2) "could've"은 "could have"를 줄여서 표현한 것으로, "**쿠릅**"이라고 발음해요. 마찬가지로, "might've"은 "might have"를 줄여서 표현한 것으로, "**마이릅**"이라고 발음하죠.

3) "could've"과 "might've" 뒤에는 동사의 3단 변화(기본 - 과거 - 과거분사) 중 "**과거분사(past participle)**"형을 사용해야 하는데, 이는 일반적으로는 과거형과 형태가 같지만, 일부 불규칙 변화 동사들의 과거분사형은 과거형과 다르기도 해요.

Gotta Remember
Show'em Who's Boss!

A. Complete the dialogues with the expressions in the box.

> sit down   change clothes
> pay attention   look at the price tag

(1) A: This shirt is mine.
B: Are you sure? You might want to _____ first.

(2) A: You may want to _____.
B: Why? Is this gonna be on the test?

(3) A: You might want to _____ and take a deep breath.
B: What is it? Just tell me.

(4) A: You might want to _____.
B: What's wrong with these ones?
A: They're too formal for where we're going.

B. Complete the dialogues. (Answers may vary.)

(1) A: Why didn't you go?
B: I _____ but I was too tired.

(2) A: I'm afraid she _____ no.
B: Don't be afraid. I'm sure she'll say yes.

(3) A: I _____ better.
B: I think so. I'm sure you'll do better next time.

(4) A: I _____ shopping later.
B: Really? Mind if I come along?
A: Not at all.

(5) A: I _____ him if it hadn't been for Ivy.
B: Yeah, right.

(6) A: Why didn't you ask me?
B: Like you would've helped.
A: I _____ you.

98   I might've helped you.

Translations & Answers

A. 상자 속 표현들을 이용해 다음 각 대화문을 완성해보세요.

sit down	앉다	change clothes	옷을 갈아입다
pay attention	주목하다, 집중하다	look at the price tag	가격표를 보다

(1) A: 이 셔츠는 내가 찜했어.
  B: 확실해? 가격표부터 보고 그런 소리 해.
  → 정답 : look at the price tag

(2) A: 집중해서 듣는 게 좋을걸.
  B: 왜요? 이거 시험에 나와요?
  → 정답 : pay attention

(3) A: 자리에 앉아서 심호흡 좀 하는 게 좋을 거야.
  B: 뭔데? 그냥 말해.
  → 정답 : sit down

(4) A: 옷 갈아입는 게 좋을 거 같은데.
  B: 지금 입고 있는 옷이 뭐가 어때서?
  A: 지금 가는 곳과는 어울리지 않게 너무
    격식적인 옷차림이라서.
  → 정답 : change clothes

B. 알맞은 표현으로 다음 각 대화문을 완성해보세요. (정답은 응답자에 따라 다를 수 있음)

(1) A: 너 왜 안 갔어?
  B: 갈 수도 있었지만 너무 피곤했어.
  → 정답 : could've gone

(2) A: 그녀가 거절할까 봐 걱정돼.
  B: 걱정하지 마. 분명 승낙할 테니까.
  → 정답 : might say
      / may say

(3) A: 더 잘할 수도 있었는데.
  B: 나도 그렇게 생각해. 분명 다음번엔
    더 잘할 거야.
  → 정답 : could've done

(4) A: 나 이따가 쇼핑 갈지도 몰라.
  B: 정말? 같이 가도 돼?
  A: 물론이지.
  → 정답 : might go
      / may go

(5) A: 아이비만 없었으면 내가 그 사람이랑
    결혼했을 수도 있는데.
  B: 퍽이나 그랬겠다.
  → 정답 : could've married

(6) A: 나한테 왜 부탁 안 했어?
  B: 부탁했으면 네가 퍽이나 날 도와줬겠다.
  A: 도와줬을지도 모르지.
  → 정답 : might've helped

091 Speak of the devil.

호랑이도 제 말 하면 온다더니.

Gotta Know

A. Use the *Cheat Boxes* to fill in the blanks.

1. Useful expressions using the verb *speak*.

(1) Can you speak more slowly?
(2) Can you speak _____ a little?
(3) Give her a chance _____ speak.
(4) I need to speak with you right away.
(5) May I speak to you _____ private?
(6) I want to speak to the manager here.
(7) Let me speak _____ everyone here.
(8) Speak _____ the devil.
(9) Speak for yourself.

Cheat Box		
in	to	for
of	up	

2. Useful expressions using the verb *talk*.

(1) We gotta talk.
(2) I need to talk to you.
(3) Can I talk to you for a second?
(4) He's _____ talk.
(5) She talks too much.
(6) Don't talk _____ my back.
(7) Don't talk to me like that.
(8) Don't talk _____ to me, okay?
(9) Stop talking nonsense!
(10) I was talking _____ the phone.
(11) Let's talk about it _____ dinner.
(12) There's nothing to talk about.
(13) I see _____ point in talking about this.
(14) I'm not _____ talking to you.
(15) I sometimes talk _____ my sleep.
(16) Talk about bad luck.
(17) Talk _____ the hand. I'm not listening.
(18) Talk the talk, walk the walk.

Cheat Box	
in	back
no	done
on	over
to	behind
all	

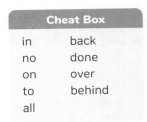

A. Cheat Box 속 표현들로 빈칸을 채워보세요.

1. "speak"를 이용한 유용한 표현들

(1) 더 천천히 말해줄래?
(2) 좀 더 크게 말해줄래?　　　　　　　　　　　→ 정답 : up
(3) 걔한테 말할 기회를 줘.　　　　　　　　　　→ 정답 : to
(4) 나 지금 당장 너랑 얘기 좀 해야겠어.
(5) 너랑 따로 조용히 이야기 좀 해도 될까?　　　→ 정답 : in
(6) 여기 매니저와 이야기하고 싶어요.
(7) 여기 있는 모든 사람을 대신해서 한 말씀 드릴게요.　→ 정답 : for
(8) 호랑이도 제 말 하면 온다더니. / 너도 양반 되긴 글렀다.　→ 정답 : of
(9) 난 안 그래. / 난 그렇게 생각하지 않아.

2. "talk"를 이용한 유용한 표현들

(1) 우리 이야기 좀 해.
(2) 나 너랑 할 말 있어.
(3) 나랑 잠시 이야기 좀 나눌까?
(4) 걘 늘 말뿐이야.　　　　　　　　　　　　　→ 정답 : all
(5) 걘 말이 너무 많아.
(6) 뒤에서 내 욕하지 마. / 내 뒷담화 까지 마.　　→ 정답 : behind
(7) 나한테 그런 식으로 말하지 마.
(8) 나한테 말대꾸하지 마, 알았어?　　　　　　→ 정답 : back
(9) 말도 안 되는 소리 그만해!
(10) (나) 통화 중이었어.　　　　　　　　　　　→ 정답 : on
(11) 그 얘기는 저녁 먹으면서 하자.　　　　　　→ 정답 : over
(12) 이야기할 게 없어.
(13) 난 이 얘기를 왜 하는 건지 모르겠어.　　　→ 정답 : no
(14) 내 말 아직 다 안 끝났어.　　　　　　　　→ 정답 : done
(15) 난 가끔 잠꼬대해.　　　　　　　　　　　→ 정답 : in
(16) 재수 없으려니까.
(17) 됐어, 됐어. 안 들려. / 됐어. 듣기 싫어.　　→ 정답 : to
(18) 말만 하지 말고 행동으로 옮겨.

1) "speak"과 "talk" 둘 다 "**말하다**", "**이야기하다**"라는 뜻의 동사로, "**대화하다**", "**통화하다**", "**무언가에 관해 이야기하다**"라는 뜻으로 쓰일 때는 종종 바꿔 쓰이기도 해요. 하지만 미묘한 의미 차이 때문에 특정 문장에서는 어느 한쪽 표현이 더 잘 어울리는 경우도 있죠. 주로 일방적인 의사소통에는 "speak"을, 두 사람 이상의 대화나 토론에는 "talk"을 사용하며, "speak"이 "talk"보다 더 격식적인 느낌을 줘요.

2) "with"는 "~와/과"라는 뜻이고 "to"는 "~에게"라는 뜻이기 때문에 "speak with"나 "talk with"는 "~와 대화하다"라는 뜻으로 이해하고, "speak to"나 "talk to"는 한 사람이 또 다른 사람에게 일방적으로 말하는 것이라고 생각하기 쉬우나, 실제로 "speak to"나 "talk to"도 대부분 서로가 대화를 나누는 것으로 이해돼요. 오히려 "with"보다도 "to"가 "~와 대화하다"라고 말할 때 더 많이 사용된답니다.

Gotta Remember
Show'em Who's Boss!

A. Circle the sentences that can use both *speak* and *talk*.

(1) Money talks.
(2) I don't want to talk to him.
(3) Why do you talk back so much?
(4) I haven't talked to him lately.
(5) We were just talking about you.
(6) Look who's talking.
(7) Let me talk to you for a minute.
(8) My husband talks in his sleep.
(9) He's talking with his boss.
(10) My mom always talks my ear off.
(11) We're not speaking these days.
(12) This is James speaking.

B. Complete the dialogues. (Some answers may vary.)

(1) A: What's wrong with Melany?
  B: I know. She's so cranky today.
  A: Hey, here she comes.
  B: Speak _____.

(2) A: Don't you think our test was way too easy?
  B: Speak _____. It was really hard for me.

(3) A: Hey, Ava. I need to _____ your brother. Put him on the phone.
  B: Hold on, let me go get him.

(4) A: Why are you so picky?
  B: Look _____!

(5) A: Great! I'm stuck with you.
  B: You took the words right out of my mouth.
    Of all the people I could have been paired
    with, I got you. Talk about _____.

(6) A: I've got a bone to pick with you.
  B: Talk _____.
  A: Get your hand out of my face.

102   Speak of the devil.

Translations & Answers

A. 다음 문장 중 "speak"와 "talk"를 바꿔서 표현할 수 있는 것은 (O), 그럴 수 없는 것은 (X)로 표시해보세요.

(1) 돈이 최고지. / 돈이면 안 되는 게 없어.   → 정답 : (X)
(2) 난 걔랑 이야기하고 싶지 않아.   → 정답 : (O)
(3) 넌 왜 그렇게 말대꾸를 많이 해?   → 정답 : (X)
(4) 난 걔랑 연락 안 한 지 좀 됐어.   → 정답 : (O)
(5) 우리 방금 네 이야기 중이었어.   → 정답 : (O)
(6) 사돈 남 말 하시네. / 누가 할 소리.   → 정답 : (X)
(7) (나) 잠시 너한테 할 이야기가 있어.   → 정답 : (O)
(8) 우리 남편은 잠꼬대를 해.   → 정답 : (X)
(9) 걘 상사와 이야기 중이야.   → 정답 : (O)
(10) 우리 엄마는 항상 귀가 따갑도록 잔소리하셔.   → 정답 : (X)
(11) 우린 요즘 말 안 해.   → 정답 : (O)
(12) [통화상에서] 제임스입니다.   → 정답 : (X)

B. 알맞은 표현으로 다음 각 대화문을 완성해보세요. (일부 정답은 응답자에 따라 다를 수 있음)

(1) A: 멜라니 걘 애가 왜 그런다니?   → 정답 : of the devil
    B: 그러게. 오늘 신경이 너무 날카롭네.
    A: 야, 걔 온다.
    B: 호랑이도 제 말 하면 온다더니.

(2) A: 시험 엄청 쉬웠던 거 같지 않아?   → 정답 : for yourself
    B: 너야 그렇겠지. 나한텐 무지 어려웠어.

(3) A: 안녕, 애바. 네 동생이랑 통화하게 좀 바꿔 줘.   → 정답 : talk to / talk with
    B: 잠깐만 기다려. 불러올게.   / speak to / speak with

(4) A: 너 왜 그리 깐깐하게 구는 거야?   → 정답 : who's talking
    B: 누가 할 소리!

(5) A: 헐! 또 너랑이군.   → 정답 : bad luck
    B: 내가 할 소리거든. 짝이 될 수 있는 사람들이 그렇게나
    많았는데 하필 너랑 짝이 됐네. 재수 없으려니까.

(6) A: 나 너한테 따질 거 있어.   → 정답 : to the hand
    B: [손바닥을 갖다 대면서] 됐어. 듣기 싫어.
    A: 내 얼굴에서 손 치워.

> ※ "Speak for yourself."는 상대방이 나와 다른 의견을 내놓았을 때 "너야 그렇지.", "난 안 그래."라는 뜻으로 사용하는 표현이에요. 이런 뜻으로는 "I don't think so. (난 그렇게 생각하지 않아.)" 또는 "I don't agree with you. (난 네 생각에 동의하지 않아.)"라고 표현할 수도 있겠죠?

092 **You have the wrong number.**
전화 잘못 거셨어요.

Gotta Know

A. Let's practice the dialogues. Replace the underlined sentences with the ones in the *Ready-to-Use Box*.

(1) A: Is Dennis there?
 B: (I think) You've got the wrong number.

(2) A: Can I talk to Dennis?
 B: (Sorry,) There's no one here by that name.

Ready-to-Use Box

(Sorry,) Wrong number.
(I think) You must've misdialed.
(I believe) You've reached the wrong number.
I'm afraid you have the wrong number.
(Sorry,) There's no Dennis here.
I don't know any Dennis.

B. Use the *Cheat Box* to fill in the blanks.

(1) She's not answering.
(2) May I leave a message?
(3) Would you like to _____ a message?
(4) Can I take a message?
(5) Answer the phone. (= Answer the phone call. = Answer it.)
(6) I need to _____ some calls.
(7) You're breaking up _____ me.
(8) I hear an echo.
(9) I think we have a _____ connection.
(10) I have another call. (= I got a call coming _____.)
(11) The line is _____.
(12) I was getting a busy signal. (= The line was busy.)
(13) I didn't know my cell phone was _____.
(14) Her phone _____ disconnected.
(15) My call got _____ off.
(16) Don't _____ up on me like that, okay?
(17) I only have two bars.
(18) My battery's dying.
(19) My cell phone battery _____ (on me).
(20) Mind if I charge my cell phone?

Cheat Box

in
on
bad
cut
got
off
busy
died
hang
make
leave

A. Ready-to-Use Box 속 표현들로 밑줄 부분을 바꿔가며 대화문들을 연습해봅시다.

(1) A: 데니스 있나요?
    B: <u>전화 잘못 거신 것 같네요.</u>

(2) A: 데니스 좀 바꿔줄래요?
    B: <u>(죄송하지만,) 여기 그런 사람 없어요.</u>

(Sorry,) Wrong number.	(죄송하지만,) 잘못 거셨어요.
(I think) You must've misdialed.	번호를 잘못 누르신 것 같아요.
(I believe) You've reached the wrong number.	전화를 잘못 거신 것 같아요.
I'm afraid you have the wrong number.	전화를 잘못 거신 것 같네요.
(Sorry,) There's no Dennis here.	(죄송하지만,) 여긴 데니스라는 사람 없어요.
I don't know any Dennis.	전 데니스라는 사람 몰라요.

Tip

1) 전화를 잘못 건 당사자가 "제가 전화를 잘못 걸었나 봐요."라고 말하려면 다음과 같이 표현할 수 있어요.

• I think I have the wrong number. I'm sorry.	전화를 잘못 건 것 같네요. 죄송해요.
• I'm sorry. I must have the wrong number.	죄송해요. 전화를 잘못 걸었나 봐요.
• I'm sorry. I think I've got the wrong number.	죄송해요. 전화를 잘못 걸었나 봐요.
• I'm sorry. I must've dialed the wrong number.	죄송해요. 전화를 잘못 걸었나 봐요.

B. 다음은 전화와 관련된 유용한 표현들입니다. Cheat Box 속 표현들로 빈칸을 채워보세요.

(1) 걔가 전화를 안 받아.
(2) 메시지를 남겨도 될까요?
(3) 메시지를 남기시겠어요?
(4) 메시지를 남기시겠어요? → 정답 : leave
(5) 전화 받아.
(6) (나) 전화를 몇 통 해야 해. / (나) 전화 통화를 몇 군데 해야 해. → 정답 : make
(7) (네) 목소리가 (나한테) 끊겨서 들려. → 정답 : on
(8) 내 목소리가 울리네. / 내 목소리가 울려서 들리네.
(9) (우리) 전화 연결 상태가 안 좋은 것 같아. → 정답 : bad
(10) 나 다른 데서 전화 들어와. → 정답 : in
(11) 통화 중이야. → 정답 : busy
(12) (내가 전화했더니) 통화 중이던데.
(13) (난) 내 휴대폰이 꺼져 있는지 몰랐어. → 정답 : off
(14) 걔 전화 끊어졌어. / 걔 서비스 정지됐어. → 정답 : got
(15) [통화 중 갑자기 끊어졌을 때] 전화 끊어졌어. → 정답 : cut
(16) 그런 식으로 내 전화 끊지 마. 알겠어? → 정답 : hang
(17) 나 (배터리가) 두 칸밖에 안 남았어.
(18) 나 배터리가 거의 없어.
(19) 나 휴대폰 배터리가 다 됐어. → 정답 : died
(20) 휴대폰 좀 충전해도 될까?

Tip

2) "전화를 받다"라고 말할 때는 "pick up"이라는 표현을 이용하기도 해요. 단, 이 표현은 전화기 자체를 "들다"라는 뜻으로도 쓰일 수 있죠.

• Pick up the phone. (= Pick it up.)   전화기를 들어. / 수화기 들어. / 전화 받아.

Gotta Remember
Show'em Who's Boss!

A. Rearrange the words to form sentences.

(1) you / I / wrong / the / think / have / number

→ _____.

(2) name / no / by / here / that / there's / one

→ _____.

B. Complete the dialogues. (Some answers may vary.)

(1) A: I _____ an echo.
    B: Really? Everything sounds great to me.

(2) A: Excuse me for a sec, I need to _____ this call.
    B: Sure, go ahead.

(3) A: I have _____.
    B: I'll hold.

(4) A: My battery's dying. Mind if I _____ my cell phone?
    B: Knock yourself out.

(5) A: Would you like to _____?
    B: No, I'll just try back later.

(6) A: Why didn't you answer my calls?
    B: I'm sorry. My cell phone battery
        _____ me. That's why.

(7) A: You're _____ on me.
    B: I'll just call back later.

(8) A: I was getting _____.
    B: That's weird. I wasn't on the phone.

(9) A: Hello?
    B: Hi, can I talk to John?
    A: I think you have the wrong number.
      There's _____ here.
    B: Is this 123-4567?
    A: No, it's 132-4567.

Translations & Answers

A. 단어들을 재배열하여 문장을 만들어보세요.

(1) 전화를 잘못 거신 것 같네요. → 정답 : I think you have the wrong number.

(2) 여긴 그런 이름 가진 사람 없어요. → 정답 : There's no one here by that name.
   또는 There's no one by that name here.

B. 알맞은 표현으로 다음 각 대화문을 완성해보세요. (일부 정답은 응답자에 따라 다를 수 있음)

(1) A: 목소리가 울려서 들려.
   B: 정말? 난 다 엄청 잘 들리는데. → 정답 : hear

(2) A: 잠시만 실례하겠습니다. 전화 좀 받을게요. → 정답 : answer
   B: 네, 그러세요.   / take

(3) A: 다른 전화 들어온다. → 정답 : another call
   B: 기다릴게.   / a call coming in

(4) A: 나 배터리가 거의 없어서 그러는데 → 정답 : charge
      휴대폰 좀 충전해도 될까?
   B: 그렇게 해.

(5) A: 메시지를 남기시겠어요? → 정답 : leave a message
   B: 아니요, 제가 나중에 다시 전화할게요.

(6) A: 너 왜 내 전화 안 받은 거야? → 정답 : died on
   B: 미안해. 휴대폰 배터리가 다 됐었어.
      그래서 그랬던 거야.

(7) A: 네 목소리가 끊겨서 들려. → 정답 : breaking up
   B: 그냥 내가 이따 다시 전화할게.

(8) A: 통화 중이던데. → 정답 : a busy signal
   B: 거참 이상하다. 난 통화 안 하고 있었는데.

(9) A: 여보세요? → 정답 : no John
   B: 안녕. 존 좀 바꿔줄래?
   A: 전화 잘못 거신 것 같네요. 여긴 존이라는 사람 없어요.
   B: 지금 제가 건 번호가 123-4567번 아닌가요?
   A: 아녜요. 132-4567번이에요.

Mind if I say something?

내가 한마디 해도 될까?

Gotta Know

A. Use the *Cheat Box* to fill in the blanks.

(1) Call me back as _____ as you can.

(2) Sorry, I'm gonna have to call you _____.

(3) Mind _____ I call you back?

(4) I'll call you again _____ a minute.

(5) I'll _____ back to you soon.

(6) Get back to me right _____.

(7) He hasn't returned my call _____.

(8) Why didn't you _____ my texts?

(9) Josh hasn't returned my emails yet.

Cheat Box	
if	away
in	back
get	soon
yet	return

B. Let's look at the examples and change the sentences accordingly.

ex1) Can you wait here for a minute?
→ Do you mind waiting here for a minute?

(1) Can you talk louder? → _____?

(2) Can you check the bill again? → _____?

(3) Can you pick me up? → _____?

(4) Can you hold this for a second? → _____?

ex2) Is it okay if I open the window?
→ Mind if I open the window?

(5) Is it okay if I leave early today?
→ _____?

(6) Is it okay if I use this?
→ _____?

(7) Is it okay if I ask you something?
→ _____?

(8) Is it okay if I take this chair?
→ _____?

A. 다음은 "call back", "return", "get back to"와 관련된 유용한 표현들입니다. Cheat Box 속 표현들로 빈칸을 채워보세요.

(1) 가능한 한 빨리 다시 전화 줘. → 정답 : soon
(2) 미안한데, 내가 이따 다시 전화해야 할 거 같아. → 정답 : back
(3) 내가 (이따) 다시 전화해도 될까? → 정답 : if
(4) 내가 금방 다시 전화할게. → 정답 : in
(5) 내가 곧 다시 연락할게. → 정답 : get
(6) 곧바로 다시 연락 줘. → 정답 : away
(7) 걘 아직 내 전화에 답신하지 않았어. → 정답 : yet
(8) 너 왜 내 문자 씹었어? → 정답 : return
(9) 조쉬가 아직 내 이메일에 답장 안 했어.

Tip

1) 전화를 받았는데 길게 통화할 상황이 못 되어서 나중에 다시 전화를 준다거나, 통화 중 급한 일이 생겨서 잠시 끊어야 한다거나, 아니면 아예 전화를 못 받았다가 나중에 부재 중 전화를 확인하여 상대방에게 다시 전화하는 경우 "call ... back", "return ...", "get back to ..."라는 표현을 사용해요. "call ... back"은 전화 통화에만 해당하는 표현으로, 비슷한 표현으로는 "call ... again"도 있어요. 반면, "return ..."과 "get back to ..."는 전화 외에도 문자나 이메일에 **답장하다**라는 개념으로도 사용될 수 있는데, "return ..."은 뒤에 "email", "call", "text (message)" 등 구체적으로 무엇에 답장하는지를 밝혀주지만 "get back to ..."는 단지 누구에게 답장하는지만 밝혀줍니다. "get back to"는 "call back"이나 "return"과 달리 "직접 만나서 무언가를 알려주는 것"도 포함될 수 있으니 참고하세요.

B. 보기를 참고로 하여 주어진 문장들을 바꿔봅시다.

ex1) 여기서 잠시만 기다려줄래요?

(1) 더 크게 말해줄래요? → 정답 : Do you mind talking louder?
(2) 계산서 다시 좀 확인해주실래요? → 정답 : Do you mind checking the bill again?
(3) 저 좀 픽업해줄래요? → 정답 : Do you mind picking me up?
(4) 이거 잠시만 좀 들고 있어 줄래요? → 정답 : Do you mind holding this for a second?

ex2) 창문 좀 열어도 될까요?

(5) 오늘 일찍 퇴근해도 될까요? → 정답 : Mind if I leave early today?
(6) 이것 좀 써도 될까요? → 정답 : Mind if I use this?
(7) (당신에게) 뭐 좀 물어봐도 될까요? → 정답 : Mind if I ask you something?
(8) 이 의자 가져가도 될까요? → 정답 : Mind if I take this chair?

Tip

2) "mind"는 "~을 꺼리다"라는 뜻의 동사로, 대부분 "Do you mind ...?"처럼 표현되며, 뒤에는 동명사나 "if"가 등장해요. 대화 시에는 "Do you"를 생략해버리고 "Mind ...?"라고 표현하기도 하죠. 이는 크게 두 가지 의미로 사용되는데, 하나는 "꺼리지 않는다면 (괜찮다면) 그 행동을 해달라", 즉 "~해줄래?"라는 의미이고, 또 다른 하나는 "꺼리지 않는다면(괜찮다면) 내가 그 행동을 하겠다", 즉 "(내가) ~해도 될까?"라는 의미예요.

3) 공손하게 물을 때는 "do" 대신 "would"를 사용해요. 이때는 문법 규칙에 따라 "Would you mind ...?" 뒤에 "if"절을 사용할 경우 "if"절 속에도 과거형으로 표현해줘야 하죠. 하지만 실제 대화에서는 그냥 현재형을 사용하기도 해요.

Gotta Remember
Show'em Who's Boss!

A. Complete the dialogues.

(1) A: I'll find out what's going on.
B: Good idea. _____ me right away.

(2) A: Why didn't you _____ my call?
B: Sorry, I was in the middle of something.

(3) A: What took you so long to _____ me back?
B: I've been really busy these days.

B. Complete the dialogues using the given phrases.

(1) A: Mind _____ today?   (leave early)
B: What's wrong? You sick?

(2) A: I gotta run back to the office real quick.   (wait here)
Would you mind _____ for a minute?
B: Not a problem.

(3) A: Do you mind _____?   (take this watch)
B: Go ahead. I don't need it anyway.

(4) A: Do you mind _____ a little bit?   (step on it)
B: Sure, I can do that, but why? Are you in a hurry?

(5) A: Do you mind _____ for a minute? (use your cell phone)
B: Sure, but make it short.

(6) A: Do you mind _____ at that coat?   (take a look)
B: Not at all. Hold on a sec. Here you go.

(7) A: You mind _____ with me?   (change seats)
B: No. I don't mind. I like the window seat.

Translations & Answers

A. 알맞은 표현으로 다음 각 대화문을 완성해보세요.

(1) A: 내가 무슨 일인지 알아볼게.
　　B: 좋은 생각이야. (알아보고) 곧바로 나한테 말해줘.
　　　　　　　　　　　　→ 정답 : Get back to

(2) A: 너 왜 나한테 다시 전화 안 했어?
　　B: 미안, 뭐 하던 중이었어.
　　　　　　　　　　　　→ 정답 : return

(3) A: 왜 이렇게 늦게 전화 주는 거야?
　　B: 내가 요즘 너무 정신이 없어서.
　　　　　　　　　　　　→ 정답 : call

B. 주어진 표현을 이용해 다음 각 대화문을 완성해보세요.

(1) A: 저 오늘 일찍 퇴근해도 될까요?
　　B: 무슨 일이에요? 어디 아파요?
　　　　　　　　　　　　→ 정답 : if I leave early

(2) A: 저 사무실로 빨리 돌아가 봐야 하는데,
　　　여기서 잠깐만 기다려주실래요?
　　B: 그러죠, 뭐.
　　　　　　　　　　　　→ 정답 : waiting here

(3) A: 이 시계 나 가져도 돼?
　　B: 그렇게 해. 어차피 난 필요 없거든.
　　　　　　　　　　　　→ 정답 : if I take this watch

(4) A: 속도 조금만 더 내줄래?
　　B: 응, 그럴 순 있는데, 왜? 급한 일 있어?
　　　　　　　　　　　　→ 정답 : stepping on it

(5) A: 네 휴대폰 잠시만 좀 써도 돼?
　　B: 그래, 하지만 짧게 해.
　　　　　　　　　　　　→ 정답 : if I use your cell phone

(6) A: 저 코트 좀 봐도 될까요?
　　B: 네. 잠시만요. 자, 여기 있어요.
　　　　　　　　　　　　→ 정답 : if I take a look

(7) A: 나랑 자리 좀 바꿔줄래?
　　B: 응, 난 상관없어. 난 창가 자리를 좋아하거든.
　　　　　　　　　　　　→ 정답 : changing seats

※ "**Do you mind ...?**"나 "**Would you mind ...?**"는 결과적으로 "**~해줄래(요)?**" 또는 "**(내가) ~해도 될까(요)?**"라는 뜻이지만, 원래 뜻은 "**~을 언짢게 여겨?**", "**~을 꺼려?**"라서 이러한 질문에 "**응, 해줄게.**", "**응, 해도 좋아.**"처럼 긍정적으로 대답하려면 "**아뇨, 꺼리지 않아요.**"처럼 부정적으로 말해야 해요. 이때는 다음과 같은 표현들을 사용할 수 있죠. 참고로, 현대 구어체에서는 이 경우 그냥 "**Sure.**"이라고 표현하기도 해요.

- Not at all.　　　　전혀 꺼리지 않아.
- No problem.　　　문제없어.
- Of course not.　　물론, 꺼리지 않아.
- (No,) I don't mind.　(아니,) 난 꺼리지 않아.
- Nope. Go ahead.　아니. 신경 쓰지 말고 해.

094 He said he was sick.

걔 아팠대.

Gotta Know

A. Let's complete the dialogues using the given sentences.

| Get out of my face. | → | A: What did she say?
B: She told me <u>to get out of her face</u>. |

①	Wait for me here.	→	A: Why are you still here? B: My mom told me _____.
②	Don't bother me.	→	A: He told me _____. B: What? You were simply trying to help.
③	Pay me back.	→	A: He told me _____. B: How much do you owe him?

B. Let's make sentences using the given information.

| I quit my job. | → | She said (that) <u>she quit her job</u>.

She told me (that) <u>she quit her job</u>. |

①	I'm sick.	→	_____. _____.
②	I can drive you home.	→	_____. _____.
③	I'll go around noon.	→	_____. _____.

Translations & Explanations

A. 주어진 문장(명령문)을 이용해 다음 각 대화문을 완성해봅시다.

내 앞에서 꺼져.	→	A: 걔가 뭐라고 말했어? B: 나더러 자기 앞에서 꺼지래.
① 여기서 날 기다려.	→	→ 정답 : to wait for her here A: 너 왜 아직 여기 있어? B: 엄마가 나한테 여기서 기다리라고 하셨어.
② (날) 귀찮게 하지 마.	→	→ 정답 : not to bother him A: 걔가 나더러 자기 귀찮게 하지 말래. B: 뭐? 넌 그냥 도와주려던 거잖아.
③ 내 돈 갚아. / 나한테 빚진 거 갚아. / 나한테 신세 진 거 갚아.	→	→ 정답 : to pay him back A: 걔가 나더러 자기 돈 갚으래. B: 걔한테 얼마 빚졌는데?

Tip 1) 누군가의 말을 전할 때는 "**걔가 '내일 나 좀 깨워줘.'라고 말했어.**"처럼 들은 그대로 전할 수도 있지만, "**걔가 내일 자기 좀 깨워달래.**"처럼 자신의 말로 바꿔서 전할 수도 있죠. 전자를 "**직접화법**", 후자를 "**간접화법**"이라고 해요. "**나**"가 "**자기**"로 바뀌었듯이, 간접화법으로 정보를 전달할 때는 정보의 내용 중 일부가 말하는 사람의 입장에서 바뀌게 된답니다.

B. 주어진 정보를 이용해 다음 각 문장을 만들어봅시다.

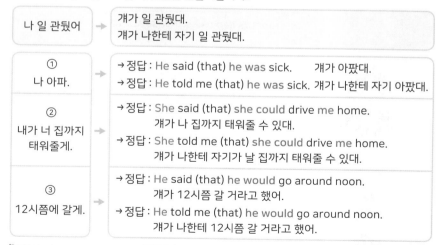

나 일 관뒀어.		걔가 일 관뒀대. 걔가 나한테 자기 일 관뒀대.
① 나 아파.	→	→ 정답 : He said (that) he was sick.　걔가 아팠대. → 정답 : He told me (that) he was sick. 걔가 나한테 자기 아팠대.
② 내가 너 집까지 태워줄게.	→	→ 정답 : She said (that) she could drive me home. 　걔가 나 집까지 태워줄 수 있대. → 정답 : She told me (that) she could drive me home. 　걔가 나한테 자기가 날 집까지 태워줄 수 있대.
③ 12시쯤에 갈게.	→	→ 정답 : He said (that) he would go around noon. 　걔가 12시쯤 갈 거라고 했어. → 정답 : He told me (that) he would go around noon. 　걔가 나한테 12시쯤 갈 거라고 했어.

Tip 2) 누군가로부터 들은 어떠한 정보를 전달할 때는 "**들은**" 시점이 이미 과거이기 때문에 과거의 이야기로 바꿔서 전해야 해요. 단, 늘 변하지 않는 사실, 지금까지 이어지는 정보 등을 말할 때는 현재의 이야기 그대로 전하기도 하죠.

Gotta Remember
Show'em Who's Boss!

A. Find the incorrect or inappropriate expressions and correct them. (Some answers may vary.)

(1) A: What time is Bob coming?
B: He said he'd around noon.

(2) A: When you see Vicky, tell her I say "Hi."
B: Any other messages for her?

(3) A: It's hard.
B: I never say it would be easy.

(4) A: What did your doctor say?
B: He told to lose some weight.

(5) A: I've got to use the bathroom.
B: Again? I told you to drink too much water before going to bed.

B. Complete the dialogue using the given information.

A: What did _____ say?
B: _____
(※ *Students can use either* **say** *or* **tell**.)

(1) Be nice to her.	(2) Don't be late.
(3) Don't call me late at night.	(4) I'm a little tired.
(5) It's a great idea.	(6) I'll pick you up in five.

He said he was sick.

Translations & Answers

A. 각 대화문 내용 중 틀린 부분을 찾아 바르게 고쳐보세요. (일부 정답은 응답자에 따라 다를 수 있음)

(1) A: 밥은 몇 시에 와?
B: 12시쯤 올 거라고 했어.

→ 정답 : A: What time is Bob coming?
B: He said he'd come around noon.

(2) A: 비키 보면 안부 전해줘.
B: 또 전해줄 말은 없어?

→ 정답 : A: When you see Vicky, tell her I said "Hi."
B: Any other messages for her?

(3) A: 어려워.
B: 난 쉬울 거라고 말한 적 없어.

→ 정답 : A: It's hard.
B: I never said it would be easy.

(4) A: 의사 선생님이 뭐라셔?
B: 나더러 살 좀 빼래.

→ 정답 : A: What did your doctor say?
B: He told me to lose some weight.
또는 He said to lose some weight.

(5) A: 나 화장실 좀 갔다 와야겠어.
B: 또? 내가 자기 전에 물 너무 많이 마시지 말랬잖아.

→ 정답 : A: I've got to use the bathroom.
B: Again? I told you not to drink too much water before going to bed.

B. 다음 대화문들은 참고용입니다. 주어진 정보를 이용해 자유롭게 대화문을 완성해보세요.

정보	참고용 대화문	
(1) 걔한테 잘해.	A: What did he say? B: He said, "Be nice to her."	A: 걔가 뭐래? B: "걔한테 잘해."라고 말했어.
(2) 늦지 마.	A: What did she say? B: She told me not to be late.	A: 걔가 뭐래? B: 나더러 늦지 말래.
(3) 나한테 밤늦게 전화하지 마.	A: What did he say? B: He told me not to call him late at night.	A: 걔가 뭐래? B: 나더러 자기한테 밤늦게 전화하지 말래.
(4) 나 좀 피곤해.	A: What did she say? B: She said she was a little tired.	A: 걔가 뭐래? B: 좀 피곤하대.
(5) (그거) 아주 좋은 생각이야.	A: What did he say? B: He told me that it was a great idea.	A: 걔가 뭐래? B: 나한테 (그게) 아주 좋은 생각이래.
(6) 내가 너 5분 있다가 픽업할게.	A: What did she say? B: She said she would pick me up in five.	A: 걔가 뭐래? B: 5분 있다가 나 픽업하겠대.

No need to hurry.

서두를 필요 없어. / 서두르지 않아도 돼.

Gotta Know

A. Let's look at the examples and make sentences accordingly.

ex1) a coat today → No need for a coat today.
ex2) be sorry → No need to be sorry.

(1) that → _____ .
(2) wear sunglasses → _____ .
(3) apologize → _____ .
(4) hurry → _____ .

B. Let's look at the example and change the sentences accordingly.

ex) You don't need to do this if you don't want to.
    → No need for you to do this if you don't want to.

(1) You don't need to go there.
    → _____ .
(2) You don't need to go if you don't want to.
    → _____ .
(3) You don't need to tell me about it.
    → _____ .

C. Use the *Cheat Box* to fill in the blanks.

(1) Tell me about it.
(2) (I'll) Tell you _____.
(3) I told you _____.
(4) Don't tell me what to do.
(5) I won't tell _____ you.
(6) Who _____ tell?
(7) Only time _____ tell.
(8) You can just tell.
(9) There's _____ telling why he's still pissed.
(10) Don't mention it again.
(11) He mentioned something about that.
(12) Now _____ you mention it, yes, he did say that.
(13) _____ I mentioned before, there must be a reason for it.

Cheat Box							
as	no	on	so	can	that	what	will

A. 보기를 참고로 하여 문장들을 만들어봅시다.

ex1) 오늘 코트 → 오늘은 코트가 필요 없어. (오늘은 코트 안 입어도 돼.)
ex2) 미안해하다 → 미안해할 필요 없어. / 미안해하지 않아도 돼.

(1) 그것 → 정답: No need for that.   그럴 필요 없어.
(2) 선글라스를 쓰다 → 정답: No need to wear sunglasses.   선글라스 안 써도 돼.
(3) 사과하다 → 정답: No need to apologize.   사과할 필요 없어.
(4) 서두르다 → 정답: No need to hurry.   서두를 필요 없어.

Tip   1) "No need ..." 앞에는 주어와 동사가 생략된 거예요. 보통, 누군가를 콕 집어서 말하는 경우가 아니라면 "There's"가 생략되었다고 볼 수 있고, 누군가에 대한 말이라면 "주어 + have/has"가 생략된 것이라 볼 수 있죠. 하지만 이렇게 주어와 동사까지 밝히기보다 "No need ..."라고 간단히 말하는 게 더 선호된답니다.

     ex) (I have) No need to hurry.   (난) 서두를 필요 없어. / (난) 서두르지 않아도 돼.
     ex) (There's) No need to apologize. 사과할 필요 없어. / 사과 안 해도 돼.

B. 보기를 참고로 하여 주어진 문장들을 바꿔봅시다.

ex) 넌 원치 않으면 이거 안 해도 돼.

(1) 넌 거기 갈 필요 없어. / 넌 거기 안 가도 돼.
    → 정답: No need for you to go there.
(2) 넌 원치 않으면 안 가도 돼.
    → 정답: No need for you to go if you don't want to.
(3) 네가 그것에 관해 나한테 말해줄 필요 없어.
    → 정답: No need for you to tell me about it.

C. 다음은 "tell" 또는 "mention"을 이용한 유용한 표현들입니다. Cheat Box 속 표현들로 빈칸을 채워보세요.

(1) 내 말이. / 그러게 말이야.
(2) [뭔가 말하려 할 때] 있잖아. / 좋은 생각이 있어. / 실은 이래.   → 정답: what
(3) 내가 그랬잖아. / 그러게 내가 뭐랬어.   → 정답: so
(4) 나한테 이래라저래라하지 마.
(5) (나) 너 고자질 안 할게. / (나) 너 안 꼬바를게.   → 정답: on
(6) 누가 알겠어? / 아무도 몰라.   → 정답: can
(7) 시간이 지나면 알게 될 거야.   → 정답: will
(8) 딱 보면 알 거야. / 쉽게 알 수 있어.
(9) 걔가 왜 아직 화가 나 있는지는 아무도 몰라.   → 정답: no
(10) 그 이야긴 다신 거론하지 마.
(11) 걔가 그것에 관해 뭔가 언급했어.
(12) 그러고 보니, 맞아, 걔가 확실히 그런 말 했어.   → 정답: that
(13) 내가 전에 얘기했듯이 그것에 대한 이유가 분명 있을 거야.   → 정답: As

Tip   2) "There's no telling ..."은 "No one can tell ... (~은 아무도 모른다)"과 같은 뜻으로, "telling" 대신 "saying"이나 "knowing"을 이용하기도 해요.

     ex) There's no saying how they'll react.
        그들이 어떤 반응을 보일지는 아무도 몰라.
     ex) There's no knowing what will happen next.
        이제 어떤 일이 발생할지는 아무도 몰라.

A. Make any sentences you want using the given phrases.

(1) No need for _____.

(2) No need to _____.

(3) No need for you to _____.

B. Complete the dialogues. (Answers may vary.)

(1) A: Should I go pick him up?
B: _____ that.

(2) A: Let me go grab my coat.
B: _____ a coat.
It's not that cold outside.

(3) A: Oh no... What should I do?
B: _____.
I'll take care of it for you.

(4) A: I'm sorry about last night.
B: _____.

(5) A: Do I have to go there?
B: No, _____.
A: No?
B: Nope.
A: Then I'm not going.

C. Complete the dialogues. (Some answers may vary.)

(1) A: I can't get enough of these chocolates.
B: _____. They're so irresistible.

(2) A: You should be nicer to your girlfriend.
B: _____ what to do. You're not my mother.

(3) A: Do you think he can change?
B: _____.

(4) A: Don't you owe me money?
B: _____ you mention it, I do owe you some money.
How much was it again?

Translations & Answers

A. 다음 문장들은 참고용입니다. 주어진 표현들을 이용해 자유롭게 문장을 만들어보세요.

(1) No need for <u>a lecture</u>.   설교는 필요 없어. / 잔소리는 필요 없어.
(2) No need to <u>wonder</u>.   궁금해할 필요 없어. / 궁금해하지 않아도 돼.
(3) No need for you to <u>know</u>.   네가 알 필요 없어.

> ※ "lecture"은 "강의(하다)"라는 뜻이지만, 간혹 듣기 싫거나 따분한 강의의 속성을 빌어 "잔소리(하다)", "설교(하다)"라는 뜻으로도 쓰여요.
> ex) Stop lecturing me.   나한테 설교 좀 그만해!

B. 알맞은 표현으로 다음 각 대화문을 완성해보세요. (정답은 응답자에 따라 다를 수 있음)

(1) A: 내가 걔 픽업하러 가는 게 좋을까?   → 정답 : No need for
    B: 그럴 필요 없어.

(2) A: 가서 코트 가져올게.   → 정답 : No need to wear
    B: 코트 안 입어도 돼. 밖에 그렇게 안 추워.

(3) A: 아, 이런... 나 어쩌지?   → 정답 : No need to worry.
    B: 걱정할 거 없어. 내가 대신 해결해줄게.

(4) A: 어젯밤 일은 미안해.   → 정답 : No need to apologize.
    B: 사과할 필요 없어.

(5) A: 내가 거기 가야 해?   → 정답 : there's no need for you to go
    B: 아니, 넌 거기 안 가도 돼.
    A: 안 가도 돼?
    B: 응.
    A: 그럼 안 갈래.

C. 알맞은 표현으로 다음 각 대화문을 완성해보세요. (일부 정답은 응답자에 따라 다를 수 있음)

(1) A: 이 초콜릿은 먹어도 먹어도 질리질 않아.   → 정답 : Tell me about it.
    B: 맞아. 자꾸 먹게 돼.

(2) A: 여친한테 더 잘해주도록 해.   → 정답 : Don't tell me
    B: 나한테 이래라저래라하지 마. 네가 우리 엄마야?

(3) A: 걔가 바뀔 수 있을까?   → 정답 : Only time will tell.
    B: 시간이 지나면 알게 되겠지.

(4) A: 너 나한테 돈 빚진 거 있지 않아?   → 정답 : Now that
    B: 그러고 보니 너한테 빚진 게 있었구나. 얼마였더라?

096 Why not wear this pleated skirt?

이 주름치마 입는 게 어때?

Gotta Know

A. Let's practice the dialogues using the given information.

> A: Why don't you wear <u>the orange short-sleeved shirt</u>?
> B: That's a good idea.

> A: What do you think I should wear today?
> B: Why not wear <u>the blue sweater</u> you bought yesterday?

① the red woolen hat	③ the black chinos
② this gray cardigan	④ these white sneakers

B. Let's look at the examples and change the sentences accordingly.

ex1) How about a drink after work? → What about a drink after work?
ex2) How about staying for dinner? → What about staying for dinner?

(1) How about a movie tonight? → _____ ?
(2) How about eating out tonight? → _____ ?
(3) How about a trip to China? → _____ ?
(4) How about taking tomorrow off? → _____ ?

C. Use the *Cheat Box* to fill in the blanks.

(1) You _____ great in purple.
(2) Your jeans _____ well with your shoes.
(3) _____ up your sleeves.
(4) My shirt is all _____ up.
(5) _____ in your shirt.
(6) I can't remove this oil stain from my sweater.
(7) _____ up your shirt.
(8) There's a button missing.
(9) My jeans need to be _____.
(10) I need to get my pants shortened.

Cheat Box		
go	roll	button
look	tuck	altered
		wrinkled

Translations & Explanations

A. 주어진 정보를 이용해 다음 대화문들을 연습해봅시다.

A: 오렌지색 반소매 셔츠를 입는 게 어때? B: 좋은 생각이야.	① 빨간색 털모자
	② 이 회색 카디건
A: 나 오늘 뭐 입으면 좋을까? B: 어제 산 파란색 스웨터 입지 그래?	③ 검은색 면바지
	④ 이 하얀색 스니커즈 운동화

 Tip 1) "Why don't you ...?"나 "Why not ...?"은 상황에 따라서는 상대방이 무언가를 왜 안 하는지를 묻는 질문일 수도 있어요.

B. 보기를 참고로 하여 주어진 문장들을 바꿔봅시다.

ex1) 일 끝나고 술 한잔 어때?
ex2) 좀 더 있다가 저녁 먹고 가는 게 어때?

(1) 오늘 밤에 영화 한 편 어때?　→ 정답 : What about a movie tonight?
(2) 오늘 밤에 외식하는 거 어때?　→ 정답 : What about eating out tonight?
(3) 중국으로 여행 가는 거 어때?　→ 정답 : What about a trip to China?
(4) 내일 쉬는 게 어때?　→ 정답 : What about taking tomorrow off?

Tip 2) "What about ...?"은 "What do you think about ...?"을 줄인 표현으로, 상대방의 구체적인 생각을 묻는 성격이 강함에 반해, "How about ...?"은 "How do you feel about ...?"을 줄인 표현으로, 상대방의 느낌을 묻거나 상대방에게 무언가를 제안하는 표현이 되기 때문에 "How about ...?"으로 뭔가를 제안하는 경우에는 "yes"나 "no"로 간단히 대답하는 경우가 많고, "What about ...?"으로 물으면 구체적인 의견으로 대답하는 경우가 많아요. 하지만, "How about ...?"과 "What about ...?"은 말하는 사람의 톤에 따라서 의미가 달라지기도 하고, 개인적 취향에 따라 선택적으로 사용되기도 해서 평상시에는 크게 구분 없이 사용하곤 하죠.

3) "What about ...?"은 상대방이 누군가 또는 무언가에 대해 언급할 때 "걔가 왜?", "그게 뭐?"라는 뜻으로 쓰이거나, "~는 어쩌고?", "~는 어떡해?"처럼 해결책을 묻는 뜻으로 쓰일 수 있지만, "How about ...?"은 이런 뜻으로 쓰일 수 없어요. 반대로, "How about ...?"은 뒤에 "if"로 시작하는 조건절이 등장해서("if" 생략 가능) "~하면 어떨까?"라는 식으로 표현되기도 하지만, "What about ...?"은 이렇게 사용하면 어색해지죠.

C. 다음은 의복과 관계된 유용한 표현들입니다. Cheat Box 속 표현들로 빈칸을 채워보세요.

(1) 넌 보라색이 정말 잘 어울려.　→ 정답 : look
(2) 네 청바지가 신발과 잘 어울리네.　→ 정답 : go
(3) 소매 걷어붙여. / 소매 걷어 올려.　→ 정답 : Roll
(4) (내) 셔츠에 온통 주름투성이야. / (내) 셔츠가 온통 쭈글쭈글해.　→ 정답 : wrinkled
(5) 셔츠를 안으로 집어넣어.　→ 정답 : Tuck
(6) (내) 스웨터에 묻은 이 기름때가 지워지지 않아.
(7) 셔츠에 단추 잠가.　→ 정답 : Button
(8) 단추가 하나 빠졌네. / 단추가 하나 사라졌네.
(9) 내 청바지는 수선이 필요해. / 내 청바지는 수선 맡겨야 해.　→ 정답 : altered
(10) 나 바지 줄여야 해.

Gotta Remember
Show 'em Who's Boss!

A. Find the incorrect or unnatural parts and correct them.

(1) A: Did you hear about Corey?
B: <u>How about</u> him?
A: He had a car accident.

(2) A: When do you want to hang out?
B: <u>How about</u> this coming Friday night?
Does that work for you?

(3) A: <u>How about</u> a cup of coffee?
B: Sounds great to me.

(4) A: <u>What about</u> if we talk about this later?
B: Why? Do you have to go somewhere now?

(5) A: I'm bored. What should I do?
B: <u>What about</u> watching a movie?

(6) A: Let's get going.
B: <u>How about</u> Jenny? Don't we have to wait for her?

B. Complete the dialogues.

(1) A: I'm ready to help whenever you need me.
B: _____ your sleeves. Let's get to it.

(2) A: I can't wear this shirt.
B: Why not?
A: It's all _____.

(3) A: Button up your shirt.
B: I can't. There's a button _____.

(4) A: Your jeans _____ your shoes.
B: Thanks. I just got them yesterday.

(5) A: My jeans need to be _____.
B: Why?
A: They're too long.

Translations & Answers

A. 밑줄 친 부분 중 틀렸거나 부자연스러운 부분을 찾아 바르게 고쳐보세요.

(1) A: 코리 소식 들었어?　　　　　　　　　→ 정답 : How about → What about
　　 B: 걔가 뭐?
　　 A: 차 사고 났대.

(2) A: 언제 만나서 놀까?
　　 B: 돌아오는 금요일 밤에 어때? 괜찮겠어?

(3) A: 커피 한 잔 어때?
　　 B: 나야 좋지.

(4) A: 우리 이 문제는 나중에 이야기하는 게 어떨까?　→ 정답 : What about → How about
　　 B: 왜? 너 지금 어디 가야 해?

(5) A: 나 심심해. 뭐 하면 좋을까?
　　 B: 영화 한 편 보는 거 어때?

(6) A: 가자.　　　　　　　　　　　　　　　→ 정답 : How about → What about
　　 B: 제니는 어쩌고? 우리 걔 안 기다려도 돼?

B. 알맞은 표현으로 다음 각 대화문을 완성해보세요.

(1) A: 네가 내 도움이 필요하다면 난 언제든　　→ 정답 : Roll up
　　　도울 준비가 돼 있어.
　　 B: 팔 걷어붙이고 시작해보자.

(2) A: 난 이 셔츠를 입을 수가 없어.　　　　　→ 정답 : wrinkled (up)
　　 B: 왜? (왜 못 입어?)
　　 A: 온통 주름투성이니까.

(3) A: 셔츠 버튼 채워.　　　　　　　　　　　→ 정답 : missing
　　 B: 안 돼. 단추가 하나 없거든.

(4) A: 청바지가 신발이랑 잘 어울리네.　　　　→ 정답 : go well with
　　 B: 고마워. 바로 어제 산 거야.

(5) A: 나 청바지 수선 맡겨야 해.　　　　　　→ 정답 : altered
　　 B: 왜?
　　 A: 너무 길어서.

This one's a little too big for me.

이건 저한테 좀 많이 크네요.

Gotta Know

A. Let's practice the dialogues using the given information.

A: Can I try this (on) in a different color?
B: Sure. What color were you looking for?

a different color

①

another size

A: This is a little too big for me. Can I get it in a smaller size instead?
B: Of course you can.

a smaller size

②

a bigger size

A: These are a bit snug. Can I get the next bigger size?
B: Not a problem. I'll be right back.

the next bigger size

③

the next smaller size

B. Use the *Cheat Box* to fill in the blanks.

(1) Try _____.
(2) Nice try.
(3) At _____ try.
(4) Let me try.
(5) Why even try?
(6) Why not _____ try?
(7) Don't even try it.
(8) Try it _____ this.
(9) Try it for yourself.
(10) I got it _____ the first try.

Cheat Box	
me	even
on	like
	least

A. 주어진 정보를 이용해 다음 대화문들을 연습해봅시다.

다른 색상	A: 이거 다른 색으로 입어 봐도 될까요? B: 그럼요. 찾고 계신 색상이 뭔가요?	→	① 다른 사이즈
더 작은 사이즈	A: 이건 저한테 좀 많이 크네요. 더 작은 사이즈 있어요? B: 물론이죠.	→	② 더 큰 사이즈
다음으로 큰 사이즈	A: 이건 약간 끼네요. 사이즈 하나 더 큰 거 있나요? B: 네. 금방 오겠습니다.	→	③ 다음으로 작은 사이즈

Tip

1) 의복이나 액세서리와 관련하여 누군가의 것을 잠시 입거나 착용해 볼 때, 또는 구매 전 그것이 자신에게 잘 맞는지 입거나 착용해 볼 때는 "try"라는 동사를 사용해요. 특히, 의복이나 몸에 착용하는 액세서리들은 "try" 뒤에 "on"이나 "out"이 함께 등장하기도 하죠.

   ex) I'd like to try these shoes in a larger size.
                                     이 신발 더 큰 사이즈로 신어보고 싶어요.
   ex) I want to try a different color.   난 다른 색으로 입어보고 싶어.
   ex) Why don't you try on my black suit? 내 검은색 정장 한번 입어보지 그래?
   ex) I'm gonna try out my new running shoes tomorrow morning.
                                    나 내일 아침에 새 러닝화 신어볼 거야.

2) "try on"도 "put on"이나 "take off"와 마찬가지로 의복이 명사로 등장할 때는 "on"의 위치가 자유롭지만, 대명사로 등장할 때는 반드시 "try"와 "on" 사이에 대명사를 넣어야 하는 제약이 있어요.

3) "a little"은 "약간", "다소", "좀"이라는 뜻이며 "too"는 "너무"라는 뜻이라서 두 표현이 서로 잘 안 어울릴 것 같지만, 대화 중에는 "a little too big"처럼 두 표현을 함께 사용하기도 해요. 실제로 "a little too big"은 "a little big"을 좀 과장해서 표현하는 말로, "It's a little too big for me."라고 하면 "그건 나한테 좀 많이 커."라는 뜻이 되죠.

B. 다음은 "try"를 이용한 유용한 표현들입니다. Cheat Box 속 표현들로 빈칸을 채워보세요.

  (1) (내게) 일단 한번 말해봐. / (내게) 일단 한번 해봐.   → 정답 : me
  (2) 애쓴다.
  (3) 시도라도 해봐.   → 정답 : least
  (4) 내가 한번 해볼게.
  (5) 구태여 왜 해보려고?
  (6) 왜 시도조차 안 해봐?   → 정답 : even
  (7) (그거) 시도조차 하지 마.
  (8) (그거) 이렇게 해봐.   → 정답 : like
  (9) (그거) 직접 먹어봐. / (그거) 직접 해봐.
 (10) 난 (그거) 단번에 해냈어.   → 정답 : on

Tip

4) "try"는 "시도"라는 뜻의 명사로도 쓰여요.
   ex) It's worth a try.   (그거) 해볼 만한 가치가 있어.
   ex) Give this a try.   이거 한번 해봐. / 이거 한번 먹어봐.
   ex) I guess I'll give it a try. (그거) 한번 해봐야겠네. / (그거) 한번 먹어봐야겠네.

Gotta Remember
Show'em Who's Boss!

A. Find the incorrect sentences and correct them. (Some answers may vary.)

(1) Can I try on your hat?

(2) I want to try on this in a different color.

(3) Do you want to try these sunglasses on?

(4) Why don't you try in a smaller size?

(5) Would you like to try a bigger size?

(6) Can I get this another size instead?

(7) This is a little too tight for me.

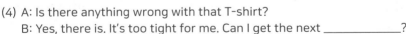

B. Complete the dialogues. (Some answers may vary.)

(1) A: How do my mittens look?
B: They look so cute. Can I _____?
A: Sure, go ahead!

(2) A: These jeans are kind of short.
B: Would you like to try _____?
A: Yes, please.

(3) A: How do your shoes fit?
B: A little big. Do you have _____?

(4) A: Is there anything wrong with that T-shirt?
B: Yes, there is. It's too tight for me. Can I get the next _____?

C. Complete the dialogues.

(1) A: Is it any good?
B: You bet it is. Try it _____.

(2) A: Do you think I should ask her out on a date?
B: Why not? It's _____. Who knows? She might even say yes, you know?

(3) A: What're you boys talking about?
B: You wouldn't understand. It's a guy thing.
A: _____.

126   This one's a little too big for me.

Translations & Answers

A. 틀린 문장을 찾아 바르게 고쳐보세요. (일부 정답은 응답자에 따라 다를 수 있음)

(1) 네 모자 (한번) 써봐도 돼?

(2) 나 이거 다른 색으로 한번 입어볼래.
→ 정답 : I want to try this on in a different color.

(3) 이 선글라스 한번 껴볼래?

(4) 더 작은 사이즈로 한번 입어보는 게 어때?
→ 정답 : Why don't you try on a smaller size?
또는 Why don't you try it in a smaller size?
또는 Why don't you try it on in a smaller size?

(5) 더 큰 사이즈로 한번 입어보실래요?

(6) 이거 말고 다른 사이즈 있어요?
→ 정답 : Can I get this in another size instead?

(7) 이건 저한테 좀 많이 조이네요.

B. 알맞은 표현으로 다음 각 대화문을 완성해보세요. (일부 정답은 응답자에 따라 다를 수 있음)

(1) A: 내 벙어리장갑 어때?
B: 정말 귀여워 보여. 내가 껴봐도 돼?
A: 응, 껴봐!
→ 정답 : try them on

(2) A: 이 청바지는 좀 짧아요.
B: 더 긴 것으로 한번 입어보시겠어요?
A: 네, 더 긴 것 좀 부탁해요.
→ 정답 : longer ones

(3) A: 신발 사이즈 어때요?
B: 약간 커요. 더 작은 사이즈 있나요?
→ 정답 : a smaller size
/ them in a smaller size

(4) A: 그 티셔츠에 무슨 이상이라도 있나요?
B: 네. 저한테 너무 꽉 껴서요. 한 치수
더 큰 거로 주실래요?
→ 정답 : bigger size

C. 알맞은 표현으로 다음 각 대화문을 완성해보세요.

(1) A: 맛있어?
B: 당연하지. 직접 먹어봐.
→ 정답 : for yourself

(2) A: 내가 그녀에게 데이트를 신청해야 할까?
B: 안 할 건 뭐야? 해볼 가치는 있지. 혹시 알아?
그녀가 승낙할 수도 있잖아.
→ 정답 : worth a try

(3) A: 지금 너희 남자들끼리 무슨 얘기하는 거야?
B: 넌 이해 못 할 거야. 남자들만 이해할 수 있는 거라서.
A: 이해할지 또 아니? 얘기해봐.
→ 정답 : Try me

098 I feel like something sweet.

나 뭔가 달콤한 게 당겨.

Gotta Know

A. Let's practice the dialogues using the given information.

> A: I feel like <u>pizza</u>.
> B: Again? We just had it yesterday.
>
> A: I'm in the mood for <u>ice cream</u>.
> B: Same here. Let's go get some.

① pasta	③ steak
② Mexican (food)	④ some Italian (food)

B. Let's look at the examples and change the sentences accordingly.

ex1) I want to have some Chinese. → I feel like having some Chinese.
ex2) I don't want to hang out tonight. → I don't feel like hanging out tonight.

(1) I want to take a nap.   → _____.
(2) I don't want to have lunch.   → _____.
(3) I want to go to a movie.   → _____.
(4) I don't want to talk to you.   → _____.

C. Use the *Cheat Box* to fill in the blanks.

(1) Feel _____ soon.
(2) Feel this.
(3) Don't feel too _____.
(4) I feel ignored.
(5) I feel _____.
(6) I feel at _____ here.
(7) I feel _____ to my stomach.
(8) I feel like a fish out of water at my new job.
(9) I want to feel _____.
(10) I have a bad feeling about this.

Cheat Box		
bad	sick	better
home	used	needed

A. 주어진 정보를 이용해 다음 대화문들을 연습해봅시다.

> A: 나 피자가 당겨.
> B: 또? 우리 어제도 먹었잖아.
> A: 나 아이스크림 먹고 싶어.
> B: 나도. 좀 먹으러 가자.

> ① 파스타
> ② 멕시코 음식
> ③ 스테이크
> ④ 이탈리아 음식

 Tip

1) **"feel like ..."** 는 "**~가 당긴다**", "**~하고 싶은 기분이다**", "**~하고 싶다**"라는 뜻이에요. 뒤에는 주로 음식이나 음료, 활동 등이 등장하는데, 음식과 관련해서는 "**먹고 싶다**"라는 뜻이겠지만, 그 외의 것들에 대해서는 "**하고 싶다**", "**갖고 싶다**" 등 다양한 의미로 쓰일 수 있답니다.

B. 보기를 참고로 하여 주어진 문장들을 바꿔봅시다.

ex1) 나 중국 음식 먹고 싶어.   → 나 중국 음식 먹고 싶어.
ex2) 나 오늘 밤엔 놀고 싶지 않아. → 나 오늘 밤엔 놀 기분 아니야.

(1) 나 낮잠 자고 싶어.   → 정답 : I feel like taking a nap.
                                        나 낮잠 자고 싶어.

(2) 나 점심 먹고 싶지 않아.   → 정답 : I don't feel like having lunch.
                                        나 점심 먹을 기분 아니야.

(3) 나 영화 보러 가고 싶어.   → 정답 : I feel like going to a movie.
                                        나 영화 보러 가고 싶어.

(4) 나 너랑 말하고 싶지 않아.   → 정답 : I don't feel like talking to you.
                                        나 너랑 말할 기분 아니야.

C. 다음은 "feel"을 이용한 유용한 표현들입니다. Cheat Box 속 표현들로 빈칸을 채워보세요.

(1) [아픈 사람에게] 빨리 회복하길 바라.   → 정답 : better
(2) 이거 만져봐.
(3) 너무 기분 나빠하지 마.   → 정답 : bad
(4) 나 무시당한 것 같아. / 나 무시당한 기분이야.
(5) 나 이용당한 것 같아. / 나 이용당한 기분이야.   → 정답 : used
(6) 난 여기 있으면 마음이 편안해. / 난 이곳에 오면 마음이 편안해. → 정답 : home
(7) 나 속이 메슥거려. / 나 속이 느글거려.   → 정답 : sick
(8) 나 새 직장에서 아직 적응이 안 돼.
(9) 난 누군가 날 필요로 한다는 느낌을 받고 싶어.   → 정답 : needed
(10) 이건 느낌이 안 좋아. / 이건 예감이 안 좋아.

 Tip

2) **"feel like"**는 뒤에 단순 명사가 등장할 경우 "**~인 것 같다**"라는 뜻으로도 쓰여요. 때론 **"feel like"** 뒤에 완벽한 문장이 등장할 때도 있는데 이 경우엔 "**~한 느낌이 있다**", "**~한 기분이다**", "**~일 것 같다**"처럼 "**기분**" 또는 "**예상**"을 나타내는 표현으로 바뀌게 되죠.
    ex) I feel like an idiot.   나 바보 같아.
    ex) I feel like I'm going crazy.   나 미쳐가는 거 같아.

3) **"feel like a fish out of water"**는 "물 밖에 나온 물고기 같은 느낌이다"라는 뜻으로, "**굉장히 어색하다**", "**적응이 안 되다**"라고 말할 때 사용하는 표현이에요.

Gotta Remember
Show'em Who's Boss!

A. Complete the dialogues with the expressions in the box.

> giving up   getting dead drunk
> eating out tonight   drinking some coffee .

(1) A: I feel like _____.
    B: What's going on? Are you worried about something?

(2) A: I feel like _____.
    B: Again? Are you addicted to caffeine? I think you'd better cut down on it.

(3) A: I feel like _____.
    B: I don't blame you. Just keep going, though.

(4) A: Are you sure you don't want to go out to dinner?
    B: Mhm. I just don't feel like _____.

B. Complete the dialogues.

(1) A: I can't come in to work today. I feel like I'm dying.
    B: I'm so sorry to hear that. _____.

(2) A: _____.
    B: What? Did you just say something?

(3) A: I don't want to cook. I _____ tonight.
    B: That's a good idea. What should we have?

C. Make any sentences you want using the given phrases.

(1) I feel like _____.
(2) I feel like _____.
(3) I don't feel like _____.
(4) I don't feel like _____.

D. Answer the questions below.

(1) Q: What do you feel like eating right now?
    A: _____.

(2) Q: What do you feel like doing now?
    A: _____.

   I feel like something sweet.

Translations & Answers

A. 상자 속 표현들을 이용해 다음 각 대화문을 완성해보세요.

> giving up 포기하는 것
> eating out tonight 오늘 밤에 외식하는 것
> getting dead drunk 고주망태가 되는 것
> drinking some coffee 커피를 마시는 것

(1) A: 나 곤드레만드레 취하고 싶어.
    B: 무슨 일이야? 무슨 걱정이라도 있어?
    → 정답 : getting dead drunk

(2) A: 나 커피 마시고 싶어.
    B: 또? 너 카페인 중독이야? 넌 좀 줄이는 게 좋겠어.
    → 정답 : drinking some coffee

(3) A: 나 포기하고 싶어.
    B: 난 널 탓하진 않아. 하지만 그냥 계속해봐.
    → 정답 : giving up

(4) A: 너 정말 저녁 먹으러 안 나갈 거야?
    B: 응. 오늘 밤엔 외식하고 싶은 기분이 아니야.
    → 정답 : eating out tonight

B. 알맞은 표현으로 다음 각 대화문을 완성해보세요.

(1) A: 나 오늘 출근 못 하겠어. 죽을 것 같아.
    B: 안 됐네, 어떻게 하냐. 빨리 낫도록 해.
    → 정답 : Feel better soon.

(2) A: 나 무시당한 기분이야.
    B: 뭐? 너 방금 무슨 말 했어?
    → 정답 : I feel ignored.

(3) A: 나 밥하기 싫어. 오늘 저녁엔 외식하고 싶네.
    B: 좋은 생각이야. 우리 뭐 먹지?
    → 정답 : feel like eating out

C. 다음 문장들은 참고용입니다. 주어진 표현들을 이용해 자유롭게 문장을 만들어보세요.

(1) I feel like quitting my job.   나 일 그만두고 싶어.
(2) I feel like breaking up with him.   나 걔랑 헤어지고 싶어.
(3) I don't feel like doing anything today. 나 오늘은 뭐 할 기분 아니야.
(4) I don't feel like eating anything right now. 나 지금 뭐 먹을 기분 아니야.

D. 다음 응답들은 참고용입니다. 각 질문에 자유롭게 응답해보세요.

(1) Q: What do you feel like eating right now?   Q: 당신은 지금 뭘 먹고 싶나요?
    A: I feel like fried chicken with beer.   A: 치킨에 맥주 한 잔 하고 싶어요.

(2) Q: What do you feel like doing now?   Q: 당신은 지금 뭘 하고 싶나요?
    A: I just want to get some rest. I'm exhausted. A: 그냥 좀 쉬고 싶어요. 피곤해
                                                     죽겠어요.

099 The lighter the better.

가벼울수록 더 좋아.

Gotta Know

A. Let's try making sentences by choosing any one of the three phrases in the second column.

It was harder		
It's way hotter	than I thought.	→ ex) He's older than I thought.
She was cuter		
He's older	than I expected.	
It was better		
She was prettier	than I imagined.	

ex) He's older than I thought.
_____ .
_____ .
_____ .
_____ .
_____ .

B. Let's match Q1 through Q4 to R1 through R4.

Q1) How much do you want?   •   • R1) (The) Cheaper the better.
Q2) How soon do you need it? •   • R2) (The) Sooner the better.
Q3) How early should we start? •   • R3) (The) More the better.
Q4) What's your budget for it? •   • R4) (The) Earlier the better.

C. Let's look at the example and change the sentences accordingly.

ex) Your English is getting better.
→ Your English is getting better and better.

(1) He's getting fatter.
→ _____ .
(2) She's getting weirder.
→ _____ .
(3) It's getting darker.
→ _____ .
(4) You're growing taller.
→ _____ .

Translations & Explanations

A. 다음 문장들은 참고용입니다. 각 상자에서 표현을 하나씩 골라 자유롭게 문장을 만들어봅시다.
(두 번째 상자의 표현들은 중복 선택 가능)

He's older than I thought.	걘 생각했던 것보다 나이가 많아.
It's way hotter than I thought.	날씨가 생각했던 것보다 엄청 더워.
She was prettier than I expected.	걘 예상했던 것보다 더 예뻤어.
It was harder than I expected.	(그건) 예상했던 것보다 더 어려웠어.
She was cuter than I imagined.	걘 상상했던 것보다 더 귀여웠어.
It was better than I imagined.	(그건) 상상했던 것보다 괜찮았어.

1) 비교 시 **"than"** 뒤에는 문장이 등장할 수도 있어요. 전체 문장의 시제가 현재일 때는 신경 쓰지 않아도 되지만, 전체 문장의 시제가 과거일 때는 **"than"** 속의 문장도 과거로 표현 해줘야 하니 유의하세요.

B. 각 질문에 알맞은 응답을 연결해봅시다.

Q1) 얼마나 줄까? / 얼마나 원해?	→ 정답 : R3) 많을수록 (더) 좋아.
Q2) (그거) 언제까지 줘야 해?	→ 정답 : R2) 빠를수록 (더) 좋아.
Q3) 우리 얼마나 일찍 출발하면 좋을까?	→ 정답 : R4) 이를수록 (더) 좋아.
Q4) 너 (그거) 예산이 어떻게 돼?	→ 정답 : R1) 쌀수록 (더) 좋아.

2) 일반적으로 비교급 앞에는 **"the"**가 붙지 않아요. 하지만 비교급 앞에 **"the"**를 붙여 **"the 비교급, the 비교급"**처럼 표현할 때가 있는데, 이때는 **"~하면 할수록 더 ~하다"**라는 뜻이 된답니다. 이 표현을 이용하면 무언가의 변화에 따라 비례적으로 증가 또는 감소하는 성질을 표현할 수 있어요.

C. 보기를 참고로 하여 주어진 문장들을 바꿔봅시다.

ex) 네 영어 실력이 더 나아지고 있네. → 네 영어 실력이 점점 더 나아지고 있네.

(1) 걘 더 뚱뚱해지고 있어.　　　　→ 정답 : He's getting fatter and fatter.
　　　　　　　　　　　　　　　　걘 점점 더 뚱뚱해지고 있어.

(2) 걘 더 이상해지고 있어.　　　　→ 정답 : She's getting weirder and weirder.
　　　　　　　　　　　　　　　　걘 점점 더 이상해지고 있어.

(3) 날이 더 어두워지고 있어.　　　→ 정답 : It's getting darker and darker.
　　　　　　　　　　　　　　　　날이 점점 더 어두워지고 있어.

(4) 넌 더 키가 커지고 있네.　　　　→ 정답 : You're growing taller and taller.
　　　　　　　　　　　　　　　　넌 점점 더 키가 커지고 있네.

3) **"비교급 and 비교급"**처럼 표현하면 **"점점 더 ~한"**과 같은 의미가 되어 무언가가 변해감을 표현할 수 있어요. 이때는 주로 **"get"**이 동사로 등장하죠.

4) **"be getting + 비교급"**만으로도 무언가의 정도가 점점 더 우월해지거나 열등해짐을 표현할 수 있어요. 그런데도 **"be getting + 비교급 and 비교급"**처럼 비교급을 반복 하는 것은 의미를 더욱 강조하기 위함이죠.

Gotta Remember
Show'em Who's Boss!

A. Complete the dialogues with the expressions in the box.

> than you look   than she looks   than it looks   than it looked

(1) A: Did you get it done?
   B: Yeah. It was harder _____.

(2) A: I don't want that.
   B: It feels softer _____.
   A: You're right. It's nice. I still don't want it, though.

(3) A: She's a lot older _____.
   B: How old is she?
   A: She's almost 50.
   B: You're kidding me. She looks like she's
      in her mid-30's.

(4) A: Geez, you're heavier _____.
   B: What the! Are you trying to pick a fight
      with me or something?

B. Complete the dialogues.

(1) A: I don't have much money. I'll just buy a cheap one.
   B: How cheap?
   A: _____.

(2) A: You're looking for a light laptop? How light?
   B: _____.

(3) A: I'll have it done tonight if not sooner.
   B: Good. _____.

(4) A: How much time do you need?
   B: _____.

C. Make any sentences you want using the given phrases.

(1) The more _____, the more _____.
(2) The more _____, the better _____.

Translations & Answers

A. 상자 속 표현들을 이용해 다음 각 대화문을 완성해보세요.

> than you look   네가 보이는 것보다   than it looks   (그게) 보이는 것보다
> than she looks   그녀가 보이는 것보다   than it looked   (그게) 보였던 것보다

(1) A: 너 그거 끝냈어?   → 정답 : than it looked
    B: 응. 보기보다 어렵더라고.

(2) A: 난 그거 맘에 안 들어.   → 정답 : than it looks
    B: 보기보다 더 부드러워.
    A: 그러네. 좋군. 그래도 난 이건 싫어.

(3) A: 그분 보기보다 나이가 더 많더라고.   → 정답 : than she looks
    B: 나이가 어떻게 되시는데?
    A: 거의 50 다 되셨어.
    B: 거짓말. 30대 중반으로 보이는데.

(4) A: 이런, 너 보기보다 무겁구나.   → 정답 : than you look
    B: 뭐라고!!! 나랑 싸움 한판 하자는 거야 뭐야?

B. 알맞은 표현으로 다음 각 대화문을 완성해보세요.

(1) A: 난 돈이 별로 없어. 그냥 싼 거로 살래.   → 정답 : (The) Cheaper the better.
    B: 얼마나 싼 거?
    A: 쌀수록 좋지.

(2) A: 가벼운 노트북을 찾으신다고요? 얼마나   → 정답 : (The) Lighter the better.
    가벼운 거요?
    B: 가벼울수록 좋아요.

(3) A: 오늘 밤엔 끝내놓을게. 더 빨리 끝낼 수   → 정답 : (The) Sooner the better.
    있으면 그렇게 하고.
    B: 좋아. 빠를수록 좋지.

(4) A: 너 시간이 얼마나 필요해?   → 정답 : (The) More the better.
    B: 많을수록 좋지.

C. 다음 문장들은 참고용입니다. 주어진 표현들을 이용해 자유롭게 문장을 만들어보세요.

(1) The more you buy, the more you can save.
    많이 사면 살수록 돈을 더 많이 절약할 수 있어.

(2) The more you play, the better you get.
    (경기를/연기를/연주를/게임을) 많이 하면 할수록 실력이 향상돼.

100 He's available, as far as I know.

내가 알기론 걔 지금 사귀는 사람 없어.

Gotta Know

A. Let's match the endings in B1 through B6 with the beginnings in A1 through A6.

A1) As much as I want to eat more, ... •   • B1) it doesn't matter what you do.

A2) As far as dentists go, ...   •   • B2) I'm too full.

A3) As long as you're happy, ...   •   • B3) nothing else matters.

A4) As much as I want to go, ...   •   • B4) he's the best.

A5) As far as I'm concerned, ...   •   • B5) I'm too busy.

A6) As long as you love me, ...   •   • B6) the Beatles are the best ever.

B. Let's look at the examples and change the sentences accordingly.

ex1) Go see your doctor as soon as possible. → Go see your doctor ASAP.

(1) Do it as soon as possible.

    → _____.

(2) Call me as soon as possible.

    → _____.

(3) Apologize to her as soon as possible.

    → _____.

(4) I'll get back to you as soon as possible.

    → _____.

ex2) Give me a call as soon as possible.

    → Give me a call as soon as you can.

(5) I'll be there as soon as possible.

    → _____.

(6) You should go get your car fixed as soon as possible.

    → _____.

(7) Tell him to come over here as soon as possible.

    → _____.

(8) She'd better get over here as soon as possible.

    → _____.

A. 의미가 연결되는 것을 찾아 각 문장을 완성해봅시다.

> A1) → 정답 : B2) As much as I want to eat more, I'm too full.
> 더 먹고 싶긴 하지만 배가 너무 불러.
>
> A2) → 정답 : B4) As far as dentists go, he's the best.
> 치과의사들 중에서는 그 사람이 최고야.
>
> A3) → 정답 : B1) As long as you're happy, it doesn't matter what you do.
> 네가 행복하기만 한다면 네가 뭘 하든 관계없어.
>
> A4) → 정답 : B5) As much as I want to go, I'm too busy.
> 가고 싶긴 하지만 너무 바빠.
>
> A5) → 정답 : B6) As far as I'm concerned, the Beatles are the best ever.
> 내가 생각하기엔 비틀스가 역대 최고인 것 같아.
>
> A6) → 정답 : B3) As long as you love me, nothing else matters.
> 네가 날 사랑하기만 한다면 다른 건 중요하지 않아.

Tip

1) "as much as(~하긴 하지만)", "as far as(~한 범위 내에서는, ~한 바로는, ~하기로는)", "as long as(~하는 한, ~하는 동안(에는), ~하기만 한다면)"처럼 "as ~ as" 구조인데도 동등비교가 아닌 다른 의미로 사용되는 것들이 있어요. 이런 표현들은 하나의 접속사나 전치사처럼 숙달해놓는 것이 좋죠. 물론, 이들도 다음과 같이 일반 동등비교로 사용될 수 있어요.

> ex) It costs as much as yours.　　　　　그건 네 것만큼이나 돈이 많이 들어.
> ex) Throw this rock as far as you can.　이 돌을 최대한 멀리 던져.
> ex) I've worked here as long as you have. 난 너만큼 여기서 오래 일했어.

B. 보기를 참고로 하여 주어진 문장들을 바꿔봅시다.

ex1) 되도록 빨리 병원에 가서 진찰받아 봐.

(1) 가능한 한 빨리 (그거) 해.　　　　　　→ 정답 : Do it ASAP.
(2) 최대한 빨리 나한테 연락 줘.　　　　　→ 정답 : Call me ASAP.
(3) 가능한 한 빨리 걔한테 사과해.　　　　→ 정답 : Apologize to her ASAP.
(4) 내가 가능한 한 빨리 다시 연락할게. → 정답 : I'll get back to you ASAP.

ex2) 가능한 한 빨리 나한테 전화 줘.

(5) 내가 가능한 한 빨리 그쪽으로 갈게.
　　→ 정답 : I'll be there as soon as I can.
(6) 가능한 한 빨리 차 수리하러 가.
　　→ 정답 : You should go get your car fixed as soon as you can.
(7) 걔한테 가능한 한 빨리 이리로 오라고 해.
　　→ 정답 : Tell him to come over here as soon as he can.
(8) 걘 가능한 한 빨리 이리로 오는 게 좋겠어.
　　→ 정답 : She'd better get over here as soon as she can.

Tip

2) "ASAP"는 "에이 에스 에이 피[ei es ei pi]" 또는 "에이쎕[eisep]"이라고 발음해요.

Gotta Remember
Show'em Who's Boss!

A. Complete the dialogues with the expressions in the box.

I know	it pays well	you work here	she gets better
I'm here	you're going	I'm concerned	you do your job

(1) A: I'm worried about losing my job here.
   B: As long as _____, you have nothing to worry about.

(2) A: I'm thinking about heading down to the pub.
   B: I'll go too as long as _____.

(3) A: What kind of job do you want?
   B: It doesn't really matter to me as long as _____.

(4) A: He's so cute. Does he have a girlfriend?
   B: He's available, as far as _____.

(5) A: This is going to be expensive.
   B: As long as _____, the money doesn't matter.

(6) A: There's nothing to worry about as long as

   _____.
   B: That's good to know. Thank you for staying.

(7) A: You'll never get out of debt as long as

   _____.
   B: Are you saying I should get a different job?

(8) A: What do you think of this pizza?
   B: As far as _____, this is the best pizza ever.

- -

B. Make any sentences you want using the given phrase.

(1) As much as _____, _____.

(2) As much as _____, _____.

(3) As much as _____, _____.

(4) As much as _____, _____.

Translations & Answers

A. 상자 속 표현들을 이용해 다음 각 대화문을 완성해보세요.

I know	내가 알고 있다	you work here	네가 여기서 일한다
I'm here	내가 여기 있다	I'm concerned	내가 관련 있다
it pays well	(거기서) 돈을 후하게 준다	she gets better	걔가 나아진다
you're going	네가 갈 것이다	you do your job	네가 일을 제대로 한다

(1) A: 나 여기서 잘릴까 봐 걱정돼.
    B: 맡은 일만 제대로 하면 걱정할 거 없어. → 정답 : you do your job

(2) A: 술 마시러 갔다 올까 하는데.
    B: 네가 가면 나도 갈게. → 정답 : you're going

(3) A: 넌 어떤 직업을 원해?
    B: 돈만 많이 준다면 어떤 직업이든 상관없어. → 정답 : it pays well

(4) A: 쟤 진짜 귀엽다. 여친 있어?
    B: 내가 알기론 없어. → 정답 : I know

(5) A: 이건 비쌀 거야.
    B: 걔가 나아지기만 한다면 돈은 문제가 아니야. → 정답 : she gets better

(6) A: 내가 여기 있는 한 아무것도 염려할 필요가 없어. → 정답 : I'm here
    B: 그렇다니 다행이네. 여기 있어 줘서 고마워.

(7) A: 여기서 일하는 한 넌 절대로 빚을 다 못 갚을 거야. → 정답 : you work here
    B: 넌 내가 다른 일자리라도 구해야 한다는 거야?

(8) A: 이 피자 어떤 거 같아? → 정답 : I'm concerned
    B: 내 생각으론 이게 지금까지 먹어본 피자 중에서
      최고인 거 같아.

B. 다음 문장들은 참고용입니다. 주어진 표현을 이용해 자유롭게 문장을 만들어보세요.

(1) As much as <u>I want to buy this</u>, <u>I have no money</u>.
    이걸 사고 싶긴 하지만 돈이 없어.

(2) As much as <u>I'd like to help you</u>, <u>I don't think I can</u>.
    널 도와주고 싶긴 하지만 그럴 수 있을 거 같지가 않아.

(3) As much as <u>I hate walking</u>, <u>I love jogging</u>.
    난 걷는 건 싫지만 조깅하는 건 아주 좋아해.

(4) As much as <u>I want to join you guys for dinner tonight</u>,
    <u>I already have dinner plans</u>.
    오늘 저녁에 너희랑 같이 저녁 먹고 싶긴 하지만, 난 이미 저녁 약속이 있어.

101 No one is better than me.
나보다 나은 사람은 없어.

Gotta Know

A. Let's match A1 through A7 to B1 through B7.

A1) He's the nicest person …   • • B1) I've ever made.

A2) This is the best movie …   • • B2) I've ever done.

A3) This is the most delicious cake …   • • B3) I've ever taken.

A4) This is probably the toughest thing … • • B4) I've ever heard in years.

A5) It was the hardest test …   • • B5) I've ever seen.

A6) It was the dumbest mistake …   • • B6) I've ever met.

A7) It was the most exciting news …   • • B7) I've ever had.

B. Let's look at the examples and change the sentences accordingly.

ex1) He's the best.
→ No one is better than him.

(1) This is the most expensive car.
→ _____.

(2) This is the spiciest ramen.
→ _____.

(3) This is the most popular restaurant in town.
→ _____.

ex2) You're the meanest friend I have.
→ You're meaner than any other friend I have.

(4) He's the most hard-working employee here.
→ _____.

(5) She's the prettiest girl I've ever met.
→ _____.

(6) This is the most difficult book I've ever read.
→ _____.

A. 의미가 연결되는 것들을 찾아 문장을 완성해봅시다.

A1) → 정답 : B6) He's the nicest person I've ever met.
그는 내가 지금껏 만나본 사람 중에서 제일 괜찮은 사람이야.

A2) → 정답 : B5) This is the best movie I've ever seen.
이건 내가 지금껏 본 영화 중에서 최고야.

A3) → 정답 : B7) This is the most delicious cake I've ever had.
이건 내가 지금껏 먹어본 케이크 중에서 가장 맛있어.

A4) → 정답 : B2) This is probably the toughest thing I've ever done.
이건 내가 지금껏 해본 일 중에서 가장 힘든 것 같아.

A5) → 정답 : B3) It was the hardest test I've ever taken.
(그건) 내가 지금껏 봐 온 시험 중에서 가장 어려웠어.

A6) → 정답 : B1) It was the dumbest mistake I've ever made.
(그건) 내가 지금껏 저지른 실수 중에서 가장 멍청했어.

A7) → 정답 : B4) It was the most exciting news I've ever heard in years.
(그건) 내가 몇 년 동안 들은 소식 중에서 가장 신나는 소식이었어.

B. 보기를 참고로 하여 주어진 문장들을 바꿔봅시다.

ex1) 걔가 최고야.　　　　　　→ 걔보다 나은 사람은 없어.

(1) 이게 제일 비싼 차야.　　　　→ 정답 : No car is more expensive than this.
이것보다 비싼 차는 없어.

(2) 이게 가장 매운 라면이야.　　→ 정답 : No ramen is spicier than this.
이것보다 매운 라면은 없어.

(3) 여기가 이 동네에서 가장 인기 있는 식당이야.
→ 정답 : No restaurant in town is more popular than this.
이 동네에서 여기보다 더 인기 있는 식당은 없어.

ex2) 넌 내 친구 중 가장 못됐어.　→ 넌 내 친구 중 누구보다도 못됐어.

(4) 그는 여기서 가장 부지런한 직원이야.
→ 정답 : He's more hard-working than any other employee here.
그는 여기 직원 중 누구보다도 부지런해.

(5) 걘 내가 만나본 여자들 중에서 가장 예뻐.
→ 정답 : She's prettier than any other girl I've ever met.
걘 내가 만나본 다른 어떤 여자보다도 예뻐.

(6) 이건 내가 읽어본 책들 중에서 가장 어려워.
→ 정답 : This is more difficult than any other book I've ever read.
이건 내가 읽어본 다른 어떤 책보다도 어려워.

Tip
1) "than any other + (단수명사)"는 "than all the other + (복수명사)"처럼 표현하기도 해요.
ex) She's more mature than all the other students.
걘 다른 어떤 학생들보다도 성숙해.

2) 비교급에서 간단히 끝에 "than ever"만 붙여줘도 최상급의 의미가 돼요.
ex) My life is better than ever.　　내 삶은 그 어느 때보다도 좋아.

Gotta Remember
Show'em Who's Boss!

A. Complete the dialogues. (Some answers may vary.)

(1) A: How was your test?
   B: It was the hardest test I've ever _____.

(2) A: How much did you spend on shopping?
   B: Five thousand dollars. It's the most
     money I've ever _____ on shopping.

(3) A: What do you think of Caroline?
     Pretty nice, huh?
   B: She's the nicest person I've ever _____.

(4) A: Don't eat this Spaghetti.
   B: Why not?
   A: It tastes like feet. This is the worst Spaghetti I've ever _____.

(5) A: What a shame. She was such a keeper, you know?
   B: I know. Breaking up with her was the dumbest mistake I've ever _____.
   A: That's for sure.

B. Replace the underlined sentences with other expressions that have the same meaning. (Answers may vary.)

(1) A: I think Mariah Carey is the best female singer
     in the world.
   B: I agree with you. <u>She is the best.</u>

(2) A: <u>This is the most expensive wine
     in the world.</u>
   B: Are you serious? It doesn't look like it.

(3) A: <u>This is the cheapest couch.</u>
   B: Then, what're you waiting for? Let's buy it.

C. Answer the question below.

Q: What is the most expensive thing you've ever bought?
A: _____ .

Translations & Answers

A. 알맞은 표현으로 다음 각 대화문을 완성해보세요. (일부 정답은 응답자에 따라 다를 수 있음)

(1) A: 시험 어땠어?
   B: 지금까지 치른 시험 중에서 가장 어려웠어.
   → 정답 : taken

(2) A: 너 쇼핑하면서 돈 얼마나 썼어?
   B: 5천 달러. 여태껏 쇼핑하면서 이만큼 써본 적 없어.
   → 정답 : spent

(3) A: 캐롤라인에 대해 어떻게 생각해? 꽤 사람 좋지 않냐?
   B: 그녀는 내가 지금껏 만난 사람 중에서 제일 괜찮아.
   → 정답 : met

(4) A: 이 스파게티 먹지 마.
   B: 왜?
   A: 완전 맛없어. 지금껏 먹어본 스파게티 중 최악이야.
   → 정답 : had
   / eaten
   / tasted

(5) A: 안타깝네. 걘 절대로 놓치면 안 되는 애였다고.
   B: 그러게. 걔랑 헤어진 건 내가 저지른 실수 중에서
   가장 멍청한 실수였어.
   A: 확실히 그래.
   → 정답 : made

B. 각 대화문의 밑줄 부분을 동일한 의미의 다른 표현으로 바꿔보세요. (정답은 응답자에 따라 다를 수 있음)

(1) A: 난 머라이어 캐리가 세계 최고의 여가수라고 생각해.
   B: 맞아. 그녀가 최고야.
   → 정답 : No one is better than her. (그녀보다 나은 가수는 없어.)
   / She's better than any other. (그녀는 누구보다도 뛰어나.)

(2) A: 이건 세상에서 가장 비싼 와인이야.
   B: 정말이야? 그렇게 안 보이는데.
   → 정답 : No wine in the world is more expensive than this.
   (세상에서 이것보다 더 비싼 와인은 없어.)
   / This is more expensive than any other wine in the world.
   (이건 세상 어떤 와인보다도 비싸.)

(3) A: 이게 제일 싼 소파야.
   B: 그럼 고민할 거 없네. 그걸로 사자.
   → 정답 : No couch is cheaper than this. (이것보다 싼 소파는 없어.)
   / This is cheaper than any other couch. (이건 다른 어떤 소파보다도 싸.)

C. 다음 응답은 참고용입니다. 질문에 자유롭게 응답해보세요.

Q: What is the most expensive thing you've ever bought?
A: That would be my Macbook Pro. I think I paid almost 3,000 dollars for it.
   No other thing that I own is more expensive than that.

Q: 당신이 지금까지 산 물건 중 가장 비싼 것은 무엇인가요?
A: 제 맥북 프로일 거예요. 거의 3,000달러 가까이 줬던 것 같아요.
   제가 소유한 것 중에는 그것보다 비싼 건 없어요.

102 Every cloud has a silver lining.

하늘이 무너져도 솟아날 구멍은 있어.

Gotta Know

A. Let's complete the sentences using *all*, *every* or *each*.
   (Some answers may vary.)

   (1) _____ person may have one.
   (2) I have _____ right to say no.
   (3) How much does _____ trip cost?
   (4) How can _____ seat be taken?
   (5) _____ the tickets are sold out.
   (6) I'm watching _____ single thing you do.
   (7) We have to label _____ box.
   (8) _____ Jack has his Jill.
   (9) _____ things happen for a reason.

B. Use the *Cheat Box* to fill in the blanks.

   (1) To each his _____.
   (2) I'll buy one _____ each.
   (3) I gave them 10 dollars each.
   (4) The answers are _____ five points each.
   (5) I missed each and _____ one of you guys.
   (6) It's not _____ I do this every time.
   (7) I'm free all day.
   (8) Who all wants ice cream?
   (9) This is all a _____.
   (10) This is all a misunderstanding.
   (11) This is all my _____.
   (12) This is all my mistake.
   (13) We're all wet.
   (14) It's all good.
   (15) It's all because of you.
   (16) That's all the _____ reason for you to get some rest.

Cheat Box	
of	more
lie	every
own	fault
like	worth

A. "all", "every", "each" 중 알맞은 것으로 다음 각 문장을 완성해봅시다. (일부 정답은 응답자에 따라 다를 수 있음)

(1) 각자 하나씩 가져도 돼. → 정답 : Each
(2) 내겐 거절할 권리가 있어. → 정답 : every
(3) 각 여행에 드는 비용은 얼마야? → 정답 : each
(4) 어떻게 빈 자리가 없을 수 있지? → 정답 : every
(5) 표가 다 매진됐어. → 정답 : All
(6) 난 너의 일거수일투족을 다 지켜 보고 있어. → 정답 : every
(7) 우린 모든 상자에 라벨을 붙여야 해. (→ every) → 정답 : every
／ 우린 상자마다 라벨을 붙여야 해. (→ each) ／ each
(8) 모든 책에는 질이 있다. (짚신도 짝이 있다.) → 정답 : Every
(9) 모든 일에는 다 이유가 있어. → 정답 : All

Tip

1) 어떤 대상 전체를 이야기할 때 "all" 못지않게 자주 쓰이는 표현에는 "every"가 있어요. "all"과 "every"의 가장 큰 차이점은 "all"은 단순히 그 무리 전체를 가리키지만, "every"는 전체를 가리키면서도 "each"처럼 무리 내에 속한 개체나 구성원 하나 하나에 주목하여 "예외 없이", "빠짐없이"라는 느낌을 준다는 점이죠. 이러한 특성 때문에 "every"는 단수명사와 함께 사용된답니다.

B. 다음은 "all", "every", "each"를 이용한 표현들입니다. Cheat Box 속 표현들로 빈칸을 채워 보세요.

(1) 사람마다 (취향이/방식이) 다르니까. → 정답 : own
(2) 난 각각 하나씩 살 거야. → 정답 : of
(3) 난 걔네한테 각각 10달러씩 줬어.
(4) 정답은 각각 5점이야. → 정답 : worth
(5) 난 너희 모두 한 사람도 빠짐없이 다 보고 싶었어. → 정답 : every
(6) 내가 매번 이러는 건 아니야. → 정답 : like
(7) 난 온종일 한가해.
(8) 아이스크림 먹고 싶은 사람?
(9) 이건 다 거짓말이야. → 정답 : lie
(10) 이건 다 오해야.
(11) 이건 다 내 잘못이야. / 이건 다 내 탓이야. → 정답 : fault
(12) 이건 다 내 실수야.
(13) 우린 흠뻑 젖었어.
(14) [누군가의 사과에 대해, 또는 별문제가 없다는 뜻으로] 괜찮아.
(15) (그건) 다 네 탓이야.
(16) 그러니까 (넌) 더더욱 좀 쉬어야지. → 정답 : more

Tip

2) "all"과 "every"의 의미 차이 때문에 "all day"는 "하루의 전부", 즉 "온종일"이라는 뜻이 되고, "every day"는 "매 하루", 즉 "매일"이라는 뜻이 돼요.

3) "That's all the more reason ..."은 "그러니까 더욱 ~해야지."라는 뜻으로, 뒤에는 "for + 동명사"나 to부정사가 주로 등장해요.

ex) That's all the more reason for working.
그러니까 더욱 일을 해야지.

ex) That's all the more reason (for you) to be patient.
그러니까 (넌) 더욱 인내심을 가져야지.

Gotta Remember
Show'em Who's Boss!

A. Circle the correct answers.

(1) I visit my friend in New York (all / every) year.

(2) It's been raining (all / every) day today.

(3) I've been super busy (all / every) month.

(4) Do you come here (all / every) week or (all / every) other week?

(5) I work out almost (all / every) day.

(6) This place is usually busy like this (all / every) year long.

B. Complete the dialogues.

(1) A: _____ light went out.
   B: They must have lost power.

(2) A: I can't believe he likes her.
   B: To _____ his own.

(3) A: What's wrong?
   B: My phone got _____ wet.
   A: Is it okay?

(4) A: Who _____ wants brownies?
   B: I'll have one.

(5) A: I won't mess up again.
   B: We'll see. I'm watching _____ single thing you do.

(6) A: Nicky said you stole her money to buy shoes and gamble.
   B: She said what? That's _____ a lie.

(7) A: How could you do this to me?
   B: I'm sorry. I really am. You have _____ right to be mad at me.

(8) A: How much was it?
   B: We paid 10 dollars _____.

(9) A: This is _____ my fault.
   B: What is? I'm not following you.

Translations & Answers

A. 괄호 속 표현 중 각 문장에 올바른 것을 골라보세요.

(1) 난 매년 뉴욕에 있는 친구를 방문해. → 정답 : every

(2) 오늘 온종일 비가 내리네. → 정답 : all

(3) 난 한 달 내내 엄청 바빴어. → 정답 : all

(4) 너 여기 매주 와? 아니면 격주로 와? → 정답 : 둘 다 every

(5) 난 거의 매일 운동해. → 정답 : every

(6) 이곳은 보통 일 년 내내 이렇게 붐벼. → 정답 : all

B. 알맞은 표현으로 다음 각 대화문을 완성해보세요.

(1) A: 모든 등이 다 나갔어. → 정답 : Every
    B: 건물에 전기가 나갔나 봐.

(2) A: 난 그가 그녀를 좋아한다는 사실을 믿을 수가 없어. → 정답 : each
    B: 사람마다 취향은 다르니까.

(3) A: 무슨 일이야? → 정답 : all
    B: 내 휴대폰이 물에 완전 젖었어.
    A: 괜찮은 거야?

(4) A: 브라우니 먹고 싶은 사람? → 정답 : all
    B: 나 하나 먹을게.

(5) A: 다신 안 망칠게. → 정답 : every
    B: 곧 알게 되겠지. 내가 너의 일거수일투족을 다 지켜 보고 있으니까.

(6) A: 네가 신발 사고 도박하려고 니키 돈을 훔쳤다고 걔가 그러던데. → 정답 : all
    B: 걔가 뭐라고 했다고? 그건 전부 거짓말이야.

(7) A: 네가 어떻게 나한테 이럴 수 있어? → 정답 : every
    B: 미안해. 진짜 미안. 네가 나한테 화내도 난 할 말 없어.

(8) A: 그건 얼마였어? → 정답 : each
    B: 우리 각자 10달러씩 냈어.

(9) A: 이건 다 내 잘못이야. → 정답 : all
    B: 뭐가? 무슨 소리 하는 건지 모르겠네.

※ "**To each his own.**"에서 "**his**"는 어떤 대상을 가리켜 말하는가에 따라 "**her**", "**their**" 등으로 바꿔서 표현하기도 해요.

103 She's both selfish and fickle.

걘 이기적인 데다가 변덕도 심해.

Gotta Know

A. Let's look at the examples and change the sentences accordingly.

ex1) You need to try harder. Greg needs to try harder, too.
    → Both you and Greg need to try harder.

(1) It was exciting. It was scary, too.
    → _____.

(2) I'm physically exhausted. I'm mentally exhausted, too.
    → _____.

(3) Chinese sounds good to me. Italian sounds good to me, too.
    → _____.

ex2) I don't have the time. I don't have the money, either.
    → I have neither the time nor the money.

(4) I didn't see anything. I didn't hear anything, either.
    → _____.

(5) Kevin doesn't like to study English. Ben doesn't like to study English, either.
    → _____.

(6) They don't want your help. They don't need your help, either.
    → _____.

ex3) You can pay now, or you can pay later.
    → You can either pay now or pay later.

(7) You should choose this one, or you should choose that one.
    → _____.

(8) Today would work, or tomorrow would work.
    → _____.

(9) We can watch a movie, or we can play a game.
    → _____.

A. 보기를 참고로 하여 주어진 문장들을 바꿔봅시다.

ex1) 넌 더 열심히 노력해야 해. 그렉도 더 열심히 노력해야 해.
　　→ 너랑 그렉 둘 다 더 열심히 노력해야 해.

(1) 그건 신났어. 그건 무섭기도 했어.
　　→ 정답 : It was both exciting and scary.
　　　　　그건 신나기도 했고, 무섭기도 했어.

(2) 나 육체적으로 너무 지쳤어. 나 정신적으로도 너무 지쳤어.
　　→ 정답 : I'm both physically and mentally exhausted.
　　　　　나 육체적으로도, 정신적으로도 너무 지쳤어. (나 심신이 너무 지쳤어.)

(3) 난 중국 음식 괜찮아. 난 이탈리아 음식도 괜찮아.
　　→ 정답 : Both Chinese and Italian sound good to me.
　　　　　난 중국 음식이랑 이탈리아 음식 둘 다 괜찮아.

ex2) 난 시간 없어. 난 돈도 없어.
　　→ 난 시간도 없고 돈도 없어.

(4) 난 아무것도 못 봤어. 들은 것도 아무것도 없어.
　　→ 정답 : I neither saw nor heard anything.
　　　　　난 아무것도 못 보고 아무것도 못 들었어.

(5) 케빈은 영어 공부를 좋아하지 않아. 벤도 영어 공부를 좋아하지 않아.
　　→ 정답 : Neither Kevin nor Ben likes to study English.
　　　　　케빈과 벤 중 누구도 영어 공부를 좋아하지 않아.

(6) 걔넨 네 도움을 원하지 않아. 걔넨 네 도움을 필요로 하지도 않아.
　　→ 정답 : They neither want nor need your help.
　　　　　걔넨 네 도움을 원하지도 않고 필요로 하지도 않아.

ex3) 넌 지금 지불해도 되고, 아니면 나중에 지불해도 돼.
　　→ 넌 지금 지불해도 되고 나중에 지불해도 돼.

(7) 이거 고르거나, 아니면 저거 골라.
　　→ 정답 : You should choose either this one or that one.
　　　　　이거나 저거 중에서 하나 골라.

(8) 오늘이 괜찮을 거야. 아니면 내일도 괜찮고.
　　→ 정답 : Either today or tomorrow would work.
　　　　　오늘이나 내일 중 아무 때나 괜찮을 거야.

(9) 우린 영화를 봐도 되고, 아니면 게임을 해도 돼.
　　→ 정답 : We can either watch a movie or play a game.
　　　　　우린 영화를 봐도 되고, 게임을 해도 돼.

Tip　1) 미국에서는 대부분 "either"을 "이더"로, "neither"을 "니더"로 발음하지만, 영국영어를 더 품위 있게 여기는 분위기로 인해 최근에는 이들 각각을 "아이더"와 "나이더"로 발음하는 사람들이 늘고 있어요. 벤저민 프랭클린, 버락 오바마와 같은 여러 정치가, 권위자, 학자 등도 이렇게 발음한답니다. 캐나다 사람들도 대부분 "either"과 "neither"을 각각 "아이더", "나이더"로 발음하니 참고하세요.

Gotta Remember
Show 'em Who's Boss!

A. Complete the dialogues.

(1) A: Have you decided which laptop you want to buy?
B: Not really, but it's gonna be _____ this MacBook Air _____ that LG Gram.

(2) A: _____ English _____ German are hard to learn.
B: Are there any easy languages?

(3) A: It would look better in _____ red _____ blue.
B: I agree. Yellow just doesn't work with that dress.

(4) A: This soup is _____ hot _____ spicy.
B: I still like it, though. At least it's not bland.

(5) A: We _____ asked for _____ wanted your advice.
B: Well, you're going to get it anyway.

(6) A: Have you guys picked your wedding date?
B: Not yet, but it's gonna be _____ in May _____ June.

(7) A: I'm sure _____ you _____ Toby will do better next time.
B: I'm sure we will.

(8) A: I can't wait to see that movie.
B: It's coming out _____ this weekend _____ sometime next week.

B. Answer the question below.

Q: Let's say you can either choose to live only until you're 60 as a millionaire or to live a healthy life until you're 120. What would you choose?
A: _____ .

150   She's both selfish and fickle.

Translations & Answers

A. 알맞은 표현으로 다음 각 대화문을 완성해보세요.

(1) A: 너 어느 노트북으로 살지 정했어?
    B: 아직 정하진 않았지만, 이 맥북 아니면
       저 LG 그램으로 할 거야.
→ 정답 : 순서대로 either, or

(2) A: 영어랑 독일어는 둘 다 배우기 어려워.
    B: 쉬운 언어가 어디 있어.
→ 정답 : 순서대로 Both, and

(3) A: 빨간색으로 하든지 파란색으로 하면 더 나아
       보일 거야.
    B: 동감이야. 저 드레스에 노란색은 정말 안 어울려.
→ 정답 : 순서대로 either, or

(4) A: 이 수프는 뜨거운 데다가 맵기까지 해.
    B: 그래도 맛은 있네. 적어도 싱겁진 않아.
→ 정답 : 순서대로 both, and

(5) A: 우린 너한테 충고해달라고 한 적도 없고
       바라지도 않았어.
    B: 글쎄, 그래도 내 충고를 듣게 될걸.
→ 정답 : 순서대로 neither, nor

(6) A: 너희들 결혼식 날짜 잡았어?
    B: 아직. 근데, 5월 아니면 6월에 할 거야.
→ 정답 : 순서대로 either, or

(7) A: 분명 너랑 토비 둘 다 다음번엔 더 잘할 거야.
    B: 나도 분명 그럴 거라고 생각해.
→ 정답 : 순서대로 both, and

(8) A: 나 저 영화 빨리 보고 싶어.
    B: 그건 이번 주말이나 다음 주 중에 개봉해.
→ 정답 : 순서대로 either, or

> ※ 극장에 가보면 개봉 예정작의 경우 "Coming soon!"이라고 표현되어 있고, 현재 상영
> 중인 영화는 "Now showing!"이라고 표현되어 있죠. 하지만 대화 시에는 개봉 예정작은
> 세상 밖으로 나온다고 하여 "come out"이라는 표현을 사용하는 경우가 많고, 상영 중인
> 영화는 "show" 또는 "play"라는 표현을 사용해요.
> ex) Coming out in September.　9월 개봉 예정.
> ex) It's coming out next week.　그건 다음 주에 개봉할 거야.
> ex) What's playing now?　지금 뭐 상영 중이지?

B. 다음 응답은 참고용입니다. 질문에 자유롭게 응답해보세요.

Q: Let's say you can either choose to live only until you're 60 as a millionaire or
to live a healthy life until you're 120. What would you choose?
A: I prefer the latter. There are just so many things you can do even if you're not
rich. I'd like to try and do as many things as possible until I'm 120.

Q: 백만장자로 60세까지만 사는 것과 건강히 120세까지 사는 것 중에서 하나를 선택할 수
있다고 합시다. 당신은 어느 쪽을 선택하겠어요?
A: 전 후자가 더 좋아요. 돈이 많지 않아도 할 수 있는 것들은 엄청나게 많으니까요. 120세
까지 가능한 한 많은 것들을 해보고 싶어요.

Some guy just called.
방금 어떤 남자한테 전화 왔었어.

Gotta Know

A. Let's look at the example and make responses accordingly.

ex) Do you have any milk? → I don't have any milk. / I have some milk.

(1) Do you have any more questions?
→ _____ . / _____ .

(2) Do you have any plans for tonight?
→ _____ . / _____ .

(3) Do you have any free time tomorrow?
→ _____ . / _____ .

B. Let's find the incorrect sentences.

(1) I went to get some fresh air.
(2) I'm gonna take any time off from my work.
....
(3) Do you have some money?
(4) Do we have any time left?
....
(5) I don't have some friends.
(6) I don't have any concerns.
....
(7) If you have some questions, just holler at me.
(8) If you have any concerns, please let me know.

C. Use the *Cheat Box* to fill in the blanks.

(1) Some man was looking for you.
(2) _____ some ways she's a better cook.
(3) She likes Tommy _____ some reason.
(4) There must be some _____ .
(5) Why don't we go some place quiet?
(6) That was some movie!
(7) Any day is _____ with me.
(8) Go ahead and pick any shoes you like.
(9) Did you see any _____ come through here?
(10) Daniel is not _____ any guy. He's special.

Cheat Box	
in	just
for	students
fine	mistake

A. 보기를 참고로 하여 응답들을 만들어봅시다.

ex) (너) 우유 있어?　　→ (나) 우유 없어. / (나) 우유 있어.

(1) (너) 질문 더 있어?
　　→ 정답 : I don't have any more questions.　　(나) 질문 더 없어.
　　　　　I have some more questions.　　(나) 질문 더 있어.
(2) (너) 오늘 밤에 (무슨) 계획 있어?
　　→ 정답 : I don't have any plans for tonight.　　(나) 오늘 밤에 (아무) 계획 없어.
　　　　　I have some plans for tonight.　　(나) 오늘 밤에 계획 있어.
(3) (너) 내일 한가한 시간 있어?
　　→ 정답 : I don't have any free time tomorrow.　(나) 내일 한가한 시간 없어.
　　　　　I have some free time tomorrow.　　(나) 내일 시간 좀 있어.

B. 다음 문장 중 틀린 것들을 찾아봅시다.

(1) (긍정문) 난 바람 좀 쐬러 나갔다 왔어.
(2) (긍정문) 나 얼마간 일 좀 쉴 거야.　　　　　　　　→ 정답 : any → some
(3) (의문문) 너 돈 좀 있어?
(4) (의문문) 우리 시간 좀 남았어?
(5) (부정문) 난 친구가 단 한 명도 없어.　　　　　　　→ 정답 : some → any
(6) (부정문) 난 아무런 걱정이 없어.
(7) (조건절) 질문 있으면 내게 알려만 줘.　　　　　　→ 정답 : some → any
(8) (조건절) 걱정거리 있으면 나에게 알려줘.

> **Tip**　1) 기본적으로 "some"은 긍정문에서 쓰이고, "any"는 부정문과 의문문, 그리고 조건절에서 쓰여요. 단, 상대방으로부터 긍정의 대답을 예상하거나 긍정의 대답을 유도하는 의문문에서는 "any" 대신 "some"을 이용하죠.

C. 다음은 "some"과 "any"를 이용한 표현들입니다. Cheat Box 속 표현들로 빈칸을 채워보세요.

(1) 어떤 사람이 널 찾고 있었어.
(2) 어떤 면에서는 걔 요리 솜씨가 더 나아.　　　　　→ 정답 : In
(3) 걘 어떤 이유에서인지(왜 그런진 몰라도) 토미를 좋아해.　→ 정답 : for
(4) 어떤 실수가 있는 게 분명해.　　　　　　　　　　→ 정답 : mistake
(5) 우리 어디 조용한 곳으로 가는 게 어때?
(6) 그 영화 정말 재미있었는데! / 그 영화 정말 대박이던데!
(7) 난 어느 요일이나 괜찮아. / 난 아무 날이나 괜찮아.　→ 정답 : fine
(8) 어서 마음에 드는 신발 아무거나 골라 봐.
(9) 너 혹시 어떤 학생들이 여기로 지나가는 거 봤어?　→ 정답 : students
(10) 대니얼은 그저 그런 남자가 아니야. 특별해.　　　　→ 정답 : just

> **Tip**　2) "some"과 "any"가 막연한 수량이 아니라 다른 의미로 사용될 때는 문장의 종류(긍정문, 부정문, 의문문, 조건절)에 관계없이 사용할 수 있어요.
> 3) "some"은 미지의 인물이나 대상을 말할 때도 사용돼요. 이때는 "**어떤**"이라는 뜻이죠.
> 4) "some"은 대화 시 "**굉장한**", "**대단한**"이라는 뜻으로 쓰이기도 해요.
> 　　ex) She's some musician.　　그녀는 대단한 음악가야.
> 5) "any"도 간혹 "선택의 폭이 넓다"는 의미로 사용되기도 하는데, 이때는 "**어느**", "**어떤**", "**아무**"라는 뜻이에요.

Gotta Remember
Show'em Who's Boss!

A. Complete the sentences using either *some* or *any*.

(1) I have _____ money.

(2) I don't have _____ cash.

(3) Would you like _____ sugar in your coffee?

(4) Today is not just _____ day.

(5) Can I have _____ water?

(6) Do you have _____ idea why?

(7) There must be _____ reason.

(8) I've got _____ friends in Korea.

(9) I don't have _____ children.

B. Complete the dialogues. (Some answers may vary.)

(1) A: I got us _____ snacks.
B: Cool! I was actually getting hungry.

(2) A: Don't lose _____ sleep over it.
B: I'll try not to.

(3) A: Do you want to go shoot _____ pool
at the bar?
B: I'm game. Whoever loses buys the drinks.

(4) A: Hmm... That's weird.
B: What's wrong?
A: My computer keeps freezing on me for _____ reason.

(5) A: What kind of girlfriend do you want?
B: I'm not in a position to be picky. Just find me _____ girl.

(6) A: That was _____ movie!
B: Yeah, it was. What a mindblow!

(7) A: Can I bum a smoke off you?
B: I don't have _____.

(8) A: I want to go somewhere nice.
B: Do you have _____ place in mind?

Translations & Answers

A. "some"과 "any" 중 알맞은 것으로 다음 각 문장을 완성해보세요.

(1) 나 돈 좀 있어.   → 정답 : some
(2) 나 돈 없어. / 나 현금 없어.   → 정답 : any
(3) 커피에 설탕 좀 넣어줄까요?   → 정답 : some ('any'도 가능하지만 약간 덜 일반적임)
(4) 오늘은 보통 날이 아니야.   → 정답 : any
(5) 물 좀 줄래요?   → 정답 : some
(6) 너 혹시 왜 그런지 알아?   → 정답 : any
(7) 어떤 이유가 있는 게 분명해.   → 정답 : some
(8) 나 한국에 친구들이 좀 있어.   → 정답 : some
(9) 난 자녀가 없어.   → 정답 : any

B. 알맞은 표현으로 다음 각 대화문을 완성해보세요. (일부 정답은 응답자에 따라 다룰 수 있음)

(1) A: 내가 과자 좀 사 왔어.   → 정답 : some
    B: 잘됐네! 실은 슬슬 배가 고프던 참이었거든.

(2) A: 그거 때문에 잠 설치지 마.   → 정답 : any
    B: 안 그러도록 노력할게.

(3) A: 술집에 가서 당구 칠래?   → 정답 : some
    B: 좋지. 지는 사람이 술 사기다.

(4) A: 음... 거참 이상하네.   → 정답 : some
    B: 무슨 일 있어?
    A: 왜 그런지 모르겠지만 내 컴퓨터가 자꾸 멈춰.

(5) A: 넌 어떤 여친을 원해?   → 정답 : any
    B: 난 찬밥 더운밥 가릴 처지가 아니야.
       치마만 둘렀으면 아무나 좀 구해줘.

(6) A: 그 영화 정말 대박이던데!   → 정답 : some
    B: 응, 맞아. 어찌나 재미있던지.

(7) A: 담배 한 대만 줄래?   → 정답 : any
    B: 나 담배 없어.

(8) A: 나 어디 좋은 데 가고 싶어.   → 정답 : any / some
    B: 생각해 둔 곳이라도 있어?

105 No one likes a whiner.

아무도 징징대는 사람은 좋아하지 않아.

Gotta Know

A. Let's look at the examples and change the sentences accordingly.

ex1) I don't have any cash on me right now.
　　→ I have no cash on me right now.

(1) I don't have any more questions.
　　→ _____.

(2) I don't have any plans for the weekend.
　　→ _____.

(3) There isn't any toothpaste left.
　　→ _____.

(4) Are you certain there isn't any other option?
　　→ _____?

ex2) I'm not a spring chicken.　→ I'm no spring chicken.

(5) I'm not an idiot.　　　　→ _____.

(6) I'm not an expert.　　　→ _____.

(7) I'm not an alcoholic.　　→ _____.

(8) It's not a secret.　　　→ _____.

B. Use the *Cheat Box* to fill in the blanks.

(1) I have no business being here.
(2) I have no _____ about Edward.
(3) I have no problem with your decision.
(4) She has no _____ of time.
(5) He's no _____ to controversy.
(6) There's no _____ for this kind of behavior.
(7) There's no _____ what he'll do next.
(8) There's no knowing when this will end.
(9) There's no _____ you're blaming this on me.
(10) There's no sense in trying to avoid it now.
(11) It seems there's no _____ in arguing with you.
(12) No sane person would agree to this.
(13) No person in their right mind would go along with your plan.

Cheat Box

way
doubt
point
sense
excuse
telling
stranger

A. 보기를 참고로 하여 주어진 문장들을 바꿔봅시다.

ex1) 나 지금 수중에 돈이 하나도 없어. / 나 지금 돈 가진 거 하나도 없어.

(1) 난 질문 더 없어.   → 정답 : I have no more questions.
(2) 난 주말에 아무런 계획이 없어. → 정답 : I have no plans for the weekend.
(3) 치약 남은 게 없어.   → 정답 : There's no toothpaste left.
(4) 다른 선택이 없는 게 확실해? → 정답 : Are you certain there's no other option?

ex2) 난 이제 젊지 않아. / 난 이제 철없는 애가 아니야.

(5) 난 바보가 아니야. / 난 멍청하지 않아. → 정답 : I'm no idiot.
(6) 난 전문가가 아니야.   → 정답 : I'm no expert.
(7) 난 알코올중독자가 아니야. → 정답 : I'm no alcoholic.
(8) 그건 비밀이 아니야.   → 정답 : It's no secret.

Tip

1) "not a ..." 또는 "not any ..."는 간단히 "no ..."라고 표현할 수도 있어요. 사실, "not a ..."나 "not any ..."보다 "no ..."가 더 강한 느낌이라서 "no ..."는 "not ... at all"에 가깝다고 볼 수 있답니다.

2) 보통, "There is ...", "There are ..."를 제외하고, be동사 뒤에는 "no + 명사" 형태를 잘 사용하지 않지만 구어체에서는 심심찮게 들을 수 있어요.

3) 얼핏 보면 "no"는 "none"과 비슷해 보이지만 "no"와 "none"은 태생부터 달라요. "none"은 "no"와 명사가 결합된 대명사로, 홀로 어떤 대상(주어, 목적어, 보어)이 될 수 있지만, "no"는 부정 의미를 지닌 형용사일 뿐이라서 명사를 꾸며주는 역할을 하죠.

B. 다음은 "no"를 이용한 유용한 표현들입니다. Cheat Box 속 표현들로 빈칸을 채워보세요.

(1) 난 여기 있을 이유가 없어.
(2) 난 에드워드를 믿어. (걘 해낼 수 있을 거야.)   → 정답 : doubt
(3) 난 네 결정에 불만 없어.
(4) 걘 시간관념이 없어.   → 정답 : sense
(5) 걘 항상 논란을 불러일으켜.   → 정답 : stranger
(6) 이런 행동에는 변명의 여지가 없어.   → 정답 : excuse
(7) 걔가 이제 어떤 짓을 할는지는 아무도 몰라.   → 정답 : telling
(8) 이게 언제 끝날는지는 알 수 없어.
(9) 넌 절대로 나한테 이걸 탓할 수 없어.   → 정답 : way
(10) (그걸) 지금 와서 피하려 해봤자 소용없어.
(11) 너랑 입씨름해봤자 아무 소용이 없는 거 같아.   → 정답 : point
(12) 정신이 온전하다면 이것에 동의할 사람은 아무도 없을 거야.
(13) 제정신이라면 네 계획에 찬성할 사람은 아무도 없을 거야.

Tip

4) "stranger"란 "**이방인**", "**낯선 사람**"이라는 뜻이에요. 이를 활용해 "**be no stranger to ...**"라고 표현하면 "~에 관해 이방인이 아니다", 즉 "~가 낯설지 않다", "~에 익숙하다" 라는 뜻이 된답니다.

ex) She's no stranger to this.   걘 이것에 익숙해.
ex) Toronto is no stranger to cold weather.
                         토론토에서는 추운 날씨가 일반적이야.

Gotta Remember
Show'em Who's Boss!

A. Complete the dialogues with the expressions in the box.

no idea	no choice	no energy
no excuse	no secrets	no complaints

(1) A: What are you hiding?
    B: Nothing. I have _____.

(2) A: Do you know why Allen is upset?
    B: I have _____. Ask Nate. He might know.

(3) A: I have _____.
    B: See? Like I said, you should've gotten some rest.

(4) A: Why are you late this time?
    B: I have _____.

(5) A: Don't overdo it.
    B: I have _____ because I have to pass the exam.

(6) A: How do they treat you?
    B: Not bad. I have a company car and my own office, so I have _____.

B. Correct the sentences.

(1) No one know what to do.

(2) No one under 18 is not allowed here.

(3) I have no sense in direction whatsoever.

(4) I have no idea you were John's little brother.

(5) There're no time difference between Seoul and Tokyo.

C. Make any sentences you want using the given phrases.

(1) I have no _____.

(2) I have no _____.

(3) There's no point in _____.

(4) There's no point in _____.

Translations & Answers

A. 상자 속 표현들을 이용해 다음 각 대화문을 완성해보세요.

I have <u>no idea</u>.	난 전혀 모르겠어. / 난 하나도 모르겠어.
I have <u>no choice</u>.	나에겐 선택의 여지가 없어.
I have <u>no energy</u>.	나 기운이 하나도 없어.
I have <u>no excuse</u>.	난 입이 열 개라도 할 말이 없어.
I have <u>no secrets</u>.	난 비밀이 없어.
I have <u>no complaints</u>.	난 불만 없어.

(1) A: 너 뭘 숨기는 거야?
    B: 아무것도. 난 비밀 없어.
→ 정답 : no secrets

(2) A: 너 앨런이 왜 화났는지 알아?
    B: 모르겠어. 네이트에게 물어봐. 걘 알지도 몰라.
→ 정답 : no idea

(3) A: 나 기운이 하나도 없어.
    B: 거봐. 내가 넌 좀 쉬어야 한댔잖아.
→ 정답 : no energy

(4) A: 너 이번엔 왜 늦은 거야?
    B: 입이 열 개라도 할 말이 없어.
→ 정답 : no excuse

(5) A: 너무 무리하지 마.
    B: 이번 시험에 통과해야 해서 어쩔 수 없어.
→ 정답 : no choice

(6) A: 회사에선 대우가 어때?
    B: 괜찮은 편이야. 회사 차도 사용하고 개인
       사무실도 있어서 난 불만 없어.
→ 정답 : no complaints

B. 다음 각 문장에서 틀린 부분을 찾아 바르게 고쳐보세요.

(1) 무얼 어떻게 해야 할지 아는 사람이 아무도 없어.
→ 정답 : know → knows

(2) 18세 미만은 여기 출입할 수 없어.
→ 정답 : not 삭제
       또는 No one → Anyone

(3) 난 완전 길치야. / 난 방향감각이 전혀 없어.
→ 정답 : in → of

(4) 난 네가 존의 남동생이라는 거 전혀 몰랐어.
→ 정답 : have → had

(5) 서울과 도쿄 사이에는 시차가 없어.
→ 정답 : There're → There's

C. 다음 문장들은 참고용입니다. 주어진 표현들을 이용해 자유롭게 문장을 만들어보세요.

(1) I have no <u>regrets</u>.   난 후회 없어.
(2) I have no <u>one to talk to</u>.   난 대화할 사람이 아무도 없어.
(3) There's no point in <u>trying</u>.   노력해봤자 아무 소용없어.
(4) There's no point in <u>studying</u>.   공부해봤자 아무 소용없어.

106 Wear something warm.

따뜻하게 입어.

Gotta Know

A. Let's look at the example and make sentences accordingly.

ex) strange + There's something about this.

→ There's something strange about this.

(1) **cold** + I want to drink something. → _____.

(2) **wrong** + There's nothing with this. → _____.

(3) **better** + Do you have anything? → _____?

(4) **possible** + I did everything. → _____.

B. Let's circle the best answers.

(1) I've checked (everywhere / nowhere).

(2) I have (anywhere / nowhere) to go tomorrow.

(3) I don't feel like going (somewhere / anywhere).

(4) This conversation is going (everywhere / nowhere).

(5) Let's go (somewhere / everywhere) nice for dinner.

C. Let's complete the sentences using either *somehow* or *anyway*.

(1) I'll try to get it done _____.

(2) It's too late now, _____.

(3) _____, it didn't work out.

(4) It doesn't add up _____.

D. Use the *Cheat Box* to fill in the blanks.

(1) We're getting nowhere _____ this.

(2) We should go somewhere fun.

(3) Can't we go somewhere else?

(4) I'd rather be anywhere _____ here.

(5) This job doesn't pay anywhere _____ enough.

(6) It's anywhere _____ 50 and 100 dollars.

(7) I'll change his mind somehow.

(8) It doesn't seem right somehow.

(9) Anyway, it's your fault.

Cheat Box

but
near
with
between

A. 보기를 참고로 하여 문장들을 만들어봅시다.

ex) 이거 뭔가 이상해.

(1) → 정답 : I want to drink something cold.   난 뭔가 차가운 거 마시고 싶어.
(2) → 정답 : There's nothing wrong with this.   이건 아무 문제 없어.
(3) → 정답 : Do you have anything better?   더 좋은 거 있어? / 더 나은 거 있어?
(4) → 정답 : I did everything possible.   난 최선을 다했어. / 난 가능한 모든 걸 했어.

B. 괄호 속 표현 중 각 문장에 가장 알맞은 것을 골라봅시다.

(1) (난) 여기저기 다 확인해봤어.   → 정답 : everywhere
(2) 난 내일 갈 곳이 아무 데도 없어.   → 정답 : nowhere
(3) 나 어디 갈 기분 아니야. / 난 아무 데도 가고 싶지 않아.   → 정답 : anywhere
(4) 이 대화는 진전이 없네.   → 정답 : nowhere
(5) 우리 어디 좋은 데 가서 저녁 먹자.   → 정답 : somewhere

 Tip   1) "get nowhere" 또는 "go nowhere"이라고 표현하면 "아무 데도 이르지/가지 못하다" 라는 의미가 되어, 주로 성과나 효과와 관련하여 "아무런 성과가 없다", "아무런 진전이 없다", "아무런 진척이 없다"라는 뜻이 돼요. 뒤에는 보통 "with"를 동반하여 성과나 효과가 없는 대상(프로젝트, 실험 등)이 등장하게 되죠.

C. "somehow"와 "anyway" 중 알맞은 것으로 다음 각 문장을 완성해봅시다.

(1) 내가 어떻게든 (그거) 처리해볼게. (→ somehow)   → 정답 : somehow
    어쨌든 내가 (그거) 처리해볼게.   (→ anyway)   / anyway

(2) 어쨌든 지금은 너무 늦었어.   → 정답 : anyway

(3) 어찌 된 일인지 일이 잘 안 됐어.   (→ Somehow)   → 정답 : Somehow
    어쨌든 일이 잘 안 됐어.   (→ Anyway)   / Anyway

(4) (그건) 왠지 (앞뒤가) 안 맞아.   (→ somehow)   → 정답 : somehow
    (그건) 어쨌든 (앞뒤가) 안 맞아.   (→ anyway)   / anyway

 Tip   2) "somehow"는 "왠지", "어떻게든"이라는 뜻의 부사로 사용돼요.

       3) "anyway"는 "어쨌든(하여간)", "그런데(그건 그렇고)", "그래도"라는 뜻의 부사예요. "anyhow"라고 표현하기도 하지만 "anyway"가 훨씬 일반적이죠.

D. Cheat Box 속 표현들로 빈칸을 채워보세요.

(1) 우린 이것과 관련해 아무런 성과가(/진척이) 없어.   → 정답 : with
(2) 우리 어디 재미있는 곳에 가자.
(3) 우리 다른 데 가면 안 돼?
(4) 난 다른 곳은 몰라도 여긴 있고 싶지 않아.   → 정답 : but
(5) 이 일은 보수가 턱없이 적어.   → 정답 : near
(6) 그건 50달러에서 100달러 정도야.   → 정답 : between
(7) 내가 어떻게든 걔 마음을 돌려볼게.
(8) (그거) 왠지 그게 아닌 것 같아.
(9) 어쨌든 (그건) 네 잘못이야.

Gotta Remember
Show'em Who's Boss!

A. Complete the sentences using any appropriate adjectives. (Answers may vary.)

(1) There is something _____ about her.

(2) I'll cook you something _____.

(3) I want to do something _____.

(4) I feel like eating something _____.

(5) Did I do something _____?

(6) There's nothing _____ on TV.

(7) If you do anything _____ again, you'll be fired.

B. Complete the dialogues.

(1) A: You can't stay here.
   B: There's _____ else to go.

(2) A: I put my glasses down _____ around here.
   B: They're not on the floor, are they?

(3) A: How many hours do you watch TV a day?
   B: _____ from two to four hours.

(4) A: I want to drink _____ cold.
   B: Yeah, same here. Why don't we go to Jamba Juice?
   A: That's a good idea.

(5) A: I wish I could stay. _____, I've got to go.
   B: I'll catch you later then.

(6) A: I'm in the middle of _____.
   B: I'll come pick you up, just give me an address.

(7) A: I'm getting a sandwich.
   B: Get something for me, too. _____ tasty will do.

(8) A: Can you come to the party at my place tonight?
   B: No. I already have plans. Thanks for inviting me _____.

(9) A: Do you think she'll show up on time?
   B: _____ tells me she won't.

Translations & Answers

A. 다음 문장들은 참고용입니다. 적절한 형용사로 빈칸을 채워 자유롭게 문장을 완성해보세요.

(1) There is something <u>special</u> about her.
걔한텐 뭔가 특별한 게 있어.

(2) I'll cook you something <u>nice</u>.
내가 맛있는 거 만들어줄게.

(3) I want to do something <u>fun</u>.
난 뭔가 재미있는 게 하고 싶어.

(4) I feel like eating something <u>spicy</u>.
나 뭔가 매콤한 게 당겨.

(5) Did I do something <u>wrong</u>?
내가 뭐 잘못했어?

(6) There's nothing <u>good</u> on TV.
TV에서 볼만한 게 하나도 안 해.

(7) If you do anything <u>stupid</u> again, you'll be fired.
너 또 멍청한 짓 하면 잘릴 줄 알아.

B. 알맞은 표현으로 다음 각 대화문을 완성해보세요.

(1) A: 넌 여기 있으면 안 돼.
B: 달리 갈 곳이 없어.
→ 정답 : nowhere

(2) A: 내가 안경을 이 근처 어딘가에 놔뒀는데...
B: 바닥에 떨어져 있는 건 아니지?
→ 정답 : somewhere

(3) A: 너 하루에 몇 시간 TV 봐?
B: 두 시간에서 네 시간 정도 봐.
→ 정답 : Anywhere

(4) A: 나 뭔가 차가운 걸 마시고 싶어.
B: 응, 나도. 잠바 주스(Jamba Juice)에 가는 게 어때?
A: 좋은 생각이야.
→ 정답 : something

(5) A: 계속 있으면 좋을 텐데. 어쨌든 난 이만 가봐야겠어.
B: 그럼 이따 봐.
→ 정답 : Anyway

(6) A: 나 지금 생판 모르는 데 와 있어.
B: 내가 데리러 갈 테니까 주소만 줘.
→ 정답 : nowhere

(7) A: 나 샌드위치 사러 가.
B: 나도 뭐 좀 사다 줘. 맛있는 거면 뭐든 괜찮아.
→ 정답 : Anything

(8) A: 너 오늘 저녁 우리 집에서 여는 파티에 올 수 있어?
B: 아니. 이미 계획이 있어서. 암튼 초대해줘서 고마워.
→ 정답 : anyway

(9) A: 걔가 제때 올까?
B: 어쩐지 난 걔가 제때 안 올 것 같은 느낌이 들어.
→ 정답 : Something

※ "Something tells me ..."란 "어떤 것(something)이 나에게(me) 말해준다(tell)"라는 뜻으로, 이때 "something"은 "느낌", "예감"이라는 의미예요. 즉, "(어쩐지) 난 ~할 것 같은 느낌이 들어.", "난 ~할 것 같은 예감이 들어."라는 뜻이죠.

ex) Something tells me you'll change your mind again.
난 네가 또 마음을 바꿀 것 같은 예감이 들어.

107 Is he someone you know?

저 사람 (네가) 아는 사람이야?

Gotta Know

A. Let's look at the examples and change the sentences accordingly.

ex1) I'm gonna tell everybody. → I'm gonna tell everyone.
ex2) Nobody knows why. → No one knows why.

(1) Everybody makes mistakes. → _____.

(2) Nobody can stop this. → _____.

(3) Is somebody at the door? → _____?

(4) I'm not just anybody. → _____.

B. Let's identify whether the underlined parts refer to people or things. Circle *P* for people and *T* for things.

(1) <u>Every one</u> of them said the same thing. (P / T)

(2) <u>Every one</u> of these is expensive. (P / T)

(3) You are <u>no one</u> to me. (P / T)

(4) <u>No one</u> is in charge of your happiness, except you. (P / T)

C. Let's circle the correct answers.

(1) Would you like to grab a bite to eat (sometime / anytime)?

(2) It just happened (one day / some day).

(3) Feel free to stop by (sometimes / anytime).

(4) I'd like to see him again (someday / any day).

D. Use the *Cheat Box* to fill in the blanks.

(1) Is _____ everyone?

(2) There's no one who can help us now.

(3) He's _____ someone I know.

(4) I don't know anyone _____ here.

(5) I'll pay you _____ sometime next week.

(6) One day you will understand.

(7) Anytime is _____ with me.

(8) He'll be home anytime _____.

Cheat Box

back   fine   soon
else   just   this

A. 보기를 참고로 하여 주어진 문장들을 바꿔봅시다.

ex1) (난) 모두에게 말할 거야.
ex2) 아무도 이유를 몰라.

(1) 누구나 실수하기 마련이야.   → 정답 : Everyone makes mistakes.
(2) 이걸 막을 수 있는 사람은 아무도 없어. → 정답 : No one can stop this.
(3) (문에) 누구 왔어?   → 정답 : Is someone at the door?
(4) 난 아무나가 아니거든.   → 정답 : I'm not just anyone.

Tip 1) "-body"로 끝나는 표현들은 "-one"이라고 표현하기도 하는데, 이때 "nobody"는 "no one"처럼 띄어 쓰거나 "none"이라고 표현해야 해요.

B. 밑줄 친 부분이 사람(P)과 사물(T) 중 무엇을 의미하는지 구분해봅시다.

(1) 걔네 모두 같은 이야길 했어.   → 정답 : P (사람)
(2) 이것들은 모두 다 비싸.   → 정답 : T (사물)
(3) 넌 나한테 아무것도 아니야.   → 정답 : P (사람)
(4) 자신의 행복은 자신만이 가져다줄 수 있어. → 정답 : P (사람)

Tip 2) "everyone", "someone", "anyone"도 각각 "every one", "some one", "any one"처럼 띄어쓰기도 해요. 단, 띄어 쓰게 되면 사람뿐만 아니라 사물을 의미할 수도 있죠. 반대로 "no one"은 사람만을 의미하며, "none"처럼 붙여 써야만 사람과 사물 둘 다 의미할 수 있어요.

C. 괄호 속 표현 중 각 문장에 올바른 것을 골라봅시다.

(1) 언제 식사 한번 하실래요?   → 정답 : sometime
(2) 어느 날 그냥 갑자기 그렇게 됐어.   → 정답 : one day
(3) 언제든 편히 들러. / 아무 때나 편히 들러. → 정답 : anytime
(4) 난 언젠가 그를 다시 만나고 싶어.   → 정답 : someday

Tip 3) "one day"는 "oneday"라고 붙여 쓰지 않으며, 미래뿐만 아니라 과거의 막연한 시점을 말할 때도 사용할 수 있어요.

4) 반대로, "someday"는 "some day"로 띄어 쓰지 않아요. 현대 영어에서는 이 둘을 혼용해서 사용하는 경우가 많지만, 엄밀히 구분해서 "some day"처럼 띄어 쓰게 되면 막연한 어느 시점의 "하루"를 의미하게 된답니다.

D. Cheat Box 속 표현들로 빈칸을 채워보세요.

(1) 이 사람들이 다야? / 다 모인 거야? / 다 온 거야? → 정답 : this
(2) 지금 우릴 도와줄 수 있는 사람은 아무도 없어.
(3) 그는 내가 그냥 아는 사람이야.   → 정답 : just
(4) 난 여기서 다른 사람은 아는 사람이 없어. → 정답 : else
(5) 내가 다음 주 중으로 갚을게.   → 정답 : back
(6) 언젠가는 너도 이해할 거야.
(7) 난 언제든 괜찮아. / 난 언제라도 괜찮아. → 정답 : fine
(8) 걘 곧 집에 올 거야.   → 정답 : soon

Gotta Remember
Show'em Who's Boss!

A. Correct the sentences.

(1) No one of your suggestions are helpful.

→ _____.

(2) Everyone of my friends came to my wedding.

→ _____.

(3) Swing by my house sometimes.

→ _____.

(4) I have an appointment someday next month.

→ _____.

B. Complete the dialogues. (Some answers may vary.)

(1) A: _____ thinks you're special.
   B: Nah, I'm just an average Joe.

(2) A: I don't care.
   B: _____, you'll regret it.

(3) A: Would _____ like more water?
   B: I would.
   A: Here you go.
   B: Thanks.

(4) A: Do you have time now?
   B: _____ later would be better.

(5) A: I'm not _____ you want to cross.
   B: You don't scare me.

(6) A: When should we get together?
   B: How about Saturday?
   A: Sounds good. I can meet you _____ Saturday.

(7) A: None of us want to go to his party.
   B: Why not?
   A: _____ here likes him.

Translations & Answers

A. 다음 각 문장에서 틀린 부분을 찾아 바르게 고쳐보세요.

(1) 네가 제안한 것 중에는 도움이 될만한 게 하나도 없어. → 정답 : No one → None
(2) 내 친구들은 하나도 빠짐없이 내 결혼식에 참석했어. → 정답 : Everyone → Every one
(3) 언제 한번 (시간 될 때) 우리 집에 들러. → 정답 : sometimes → sometime
(4) 다음 달 언젠가 약속이 하루 잡혀 있어. → 정답 : someday → some day

B. 알맞은 표현으로 다음 각 대화문을 완성해보세요. (일부 정답은 응답자에 따라 다를 수 있음)

(1) A: 다들 네가 특별하다고 생각해. → 정답 : Everyone
   B: 아니야, 난 그저 평범한 남자야.

(2) A: 난 신경 안 써. → 정답 : One day
   B: 언젠가는 후회하게 될 거야. / Someday

(3) A: 물 더 마시고 싶은 사람? → 정답 : anyone
   B: 저요.
   A: 여기 있어요.
   B: 고마워요.

(4) A: 너 지금 시간 돼? → 정답 : Sometime
   B: 지금보단 나중에 시간이 더 편할 것 같은데.

(5) A: 나 같은 사람은 배신하면 안 되지. → 정답 : someone
   B: 하나도 안 무섭거든.

(6) A: 우리 언제 뭉칠까? → 정답 : anytime
   B: 토요일은 어때?
   A: 좋아. 난 토요일엔 언제든 만날 수 있어.

(7) A: 우리 중 아무도 그의 파티에 가고 싶어 하지 않아. → 정답 : No one
   B: 왜?
   A: 여기서 걜 좋아하는 사람은 아무도 없으니까.

※ "here"은 "여기(에)"라는 뜻이지만 가끔 "~이 있다"라는 뜻으로 쓰이기도 해요. 단, 본래의 뜻인 "여기"라는 의미가 내포되어 있기 때문에 "여기 있어."처럼 무언가를 건네주는 의미로 사용되는 경우가 많죠.

   ex) Here you go!   자, 여기 있어! / 자, (이거) 받아!
   ex) Here you are!   자, 여기 있어! / 자, (이거) 받아! / (너) 여기 있네!
   ex) Here it is!   자, 여기 있어! / 자, (이거) 받아! / (그게) 여기 있네!
   ex) Here we go!   [무언가를 시작하며] 자, 간다!

108 Not that I know of.

내가 알기론 그렇지 않아.

Gotta Know

A. Use the *Cheat Box* to fill in the blanks.

(1) It's in the eastern _____ of Toronto.
(2) That makes _____ of us.
(3) We have _____ of five.

(4) You did _____ of a job.

(5) This ring is _____ of gold.
(6) The building was _____ of smoke.
(7) This book _____ of 10 chapters.

(8) Just _____ of curiosity.
(9) Don't get _____ of yourself.
(10) I've never seen the _____ of a laptop before.
(11) Stay _____ of this.
(12) Think _____ of the box.
(13) Just give me a call _____ of time.

Cheat Box
two
city
a heck
a party
full
made
consists
out
ahead
inside
outside

B. Let's identify which of the following sentences can use *about* instead of *of*.

(1) What do you think of her?
(2) It was a hell of a thing.
(3) Have you heard of him before?
(4) I got 2 out of 10.

C. Let's practice the dialogues using the given information.

A: We're running out of <u>milk</u>.
B: I'll get some while I'm out.

A: Why did you quit?
B: I ran out of <u>patience</u>.

① cereal   ② yogurt

③ ideas   ④ money

A. Cheat Box 속 표현들로 빈칸을 채워가며 "of"의 추가적인 쓰임을 살펴보세요.

- **"A of B"에서 A와 B가 같은 대상인 경우**

  (1) 그건 동부의 토론토라는 도시에 있어.　　　　　　→ 정답 : city
  (2) 나도 그래. / 동감이야.　　　　　　　　　　　　→ 정답 : two
  (3) 우린 다섯 명이에요.　　　　　　　　　　　　　→ 정답 : a party

- **"A of B"가 "A 같은 B"처럼 비유의 의미로 사용되는 경우**

  (4) (너) 정말 잘했어. / (너) 정말 큰일 했네. / (너) 정말 끝내줬어.　→ 정답 : a heck

- **"of" 뒤에 무언가를 구성하는 구성원, 재료 등이 등장하는 경우**

  (5) 이 반지는 금으로 된 거야.　　　　　　　　　　→ 정답 : made
  (6) 그 건물은 연기로 가득했어.　　　　　　　　　　→ 정답 : full
  (7) 이 책은 10개의 챕터로 돼 있어.　　　　　　　　→ 정답 : consists

- **"A of B"에서 A 자리에 부사가 등장하는 경우**

  (8) 그냥 궁금해서 그래.　　　　　　　　　　　　　→ 정답 : out
  (9) 너무 앞서가지 마.　　　　　　　　　　　　　　→ 정답 : ahead
  (10) 난 (전에는) 한 번도 노트북 내부를 본 적이 없어.　→ 정답 : inside
  (11) 넌 (이 일에) 끼어들지 마. / 넌 (이 일에서) 빠져.　→ 정답 : out
  (12) 고정관념에서 벗어나.　　　　　　　　　　　　→ 정답 : outside
  (13) 미리 나한테 연락만 줘.　　　　　　　　　　　→ 정답 : ahead

Tip 1) "heck"은 "젠장", "제기랄"이라는 뜻의 비격식적 감탄사예요. 이를 "a/one heck of a/an + 단수 명사"처럼 표현하게 되면, "끝내주는", "대단한", "엄청난"이라는 뜻이 되면서 다소 뭔가를 과장하는 비격식적인 표현이 되죠. 이보다 좀 더 거칠게 표현하고 싶을 때는 "heck" 대신 "hell"이라고 표현해요.

B. 다음 문장 중 "of"를 "about"으로 바꿔서 표현할 수 있는 것들을 찾아봅시다.

  (1) 너 걔 어떻게 생각해?　　　　　　→ 정답 : O
  (2) (그건) 정말 멋졌어.　　　　　　 → 정답 : X
  (3) 너 전에 그 사람에 관해 들어본 적 있어?　→ 정답 : O
  (4) 난 10개 (문제) 중 2개 맞혔어.　→ 정답 : X

Tip 2) "of"는 동사 뒤에 붙어서 "~에 관해"라는 뜻으로 쓰이기도 해요. 이때는 "about"과 같은 뜻이죠.

C. 주어진 정보를 이용해 다음 대화문들을 연습해봅시다.

A: 우리 우유 다 떨어져 가. B: 내가 나가는 김에 좀 사 올게.	A: 너 왜 그만뒀어? B: 더 이상 참을 수가 없어서(인내심이 바닥나서).

① 시리얼	② 요거트	③ 아이디어	④ 돈

Tip 3) 시간이나 연료 등 무언가가 고갈되어 간다고 말할 때는 "be running out of ..."라고 표현해요. 반면, 이미 다 고갈된 경우에는 "ran out of ..." 또는 그냥 "be out of ..."라고 표현하죠.

Gotta Remember
Show'em Who's Boss!

A. Complete the dialogues. (Some answers may vary.)

(1) A: I hate this place.
B: That makes _____.

(2) A: Do we have any homework for tomorrow?
B: Not that I _____.

(3) A: What if I can't make it there on time?
B: Then, just give me a call _____.

(4) A: Do you have a boyfriend?
B: Why do you ask?
A: Just _____.

(5) A: Maybe I can help you two get along.
B: Stay _____ this.

(6) A: My wallet is _____ leather.
B: I carry a bill clip.

(7) A: How much did you pay for this?
B: Just five bucks.
A: Really? Dang!
B: I know. It was _____ of a deal.

(8) A: Could you wait just a little longer?
B: I'm _____ patience.

B. Look at the example and change the sentences accordingly. (Answers may vary.)

ex) It was an awesome movie.	→ It was a heck of a movie.

(1) This is a beautiful car.   → _____.
(2) She's a fantastic actress.   → _____.
(3) That was an impressive speech. → _____.

Translations & Answers

A. 알맞은 표현으로 다음 각 대화문을 완성해보세요. (일부 정답은 응답자에 따라 다를 수 있음)

(1) A: 난 여기가 정말 싫어.   → 정답 : two of us
  B: 나도 그래.

(2) A: 우리 내일 숙제해야 하는 거 있어?   → 정답 : know of
  B: 내가 알기론 없어.

(3) A: 내가 제시간에 거기 못 가면 어떻게 해? → 정답 : ahead of time
  B: 그럼, 미리 연락만 줘.

(4) A: 너 남친 있어?   → 정답 : out of curiosity
  B: 그걸 왜 물어?
  A: 그냥 궁금해서.

(5) A: 내가 너희 둘이 사이좋게 지내는 데   → 정답 : out of
    도움이 될지도 몰라.
  B: 넌 빠져.

(6) A: 내 지갑은 가죽으로 된 거야.   → 정답 : made of
  B: 난 빌 클립 갖고 다녀.

(7) A: 너 이거 얼마 주고 샀어?   → 정답 : a heck
  B: 5달러밖에 안 줬어.   / one heck
  A: 정말? 젠장!!   / a hell
  B: 맞아. 완전 좋은 가격에 샀지.   / one hell

(8) A: 조금만 더 기다려줄래?   → 정답 : running out of
  B: 나 지금 참을성이 바닥나고 있어.

B. 보기를 참고로 하여 다음 각 문장을 바꿔보세요. (정답은 응답자에 따라 다를 수 있음)

ex) (그건) 끝내주는 영화였어.

(1) 이 차 정말 멋진데.   → 정답 : This is a heck of a car.
  이건 정말 멋진 차야.

(2) 그녀는 환상적인 여배우야. → 정답 : She's a heck of an actress.
  그녀는 정말 대단한 여배우야.

(3) 그건 인상적인 연설이었어. → 정답 : That was a heck of a speech.
  그건 정말 끝내주는 연설이었어.

109 What do you do when stressed?

넌 스트레스받으면 뭐 해?

Gotta Know

A. Let's look at the examples and change the sentences accordingly.

ex1) Some drinks taste best when they're chilled.
 → Some drinks taste best when chilled.

(1) You may begin when you're ready.

→ _____.

(2) You can stop by when you're free.

→ _____.

(3) I usually watch movies when I'm stressed.

→ _____.

ex2) He fell asleep while he was waiting for his tea to cool down.
 → He fell asleep while waiting for his tea to cool down.

(4) Where're you staying while you're in New York?

→ _____?

(5) It's cooling down while it's resting.

→ _____.

(6) Some people are good at driving while they're on the phone.

→ _____.

B. Let's complete the sentences using either *when* or *whenever*. (Answers may vary.)

(1) You can stop by _____ you want.

(2) _____ she goes out, she comes back drunk.

C. Let's complete the sentences using *whenever, wherever* or *however*. (Some answers may vary.)

(1) _____ I visit my parents, they ask me when I'm getting married.

(2) _____ carefully I explain it, she still gets it wrong.

(3) _____ I call him "shorty," he gets angry.

(4) _____ he goes, he takes his dog with him.

A. 보기를 참고로 하여 주어진 문장들을 바꿔봅시다.

ex1) 어떤 음료수들은 시원하게 해서 마실 때 맛이 제일 좋은 것도 있어.

(1) 준비되면 시작해도 돼.   → 정답 : You may begin when ready.
(2) 한가할 때 들러.   → 정답 : You can stop by when free.
(3) 난 보통 스트레스받으면 영화를 봐. → 정답 : I usually watch movies when stressed.

ex2) 걘 차가 식길 기다리는 동안 잠들어 버렸어.

(4) 너 뉴욕에 있는 동안 어디서 머물 거야?
    → 정답 : Where're you staying while in New York?
(5) 그건 작동을 안 하는 동안에는 (열이) 식어.
    → 정답 : It's cooling down while resting.
(6) 어떤 사람들은 통화하면서도 운전 잘해.
    → 정답 : Some people are good at driving while on the phone.

Tip

1) "when"이나 "while"이 이끄는 문장은 다음 두 조건을 만족하면 주어와 동사를 생략할 수 있어요. 단, 일반적인 대화 시에는 생략하지 않고 말하는 게 더 일반적이에요.
- 조건 1 : 동사가 be동사인 경우
- 조건 2 : 주어가 전체 문장의 주어와 동일한 경우
예를 들어, "You may begin when you're ready."는 "when"이 이끄는 문장 속 동사가 be동사(are)이고, 주어가 전체 문장의 주어(you)와 같기 때문에 "you're"를 생략할 수 있죠.

B. "when"과 "whenever" 중 알맞은 것으로 다음 각 문장을 완성해봅시다.

(1) 듣고 싶을 때 들러.   (← when)
/ 듣고 싶을 땐 언제든 들러.   (← whenever)
(2) 걘 밖에 나가면 취해서 돌아와.   (← When)
/ 걘 밖에 나갈 때마다 취해서 돌아와. (← Whenever)

→ 정답 : 두 문장 모두에 "when"과 "whenever" 중 아무것이나 사용 가능 (단, 의미는 달라짐)

Tip

2) 반복되는 일의 시점을 이야기할 때는 "whenever(~할 때마다)"을 이용해요. "when"도 이런 용도로 쓰이지만, "whenever"은 "~마다"라는 의미가 더해져 반복됨을 한층 더 강조하게 되죠.

C. "whenever", "wherever", "however" 중 알맞은 것으로 다음 각 문장을 완성해봅시다. (일부 정답은 응답자에 따라 다를 수 있음)

(1) 부모님은 내가 찾아뵐 때마다 언제 결혼하는지 물어보셔.   → 정답 : Whenever
(2) 걘 내가 아무리 조심스럽게 설명해도 오해를 해.   → 정답 : However
(3) 걘 내가 "꼬맹이"라고 부를 때마다 화를 내.   → 정답 : Whenever
(4) 걘 어딜 가든지 자기 개를 데려가.   (→ Wherever)   → 정답 : Wherever
/ 걘 언제 가든지 자기 개를 데려가. (→ Whenever)   / Whenever

Tip

3) "whenever"은 보통 "~할 때마다", "~할 때면 언제든지"라는 뜻으로, "wherever"은 보통 "어디서 ~하든지", "어디를 ~하든지", "~한 어디든지"라는 뜻으로, "however"은 보통 "아무리 ~해도", "~한 (방식)대로"라는 뜻으로 사용돼요.

Gotta Remember
Show 'em Who's Boss!

A. Look at each blank and figure out what's missing.

(1) A: Let me know when _____ ready.
B: Sorry to keep you waiting. It'll just be a sec.

(2) A: What's wrong with her?
B: She gets cranky when _____ hungry.

(3) A: It tastes best when _____ served cold.
B: I didn't know that.

(4) A: You shouldn't watch TV while _____ studying.
B: Why not? Jace is doing it all the time.

(5) A: I go shopping when _____ bored.
B: If I did that, I'd be broke.

(6) A: Jeff tends to drink a lot when _____ stressed.
B: Who doesn't?

(7) A: I'd better write down your phone number before I forget.
B: While _____ at it, jot down your number for me, too.

B. Complete the dialogues.

(1) A: Shall I go to the party or to the museum?
B: Go _____ you like.

(2) A: What time do you want me to pick you up?
B: _____ is convenient for you would be good.

(3) A: Is that your new car? It looks like a toy.
B: _____ small it may be, it gets the job done.

(4) A: You can call me _____ you need my help.
B: Okay. Thanks a lot.

Translations & Answers

A. 다음 각 대화문에서 빈칸에 무엇이 빠졌는지 맞혀보세요.

(1) A: 준비 다 되면 알려줘.
    B: 기다리게 해서 미안. 잠깐이면 돼.
    → 정답 : you're

(2) A: 쟤 왜 저래?
    B: 쟨 배고프면 까칠해져.
    → 정답 : she's

(3) A: 그건 차가울 때 먹어야 제일 맛있어.
    B: 그건 몰랐네.
    → 정답 : it's

(4) A: TV 보면서 공부하면 안 돼.
    B: 왜 안 돼? 제이스는 맨날 그러는데.
    → 정답 : you're

(5) A: 난 심심할 때 쇼핑 가.
    B: 내가 그러면 거지 될 거야.
    → 정답 : I'm

(6) A: 제프는 스트레스받으면 술을 많이 마시는 경향이 있어.
    B: 안 그런 사람도 있어?
    → 정답 : he's

(7) A: 잊어버리기 전에 네 전화번호 적어놔야겠어.
    B: 적는 김에 네 번호도 나한테 좀 적어줘.
    → 정답 : you're

> ※ "jot down"은 "무언가를 잊어버리지 않도록 급히 써두다"는 뜻이에요. "write down"과
> 비슷하지만, 그보다 간단히 또는 급히 무언가를 메모한다는 느낌이 강하죠.
>   ex) Write it down somewhere so you can remember it later.
>   잊어버리지 않게 (그거) 어딘가에 써 놔.
>   ex) I jotted it down somewhere, but I can't find it.
>   어디에다 (그걸) 메모해뒀는데 못 찾겠네.

B. 알맞은 표현으로 다음 각 대화문을 완성해보세요.

(1) A: 나 파티에 갈까, 아니면 박물관에 갈까?
    B: 어디든 네가 가고 싶은 곳에 가.
    → 정답 : wherever

(2) A: 내가 너 몇 시에 데리러 갈까?
    B: 아무 때나 너 편한 시간이면 괜찮을 거야.
    → 정답 : Whenever

(3) A: 저게 네 새 차야? 장난감 같은데.
    B: 아무리 작아도 제구실은 해.
    → 정답 : However

(4) A: 내 도움이 필요하면 언제든 나한테 전화해.
    B: 알겠어. 정말 고마워.
    → 정답 : whenever

Let's leave earlier, just in case.

혹시 모르니 좀 더 일찍 떠나자.

Gotta Know

A. Use the *Cheat Box* to fill in the blanks.

(1) You should try to find a solution, if _____.

(2) You can spend a little money, if _____.

(3) We will use the backup plan, if needed.

(4) If _____, it was your fault.

(5) If hungry, you should eat something.

(6) If in doubt, call me.

(7) If _____, just sit down.

(8) If _____, you'll get a new one.

(9) This car is worth up to 50 grand if running well.

(10) If so, I want to talk to the manager.

(11) If _____, I'll go instead.

Cheat Box	
not	anything
tired	possible
broken	necessary

B. Let's match sentences to B1 through B4.

A1) Write it down, ... •   • B1) ... in case I run into traffic.

A2) I'm going early, ... •   • B2) ... in case it gets cold.

A3) Bring your scarf, ... •   • B3) ... just in case you forget.

A4) Keep this receipt, ... •   • B4) ... just in case you change your mind.

C. Use the *Cheat Box* to fill in the blanks.

(1) Take your umbrella with you, _____ in case.

(2) These candles are in case of a power _____.

(3) In case of a headache, I keep aspirin on _____.

(4) I set two alarm clocks in case I sleep _____ the first.

(5) People get insurance in case they run _____ unexpected trouble.

Cheat Box	
hand	outage
into	through
just	

A. Cheat Box 속 표현들로 빈칸을 채워보세요.

(1) 가능하면 해결책을 찾도록 해봐. → 정답 : possible
(2) 필요하면 돈 좀 써도 돼. → 정답 : necessary
(3) (우린) 필요하다면 대안으로 세워둔 걸 이용할 거야.
(4) (그건) 오히려 네 잘못이었어 . → 정답 : anything
(5) 배고프면 뭐 좀 먹어.
(6) 확신이 안 서면 내게 전화해. / 의심나면 내게 전화해.
(7) 피곤하면 그냥 앉지 그래. → 정답 : tired
(8) 부서지면 새 제품으로 보상받게 될 거야. → 정답 : broken
(9) 이 차는 잘 달리기만 하면 5만 달러까지는 받을 수 있을 거야.
(10) (만일) 그렇다면 난 매니저와 얘기하고 싶어.
(11) 아니면 내가 (대신) 갈게. → 정답 : not

> **Tip**
> 1) "if" 뒤에는 주어와 be 동사가 생략된 채 간단히 명사나 형용사, 또는 분사(현재분사, 과거분사)가 등장하기도 해요. 심지어 "if"절 속의 내용을 다 생략해버리고 "if so", "if not"처럼 표현하기도 하죠.

B. 이어질 알맞은 표현을 찾아 각 문장을 완성해봅시다.

A1) → 정답 : B3) Write it down, just in case you forget.
혹시 네가 잊어버릴지도 모르니 (그거) 적어놔.

A2) → 정답 : B1) I'm going early, in case I run into traffic.
차 막힐지 모르니까 난 일찍 갈 거야.

A3) → 정답 : B2) Bring your scarf, in case it gets cold.
날씨가 추워질지 모르니까 목도리 챙겨가.

A4) → 정답 : B4) Keep this receipt, just in case you change your mind.
혹시 네 마음이 변할지도 모르니 이 영수증 챙겨둬.

> **Tip**
> 2) 발생 가능성이 있는 미래의 어떤 상황에 대비한다고 말할 때는 "in case that ... (~할 경우를 대비해, 혹시 ~할지 모르니)"을 이용해요. 이때 "that"은 거의 생략하고 말하며, 뒤에는 완벽한 문장이 등장하죠. "혹시"라는 말을 강조하고 싶을 때는 맨 앞에 "just"를 추가하기도 해요.

C. Cheat Box 속 표현들로 빈칸을 채워보세요.

(1) 혹시 모르니 우산 챙겨 가. → 정답 : just
(2) 이 초들은 정전을 대비한 거야. → 정답 : outage
(3) 난 두통이 생길 때를 대비해 늘 아스피린을 가지고 다녀. → 정답 : hand
(4) 난 알람을 하나만 켜 놓으면 못 일어날까 봐 두 개 맞춰놔. → 정답 : through
(5) 사람들은 예기치 못한 사고에 대비해서 보험을 드는 거야. → 정답 : into

> **Tip**
> 3) 말끝에 "just in case"만 붙이면 "혹시 모르니까"라는 뜻이 돼요.
> 4) "in case of ..."는 "~이 발생하면", "~에 대비해", "~의 경우"라는 뜻으로, 하나의 전치사처럼 사용되기 때문에 뒤에는 동명사를 비롯한 명사류가 등장해야 해요.

Gotta Remember

Show'em Who's Boss!

A. Complete the dialogues. (Some answers may vary.)

(1) A: I'll try to get out of work by eight, _____.
B: Sounds good.

(2) A: You can use mine, too, _____.
B: Cool. Thanks.

(3) A: Phil is coming, too.
B: He is? _____, I'm not going.

(4) A: I was hoping to borrow some money _____.
B: Sure. How much do you need?

(5) A: I asked him to bring some more, _____.
B: Good, 'cause we're gonna need some extra.

(6) A: Sorry I'm late. I'll make sure to come to work on time from now on.
B: You'd better. _____, I'm going to fire you.

(7) A: Sorry for the mistakes I made.
B: Don't be. _____, I should be the one apologizing. I shouldn't have asked you to do everything all by yourself.

(8) A: We'd better study _____ there's a pop quiz tomorrow.
B: Good point.

B. Complete the dialogues with the expressions in the box.

| leave earlier | take your umbrella |
| buy some more | give you a call later |

(1) A: I'm not going.
B: Okay. I'll _____ in case you change your mind.

(2) A: I'm going to the farmer's market. Need anything?
B: Nope. _____ just in case it rains.

(3) A: I think I'll leave my place at seven.
B: _____ just in case. I mean you don't want to be late.

(4) A: This is really cheap. I was just gonna buy one, but I think I'll buy two.
B: _____ just in case.

Translations & Answers

A. 알맞은 표현으로 다음 각 대화문을 완성해보세요. (일부 정답은 응답자에 따라 다를 수 있음)

(1) A: 가능하면 8시까진 회사에서 빠져나오도록 해볼게.　　　→ 정답 : if possible
　　　B: 좋아.

(2) A: 필요하면 너도 내 거 써도 돼.　　　→ 정답 : if necessary
　　　B: 잘됐다. 고마워.

(3) A: 필도 같이 갈 거야.　　　→ 정답 : If so
　　　B: 그래? 그럼 난 안 갈래.

(4) A: 가능하면 돈을 좀 빌렸으면 하고 있었어.　　　→ 정답 : if possible
　　　B: 그래. 얼마나 필요해?

(5) A: 내가 걔한테 혹시 모르니까 좀 더 가져오라고 부탁했어.　　　→ 정답 : just in case
　　　B: 잘했어. 여분이 좀 필요할 거야.

(6) A: 늦어서 미안해요. 앞으로는 꼭 제시간에 출근하도록 할게요.　　　→ 정답 : If not
　　　B: 그러는 게 좋을 거야. 안 그랬다간 잘라버릴 테니까.

(7) A: 실수한 거 미안해.　　　→ 정답 : If anything
　　　B: 미안해하지 마. 오히려 내가 미안하지. 너한테 모든 걸 다
　　　혼자 하라고 하는 게 아니었는데.

(8) A: 내일 쪽지시험 볼지도 모르니 우리 공부하는 게 좋겠어.　　　→ 정답 : in case
　　　B: 좋은 생각이야.

B. 상자 속 표현들을 이용해 다음 각 대화문을 완성해보세요.

leave earlier	더 일찍 떠나다	take your umbrella	네 우산을 가져가다
buy some more	좀 더 사다	give you a call later	이따가 네게 전화하다

(1) A: 난 안 갈래.　　　→ 정답 : give you a call later
　　　B: 알겠어. 혹시 네 마음이 변할지도 모르니 내가 이따
　　　전화할게.

(2) A: 나 농산물 직판장에 갈 건데. 뭐 필요한 거 있어?　　　→ 정답 : Take your umbrella
　　　B: 아니. 혹시 비 올지 모르니까 우산 챙겨 가.

(3) A: 난 7시에 집에서 출발할 것 같아.　　　→ 정답 : Leave earlier
　　　B: 혹시 모르니 더 일찍 출발해. 늦으면 안 되니까 말이야.

(4) A: 이거 정말 싸네. 하나만 사려고 했는데, 두 개 살까 봐.　　　→ 정답 : Buy some more
　　　B: 혹시 모르니 좀 더 사.

111 I'll be here till seven p.m.

난 저녁 7시까지 여기 있을 거야.

Gotta Know

A. Let's match A1 through A5 to B1 through B5.

A1) I won't apologize ... •   • B1) ... until midnight.

A2) You can't leave ... •   • B2) ... until it's your birthday.

A3) No one can know ... •   • B3) ... until the time is right.

A4) Stay up with me ... •   • B4) ... till your shift ends at five.

A5) You can't open it ... •   • B5) ... till he apologizes to me first.

B. Let's complete the sentences using either *until* or *by*.

(1) We're open _____ 10 o'clock at night.

(2) I gotta finish this project _____ the end of the day.

(3) It'll keep raining _____ tomorrow.

(4) Can you get it done _____ 10 a.m. tomorrow?

(5) I promised to give him his money back _____ today.

(6) He didn't come home _____ late last night.

C. Use the *Cheat Box* to fill in the blanks.

(1) I was up till three a.m.

(2) I have some _____ until tomorrow.

(3) We talked until the _____ hours.

(4) Don't wait until the _____ minute.

(5) She was with us _____ until a couple of seconds ago.

(6) I didn't know I had to be here by seven.

(7) I have to finish up my _____ by tonight.

(8) This will all be _____ care of by two p.m.

(9) We'll be there by tomorrow afternoon.

(10) It should be _____ by now.

(11) He should be awake by now.

Cheat Box
up
wee
done
last
time
paper
taken

A. 이어질 알맞은 표현을 찾아 각 문장을 완성해봅시다.

A1) → 정답 : B5) I won't apologize till he apologizes to me first.
난 걔가 먼저 나한테 사과하기 전까진 사과 안 해.

A2) → 정답 : B4) You can't leave till your shift ends at five.
넌 다섯 시에 교대할 때까진 퇴근 못 해.

A3) → 정답 : B3) No one can know until the time is right.
때가 될 때까진 아무도 몰라.

A4) → 정답 : B1) Stay up with me until midnight.
자정까지 자지 말고 나랑 같이 있어.

A5) → 정답 : B2) You can't open it until it's your birthday.
너 그거 생일 때까진 열어 보면 안 돼.

Tip 1) "until"은 대화 시 "till"이라고 말하는 경우가 많으며, 미국영어에서는 이를 "'til"처럼 줄여서 표현하기도 해요.

B. "until"과 "by" 중 알맞은 것으로 다음 각 문장을 완성해봅시다.

(1) 저흰 밤 10시까지 영업해요. → 정답 : until
(2) 나 오늘까지 이 프로젝트 끝내야 해. → 정답 : by
(3) 내일까지 계속 비가 올 거야. → 정답 : until
(4) 너 (그거) 내일 오전 10시까지 처리할 수 있겠어? → 정답 : by
(5) 난 오늘까지 걔한테 돈 갚기로 약속했어. → 정답 : by
(6) 걘 어젯밤에 늦게까지 집에 안 왔어. → 정답 : until

Tip 2) "until"은 "어느 시점까지 어떤 일이 계속된다"고 말할 때 사용되지만, "by"는 "어느 시점까지 어떤 일이 발생한다"고 말할 때 사용돼요.

C. Cheat Box 속 표현들로 빈칸을 채워보세요.

(1) 난 새벽 3시까지 안 자고 있었어.
(2) 난 내일까진 시간 좀 있어. → 정답 : time
(3) 우린 꼭두새벽까지 얘길 나눴어. → 정답 : wee
(4) 마지막까지 미루지 마. → 정답 : last
(5) 걘 조금 전까지만 해도 우리랑 같이 있었어. → 정답 : up
(6) 난 7시까지 여기 와야 하는지 몰랐어.
(7) 난 오늘 밤까지 리포트 끝내야 해. → 정답 : paper
(8) 이건 오후 2시까지는 다 처리될 거야. → 정답 : taken
(9) 우린 내일 오후쯤 거기 도착할 거야.
(10) (그건) 지금쯤 끝났을 거야. / (그건) 지금쯤 끝났어야 해. → 정답 : done
(11) 걘 지금쯤 일어났을 거야.

Tip 3) "until"의 의미를 좀 더 강조하고 싶으면 "up until"이라고 표현하면 돼요.

ex) Up until now, I thought you were the weird one.
여태까지 난 네가 이상한 놈인 줄 알았어.

Gotta Remember
Show 'em Who's Boss!

A. Complete the dialogues.

(1) A: Why are you still here? Don't you have a doctor's appointment?
B: Yeah, but it's not _____ five.

(2) A: Let's go. Hurry.
B: Just wait _____ I'm ready.

(3) A: I'll help you finish when I come back.
B: I should be done _____ the time you come back.

(4) A: When's your next class?
B: It's not _____ two o'clock.

(5) A: How early do I have to get up tomorrow to make it
to the airport for the nine o'clock flight?
B: _____ six a.m. at the latest.

(6) A: How late do you work today?
B: _____ very late. I have to finish these reports
by the end of the day.

(7) A: Do you need to go home now?
B: Yes, because today is my wife's birthday
and I told her that I would be home
_____ seven o'clock.

B. What are two things that you need to finish soon?

(1) I have to _____ by _____.
(2) I need to _____ by _____.

C. What are two things that you need to continue to do?

(1) I have to _____ until _____.
(2) I need to _____ until _____.

Translations & Answers

A. 알맞은 표현으로 다음 각 대화문을 완성해보세요.

(1) A: 너 왜 여태 여기 있어? 병원 예약 있지 않아?　　　　　　→ 정답 : till / until
　　B: 응, 하지만 병원 예약은 다섯 시야.

(2) A: 가자. 서둘러.　　　　　　　　　　　　　　　　　　　→ 정답 : till / until
　　B: 나 준비될 때까지만 좀 기다려.

(3) A: 돌아오면 네가 끝낼 수 있게 도와줄게.　　　　　　　　　→ 정답 : by
　　B: 네가 돌아올 때쯤이면 내가 다 끝내놨을걸.

(4) A: 너 다음 수업 언제 있어?　　　　　　　　　　　　　　→ 정답 : till / until
　　B: 2시 전까진 없어.

(5) A: 9시 비행기 타러 공항에 가려면 내일 얼마나 일찍 일어나야 하지?　→ 정답 : By
　　B: 아무리 늦어도 6시쯤엔 일어나야 해.

(6) A: 너 오늘 몇 시까지 일해?　　　　　　　　　　　　　　→ 정답 : Till / Until
　　B: 아주 늦게까지. 오늘까지 이 보고서들을 끝내야 하거든.

(7) A: 너 지금 집에 가야 해?　　　　　　　　　　　　　　　→ 정답 : by
　　B: 응, 오늘이 집사람 생일이라서 7시까지 집에 간다고 했거든.

> ※ "by" 뒤에 완벽한 문장을 사용하고 싶을 때는 "by the time ..."이라고 표현해요. "(늦어도) ~할 때쯤에는", "(늦어도) ~할 때까지는", "(늦어도) ~할 무렵에는"이라는 의미가 되죠.

B. 당신이 곧 끝내야 하는 것 두 가지만 말해보세요.

(1) I have to <u>finish my paper</u> by <u>tomorrow afternoon</u>.
　　　전 내일 오후까지 리포트를 끝내야 해요.

(2) I need to <u>get ready to go out</u> by <u>seven</u>.
　　　전 7시까지 나갈 준비 해야 해요.

C. 당신이 계속해야 하는 것 두 가지만 말해보세요.

(1) I have to <u>continue to study</u> until <u>I graduate college</u>.
　　　전 대학 졸업 전까진 계속 공부해야 해요.

(2) I need to <u>continue dieting</u> until <u>I lose five more pounds</u>.
　　　전 5파운드 더 빼기 전까진 계속 다이어트해야 해요.

112 It's a bit unusual, though.
(그건) 약간 흔치 않은 일이긴 해.

Gotta Know

A. Let's look at the example and change the sentences accordingly.

> ex) Since you're married, it's time for you to grow up.
> → Now that you're married, it's time for you to grow up.

(1) Since the exams are over, let's have a party tonight.

→ _____ .

(2) You can go to a bar and drink since you're 21.

→ _____ .

B. Let's match A1 through A4 to B1 through B4.

A1) Though it's still April, ...　　•

A2) Although he likes her, ...　　•

A3) Even though they cheated, ...　•

A4) Even if I have to search all night, ... •

• B1) ... they still didn't win.

• B2) ... he's too afraid
　　　　to ask her out.

• B3) ... it's really hot.

• B4) ... I'll find it.

C. Let's look at the examples and change the sentences accordingly.

> ex1) Though I said no, I secretly wanted to say yes.
> → I said no, but I secretly wanted to say yes.
> ex2) I think I'm okay so far. I kind of feel tipsy, though.
> → I kind of feel tipsy, but I think I'm okay so far.

(1) I'm still hungry, though I already ate.

→ _____ .

(2) It's okay with me. I'm a bit disappointed, though.

→ _____ .

(3) Though I found him attractive, I couldn't bring myself to ask him out.

→ _____ .

A. 보기를 참고로 하여 주어진 문장들을 바꿔봅시다.

ex) 너도 결혼했으니, 철 좀 들어야지.　→ 이제 너도 결혼했으니, 철 좀 들어야지.

(1) 시험도 끝났으니, 오늘 밤엔 신나게 놀아보자.
　　→ 정답 : Now that the exams are over, let's have a party tonight.
　　　　　이제 시험도 끝났으니, 오늘 밤엔 신나게 놀아보자.

(2) 너도 스물한 살이니 술집에 가서 술 마실 수 있겠네.
　　→ 정답 : You can go to a bar and drink now that you're 21.
　　　　　이제 너도 스물한 살이니 술집에 가서 술 마실 수 있겠네.

Tip

1) "since"도 간혹 "because"와 비슷한 뜻으로 사용될 수 있는데, 단 상대방이 이미 알고 있는 이유를 다시금 되새겨 말할 때나, 또는 이유가 그리 중요하지 않아서 흘리듯이 말할 때 주로 사용돼요.

2) "now that"은 "이제 ~하니까", "~한 이상"이라는 뜻으로, 대화 시에는 간혹 "that"을 빼고 그냥 "now"라고 말하기도 하지만, 일반적으로는 "that"을 생략하지 않아요. 특히 문장 맨 앞에 사용되는 경우에는 "that"을 거의 생략하지 않는다고 보면 된답니다.

B. 이어질 알맞은 표현을 찾아 각 문장을 완성해봅시다.

A1) → 정답 : B3) Though it's still April, it's really hot.
　　　　아직 4월인데도 날씨가 엄청 덥네.
A2) → 정답 : B2) Although he likes her, he's too afraid to ask her out.
　　　　걘 그녀를 좋아하긴 하지만 용기가 없어서 데이트 신청을 못 해.
A3) → 정답 : B1) Even though they cheated, they still didn't win.
　　　　걔넨 부정행위를 했음에도 이기지 못했어.
A4) → 정답 : B4) Even if I have to search all night, I'll find it.
　　　　난 (설령) 밤새 뒤지는 한이 있어도 (그걸) 찾아낼 거야.

Tip

3) "even if"는 "(설령) ~이라도", "(설령) ~한다 하더라도"라는 뜻으로, 무언가를 가정하는 느낌이 살짝 포함되어 있어요.

C. 보기를 참고로 하여 주어진 문장들을 바꿔봅시다.

ex1) 난 거절하긴 했지만 속으론 승낙하고 싶었어.
　　→ 난 거절했지만 속으론 승낙하고 싶었어.
ex2) 난 아직까진 괜찮은 거 같아. (하지만) 약간 알딸딸하긴 하네.
　　→ 난 약간 알딸딸하긴 하지만 아직까진 괜찮은 거 같아.

(1) 난 이미 밥을 먹었는데도 여전히 배가 고파.
　　→ 정답 : I already ate, but I'm still hungry.
　　　　　난 이미 밥을 먹었지만 여전히 배가 고파.

(2) 난 괜찮아. (하지만) 조금 실망스럽긴 하네.
　　→ 정답 : I'm a bit disappointed, but it's okay with me.
　　　　　조금 실망스럽긴 하지만 난 괜찮아.

(3) 그 사람이 매력적이긴 했지만, 선뜻 데이트를 신청하진 못하겠더라고.
　　→ 정답 : I found him attractive, but I couldn't bring myself to ask him out.
　　　　　그 사람이 매력적이었지만, 선뜻 데이트를 신청하진 못하겠더라고.

Gotta Remember
Show'em Who's Boss!

A. Complete the dialogues using *though*, *even if* or *now that*.

(1) A: Are you upset?
    B: No, I'm okay. It was a bit sudden, _____.

(2) A: He couldn't see her, _____ she was right in front of him.
    B: Did she look a lot different, or does he need glasses?

(3) A: _____ you're here, we can begin the meeting.
    B: Actually, we still have to wait for my secretary.

(4) A: This hurts, _____ I'm taking pain killers.
    B: Maybe you need better pain killers.

(5) A: Why is Wendell so popular?
    B: I don't know. People seem to like him, _____ he doesn't deserve it.

(6) A: I'm moving to the U.K. _____ I have to swim there.
    B: What? You can't even swim.

(7) A: I'm so relieved.
    B: Me, too. _____ the exams are over, we can finally relax.

(8) A: Did you just roll off the top of the bunk bed?
    B: I'm not sure. I didn't feel a thing, _____ I must have landed really hard.

B. Find the best expression.

(1) A: You look like a zombie.
    B: I know, but _____, I can get more sleep.

        ⓐ even if I'm starving to death
        ⓑ since I have an appointment with the landlord
        ⓒ now that I'm not so busy anymore

(2) A: I slept till eight.
    B: That late?
    A: Mhm. _____

        ⓐ I wasn't late for work, though.
        ⓑ But I wasn't tired.
        ⓒ You know I'm a morning person.

Translations & Answers

A. "though", "even if", "now that" 중 알맞은 표현으로 다음 각 대화문을 완성해보세요.

(1) A: 너 화났어?
    B: 아니, 난 괜찮아. 하지만 좀 갑작스럽긴 했어.
    → 정답 : though

(2) A: 그녀가 바로 걔 앞에 있었는데도 걘 그녀를 못 알아봤어.
    B: 그녀의 외모가 많이 바뀌어서 그런 거야, 아니면 걔 눈이
       안 좋아서 그런 거야?
    → 정답 : though

(3) A: 네가 왔으니 이제 회의를 시작할 수 있겠네.
    B: 실은 내 비서가 올 때까지 더 기다려야 해.
    → 정답 : Now that

(4) A: 진통제를 먹는데도 여기가 아파.
    B: 더 잘 듣는 진통제가 필요한가 보네.
    → 정답 : though

(5) A: 웬델은 왜 그렇게 인기가 많은 거야?
    B: 모르겠어. 걘 사람들이 좋아할 만큼 괜찮은 애가
       아닌데도 사람들이 좋아하는 것 같더라고.
    → 정답 : though

(6) A: 난 수영을 해서라도 영국으로 이사 갈 거야.
    B: 뭐라고? 넌 수영도 못하잖아.
    → 정답 : even if

(7) A: 이젠 한시름 놨어.
    B: 나도. 시험도 끝났으니 이젠 쉴 수 있겠네.
    → 정답 : Now that

(8) A: 너 방금 2층 침대에서 굴러떨어진 거야?
    B: 모르겠어. 분명 정말 세게 떨어졌는데도 느낌이
       하나도 없었어.
    → 정답 : though

B. 보기 중 빈칸에 가장 적절한 표현을 골라보세요.

(1) A: 너 좀비 같아.
    B: 나도 알아. 하지만 _____ 잠 좀 더 잘 수 있겠지.
    → 정답 : ⓒ
       ⓐ 설령 내가 배고파 죽는 한이 있어도
       ⓑ 집주인 만나기로 했으니까
       ⓒ 이젠 더 이상 그렇게 바쁘지 않으니까

(2) A: 나 8시까지 잤어.
    B: 그렇게 늦게까지?
    A: 응. _____
    → 정답 : ⓐ
       ⓐ 그래도 회사에 늦진 않았어.
       ⓑ 하지만 피곤하진 않았어.
       ⓒ 내가 아침에 좀 일찍 일어나는 스타일이잖아.

113 If I were you, I would say "no."

내가 너라면 "no"라고 말하겠어.

Gotta Know

A. Let's look at the examples and make sentences accordingly.

ex1) I have no choice, so I won't quit my job.
→ If I had the choice, I would quit my job.

(1) I don't have time, so I won't go.
→ _____ .

(2) I'm sick, so I won't be there.
→ _____ .

(3) I don't have enough money, so I won't buy two.
→ _____ .

(4) I'm busy, so I won't join you guys.
→ _____ .

ex2) I didn't have money, so I couldn't lend it to her.
→ If I had had money, I could've lent it to her.

(5) I wasn't sick, so I went out.
→ _____ .

(6) I didn't know, so I didn't do it.
→ _____ .

(7) I wasn't feeling tired, so I stayed up late watching TV.
→ _____ .

(8) I wasn't hungry, so I didn't eat.
→ _____ .

ex3) You helped me, so I'm alive now.
→ If you hadn't helped me, I wouldn't be alive now.

(9) I quit my job last month, so I'm broke now.
→ _____ .

(10) We didn't listen to his advice, so now we're in this pickle.
→ _____ .

Translations & Explanations

A. 보기를 참고로 하여 문장들을 만들어봅시다.

ex1) 나에겐 선택권이 없으니 직장을 그만두지 않을 거야.
→ 내게 선택권이 있다면 직장을 그만둘 텐데.

(1) 난 시간이 없어서 안 갈 거야. → 정답 : If I had time, I would go.
내게 시간이 있으면 갈 텐데.

(2) 난 아파서 거기 안 갈 거야. → 정답 : If I weren't sick, I would be there.
내가 안 아프면 거기 갈 텐데.

(3) 난 돈이 충분치 않아서 두 개 안 살 거야.
→ 정답 : If I had enough money, I would buy two.
내게 돈이 충분하다면 두 개 살 텐데.

(4) 난 바빠서 너희랑 함께 안 할 거야.
→ 정답 : If I weren't busy, I would join you guys.
내가 안 바쁘면 너희랑 함께할 텐데.

ex2) 난 돈이 없어서 걔한테 빌려줄 수 없었어.
→ 내게 돈이 있었더라면 걔한테 빌려줄 수 있었을 텐데.

(5) 난 아프지 않아서 외출했어. → 정답 : If I had been sick, I wouldn't have gone out.
내가 아팠으면 외출 안 했겠지.

(6) 난 몰라서 (그걸) 안 했어. → 정답 : If I had known, I would've done it.
내가 알았으면 (그걸) 했을 텐데.

(7) 난 피곤하지 않아서 늦게까지 TV 보다가 잤어.
→ 정답 : If I had been feeling tired, I wouldn't have stayed up late watching TV.
내가 피곤했으면 늦게까지 잠 안 자고 TV 보진 않았겠지.

(8) 난 배가 안 고파서 안 먹었어.
→ 정답 : If I had been hungry, I would've eaten.
내가 배가 고팠으면 먹었겠지.

ex3) 네가 나를 도와줘서 난 지금 살아있어.
→ 네가 나를 돕지 않았더라면 난 지금 살아있지 못할 거야.

(9) 난 지난달에 일을 관둬서 지금 빈털터리야.
→ 정답 : If I hadn't quit my job last month, I wouldn't be broke now.
내가 지난달에 일을 관두지 않았으면 지금 빈털터리가 아닐 텐데.

(10) 우린 걔 충고를 안 들어서 지금 이런 곤경에 처하게 된 거야.
→ 정답 : If we had listened to his advice, we wouldn't be in this pickle now.
우리가 걔 충고를 들었으면 지금 이런 곤경에 처해 있진 않을 텐데.

Tip

1) ex1은 "현재의 상황"이 달라진다는 가정하에 그에 따른 "현재의 결과"를 예상하는 것으로, 이러한 표현법을 문법적으로는 "가정법 과거"라고 해요. ex2는 좀 더 과거로 거슬러 올라가서 "과거의 상황"이 달라진다는 가정하에 그에 따른 "과거의 결과"를 예상하는 것으로, 문법적으로는 "가정법 과거완료"라고 하죠. 끝으로, ex3은 "과거의 상황"이 달라진다는 가정하에 그에 따른 "현재의 결과"를 예상하는 것으로, 문법적으로는 "혼합 가정법"이라고 해요.

Gotta Remember
Show'em Who's Boss!

A. Look at the underlined parts and correct any mistakes.

(1) If that <u>was</u> true, everyone <u>would know</u> about it.

(2) If I <u>had known</u> what you <u>were thinking</u> right now, I <u>would be</u> so happy.

(3) If you <u>had asked</u> me yesterday, I <u>wouldn't said</u> yes.

(4) If you <u>told</u> me ahead of time, it <u>would've been</u> better.

(5) If <u>I've got</u> a penny for every time <u>you were</u> late, <u>I'd be</u> rich.

(6) If <u>I knew</u> any better, <u>I'd think</u> you guys hated each other.

B. Complete the dialogues. (Some answers may vary.)

(1) A: I'm gonna give him a piece of my mind.
   B: If I were you, I _____ mess with him.

(2) A: If I had gotten here sooner, I _____
      stopped this.
   B: We were just having a little fun. Lighten up.

(3) A: If I _____ so much last night,
      I wouldn't be having this terrible hangover.
   B: Don't you think it's a little late for regrets?

(4) A: If I _____, I wouldn't do that.
   B: Why not? Is it dangerous?

(5) A: I would've gone there with you if you _____ me ahead of time.
   B: I was going to, but it just slipped my mind.

(6) A: If I _____ your advice, I wouldn't be so full of regret now.
   B: I told you so.

(7) A: I'm not sure when they'll arrive.
   B: If I _____ when they were coming, I would be better prepared.

C. Answer the question below.

Q: If you could look like anyone, who would you want to look like?
A: _____ .

190   If I were you, I would say "no."

Translations & Answers

A. 각 문장의 밑줄 친 부분 중 틀린 부분을 찾아 바르게 고쳐보세요.

(1) 그게 사실이라면 다들 (그것에 관해) 알고 있을 텐데. → 정답 : was → were

(2) 네가 지금 무슨 생각 중인지 알면 정말 좋겠어. → 정답 : had known → knew

(3) (wouldn't have said →) → 정답 : wouldn't said
  네가 어제 (나한테) 물어봤으면 허락 안 했을 텐데.   → wouldn't have said
  (would've said →)   또는 would've said
  네가 어제 (나한테) 물어봤으면 허락했을 텐데.

(4) 네가 나한테 미리 말해줬더라면 더 좋았을 텐데. → 정답 : told → had told

(5) 네가 늦을 때마다 1센트씩 받으면 부자 되겠다. → 정답 : I've got → I had

(6) 남이 보면 너희 둘이 서로 싫어하는 줄 알겠다. → 정답 : I knew → I didn't know

※ "**would**"는 대화 중 "**I'd**", "**we'd**", "**you'd**"처럼 주어와 축약되는 경우가 많아요.

B. 알맞은 표현으로 다음 각 대화문을 완성해보세요. (일부 정답은 응답자에 따라 다를 수 있음)

(1) A: 걔한테 따끔하게 한마디 해줄 거야. → 정답 : wouldn't
  B: 내가 너라면 걔랑 상종하지 않을 거야.

(2) A: 내가 여기 좀 더 일찍 왔더라면 이걸 못 하게 했을 텐데. → 정답 : would've
  B: 그냥 좀 즐긴 건데, 뭐. 너무 그러지 마.

(3) A: 어젯밤에 과음하지 않았으면 이렇게 숙취로 고생하고 → 정답 : had not drunk
  있지 않을 텐데.
  B: 후회하긴 좀 늦었다고 생각하지 않아?

(4) A: 내가 너라면 안 그러겠어. → 정답 : were you
  B: 왜? 위험해?

(5) A: 미리 알려줬으면 너랑 같이 갔을 텐데. → 정답 : had told
  B: 그러려고 했는데, 깜박했어.

(6) A: 네 조언을 들었으면 지금 이렇게 후회하고 있진 않을 텐데. → 정답 : had listened to
  B: 거봐, 내가 뭐랬냐?

(7) A: 걔네가 언제 올지 잘 모르겠어. → 정답 : knew
  B: 걔네가 언제 올지 알면 준비를 좀 더 잘할 텐데.

C. 다음 응답은 참고용입니다. 질문에 자유롭게 응답해보세요.

Q: If you could look like anyone, who would you want to look like?
A: I would want to look like Brad Pitt if I could look like anyone I wanted.

  Q: 누군가와 닮을 수 있다면, 당신은 누굴 닮고 싶어요?
  A: 제가 원하는 사람 누구라도 닮을 수 있다면 전 브래드 피트를 닮고 싶을 것 같아요.

114 Don't act like you care.

신경 쓰는 척하지 마.

Gotta Know

A. Let's look at the examples and change the sentences accordingly.

> ex1) I **would go** bankrupt without your money.
> → I **would go** bankrupt if it weren't for your money.
>
> ex2) Without Jaden, I **would've missed** my flight.
> → If it hadn't been for Jaden, I **would've missed** my flight.

(1) Without your help, I would fail.

→ _____.

(2) I couldn't have done it without you.

→ _____.

(3) Without Becky, I would've lost my job.

→ _____.

B. Use the *Cheat Box* to fill in the blanks.

(1) He looks like he's having _____.
   (= He looks as if he's having _____.)
(2) She always _____ me like I don't exist.
   (= She always _____ me as if I don't exist.)
(3) He talked like he had eaten here before.
   (= He talked as if he had eaten here before.)
(4) She _____ like she knows the answer.
   (= She _____ as if she knows the answer.)
(5) It looks like he _____ a cold.
   (= It looks as if he _____ a cold.)
(6) Like I care.
(7) Like I'm gonna _____ yes.
(8) Like you know.
(9) Like you _____ how I feel.
(10) Like that's possible.
(11) Like that's gonna _____.
(12) Like that day's gonna _____.

Cheat Box	
fun	know
has	work
say	looks
come	treats

Translations & Explanations

A. 보기를 참고로 하여 주어진 문장들을 바꿔봅시다.

ex1) 네 돈이 없으면 난 파산할 거야.
ex2) 제이든이 없었으면 난 비행기를 놓쳤을 거야.

(1) 네 도움이 없으면 난 실패할 거야.
→ 정답 : If it weren't for your help, I would fail.

(2) 네가 없었다면 난 (그걸) 해낼 수 없었을 거야.
→ 정답 : I couldn't have done it if it hadn't been for you.

(3) 베키가 아니었으면 난 일자리를 잃었을 거야.
→ 정답 : If it hadn't been for Becky, I would've lost my job.

 1) "~이 아니라면" 또는 "~이 없으면"이라고 말하려면 "if it weren't for …"라고 표현해야 하며, "~이 아니었다면" 또는 "~이 없었더라면"이라고 말하려면 "if it hadn't been for …"라고 표현해야 해요. 하지만 원어민들은 "if it weren't for …" 자체를 하나의 관용적인 표현이라고 생각하기 때문에 "if it hadn't been for …"를 써야 할 상황에 그냥 "if it weren't for …"를 사용하는 경우도 상당히 많답니다. 단, 반대로 "if it weren't for …"를 써야 할 상황에 "if it hadn't been for …"를 사용하는 경우는 없으니, 헷갈리면 그냥 대부분의 상황에 "if it weren't for …"를 사용하면 돼요.

B. Cheat Box 속 표현들로 빈칸을 채워보세요.

(1) 쟨 즐거운 시간을 보내고 있는 것 같네. → 정답 : 둘 다 fun
(2) 걘 항상 나를 없는 사람 취급해. → 정답 : 둘 다 treats
(3) 걘 전에 여기서 먹어본 적이 있는 것처럼 말했어.
(4) 쟨 정답을 알고 있는 것 같아. → 정답 : 둘 다 looks
(5) 쟤 감기 걸린 것 같아. → 정답 : 둘 다 has
(6) 내가 퍽이나 신경 쓰겠다. / 내가 신경 쓸 것 같아?
(7) 내가 퍽이나 허락해 주겠다. / 내가 허락해 줄 것 같아? → 정답 : say
(8) 네가 퍽이나 알겠다. / 아는 척하지 마.
(9) 내 기분을 네가 퍽이나 알겠다. / 내 기분 아는 척하지 마. → 정답 : know
(10) 그게 퍽이나 가능하겠다. / 그게 가능키나 하겠어?
(11) 그게 퍽이나 통하겠다. / 그게 퍽이나 되겠다. → 정답 : work
(12) 퍽이나 그런 날이 오겠다. / 그런 날이 오긴 하겠어? → 정답 : come

 2) 무언가를 가정할 때는 "as if"를 이용하기도 해요. 이는 "마치 ~인 것처럼", "마치 ~인 양"이라는 뜻으로, 주로 사실과는 다른 태도를 설명할 때 사용되죠. 이때도 현재 사실의 반대 상황을 가정할 때는 "as if" 뒤에 가정법 과거의 종속절 구조를 취하고, 과거 사실의 반대 상황을 가정할 때는 "as if" 뒤에 가정법 과거완료의 종속절 구조를 취해야 하는데, 대화 시에는 "as if" 뒤에 그냥 현재 시제로 표현하는 게 일반적이랍니다.

3) "as if"는 주로 글에서 사용돼요. 평소 대화에서는 "like"를 더 많이 사용하죠. 단, "like"는 "as if"에 비해 무언가를 "가정"하는 느낌이 약하기 때문에 가정법 시제 규칙을 따르진 않아요.

4) "like"는 간혹 "퍽이나 ~하겠다."처럼 비꼬는 의미로 사용되기도 해요.

Gotta Remember
Show 'em Who's Boss!

A. Correct the sentences. (Some answers may vary.)

(1) If it were for Chuck, I wouldn't have met you back then.

(2) Don't act like you wouldn't know anything.

(3) If it hadn't been for you, I won't be standing here today.

(4) She always looks at us as we're some sort of thieves.

B. Make any sentences you want using the phrase "Don't act like ..."

(1) Don't act like _____.

(2) Don't act like _____.

(3) Don't act like _____.

(4) Don't act like _____.

C. Complete the dialogues. (Some answers may vary.)

(1) A: Where did they go?
    B: _____ I know.

(2) A: Did you see Frank?
    B: Yeah. He looked _____ he had not had any sleep.

(3) A: I really need some help.
    B: Like I'm _____ you.

(4) A: She always looks at us as if we _____ a bunch of idiots.
    B: Don't feel bad. That's how she looks at everyone.

(5) A: Why are you talking like _____ nothing wrong?
    B: I have done nothing wrong.

(6) A: If it _____ for your help, I would've failed.
    B: I can't take all the credit.
       You did a lot of the work, too.

(7) A: Jessica wouldn't _____ me if it hadn't
       been for Devin.
    B: I hate to say this, but if it hadn't been Devin,
       it would've just been some other guy.
    A: Yeah, you're probably right.

Translations & Answers

A. 다음 각 문장에서 틀린 부분을 찾아 바르게 고쳐보세요. (일부 정답은 응답자에 따라 다를 수 있음)

(1) 척이 없었으면 난 그때 널 못 만났을 거야. → 정답 : were → hadn't been
(또는 weren't도 가능)

(2) 아무것도 몰랐던 것처럼 행동하지 마.
→ 정답 : wouldn't know → didn't know 또는 hadn't known

(3) 네가 없었으면 난 오늘 이 자리에 서 있지 못할 거야.
→ 정답 : won't → wouldn't

(4) 걘 늘 마치 우리가 무슨 도둑이라도 되는 듯이 우릴 쳐다봐.
→ 정답 : as 뒤에 if 추가

B. 다음 문장들은 참고용입니다. "Don't act like …"를 이용해 자유롭게 문장을 만들어보세요.

(1) Don't act like <u>you care</u>.   신경 쓰는 척하지 마.
(2) Don't act like <u>you don't know</u>.   모르는 척하지 마. / 시치미 떼지 마.
(3) Don't act like <u>you're not surprised</u>.   안 놀란 척하지 마.
(4) Don't act like <u>there's no past between us</u>.
우리 사이에 아무 일도 없었던 것처럼 행동하지 마.

C. 알맞은 표현으로 다음 각 대화문을 완성해보세요. (일부 정답은 응답자에 따라 다를 수 있음)

(1) A: 걔네 어디 갔어?
B: 내가 퍽이나 알겠다.   → 정답 : Like

(2) A: 프랭크 봤어?
B: 어. 걘 마치 잠을 전혀 못 잔 듯한 몰골이던데.   → 정답 : like / as if

(3) A: 나 정말 도움이 필요해.
B: 내가 널 도와줄 것 같아?   → 정답 : gonna help

(4) A: 걘 늘 마치 우리가 무슨 바보천치라도 되는 듯이 우릴 쳐다봐. → 정답 : are
B: 기분 나빠하지 마. 걘 다른 사람들도 다 그렇게 쳐다보니까.

(5) A: 넌 왜 아무것도 잘못한 게 없는 것처럼 말하는 거야?   → 정답 : you've done
B: 난 잘못한 게 없어.

(6) A: 네 도움이 없었으면 난 실패했을 거야.   → 정답 : hadn't been
B: 모든 게 내 공은 아니지. 너도 일 많이 했잖아.

(7) A: 데빈이 없었으면 제시카는 날 떠나지 않았을 거야.   → 정답 : have left
B: 이런 말 하긴 좀 뭐하지만 데빈이 아니었다면 다른 남자가
채갔을 거야.
A: 응, 네 말이 맞을지도.

※ "if it weren't for …"나 "if it hadn't been for …"는 그냥 "if not for …"라고 표현
하기도 해요.

Gotta Know

A. Let's look at the examples and change the sentences accordingly.

ex1) You should get married now.
→ It's time for you to get married.
= It's time you got married.

(1) You should look for a job now.

→ _____ .

= _____ .

(2) She should get her own place now.

→ _____ .

= _____ .

(3) I should call it quits now.

→ _____ .

= _____ .

(4) We should get a move on now.

→ _____ .

= _____ .

ex2) Don't you think you should move out of your parents' house?
→ It's about time you moved out of your parents' house.

(5) Don't you think you should get a real job?

→ _____ .

(6) Don't you think you should go to bed?

→ _____ .

(7) Don't you think you should tell him the truth?

→ _____ .

(8) Don't you think you should sell your car?

→ _____ .

(9) Don't you think you should get yourself a new laptop?

→ _____ .

A. 보기를 참고로 하여 주어진 문장들을 바꿔봅시다.

ex1) (너) 이제 결혼해. → 너도 결혼할 때가 됐어. / 너도 이제 결혼해야지.

(1) (너) 이제 직장 좀 구해.
→ 정답 : It's time for you to look for a job. = It's time you looked for a job.
너도 이제 직장 좀 구해야지.

(2) 걘 이제 독립해야 해.
→ 정답 : It's time for her to get her own place. = It's time she got her own place.
걔도 이제 독립할 때가 됐어.

(3) (난) 이제 그만둬야겠어.
→ 정답 : It's time for me to call it quits. = It's time I called it quits.
(난) 이제 그만둘 때가 됐어.

(4) (우리) 이제 서두르는 게 좋겠어.
→ 정답 : It's time for us to get a move on. = It's time we got a move on.
(우리) 서둘러야 할 시간이야. / (우리) 이제 서둘러야 해.

ex2) (넌) 독립해야 한다고 생각하지 않아? → 넌 아직도 독립 안 하고 뭐 했냐?

(5) (넌) 제대로 된 직장을 구해야 한다고 생각하지 않아?
→ 정답 : It's about time you got a real job.
넌 아직도 제대로 된 직장 안 구하고 뭐 했냐?

(6) (넌) 잠자리에 들어야 한다고 생각하지 않아?
→ 정답 : It's about time you went to bed.
넌 아직도 잠자리에 안 들고 뭐 했냐?

(7) (넌) 걔한테 사실대로 말해야 한다고 생각하지 않아?
→ 정답 : It's about time you told him the truth.
넌 아직도 걔한테 사실대로 말 안 하고 뭐 했냐?

(8) (넌) 네 차를 팔아야 한다고 생각하지 않아?
→ 정답 : It's about time you sold your car.
넌 아직도 네 차 안 팔고 뭐 했냐?

(9) (넌) 노트북 새로 바꿔야 한다고 생각하지 않아?
→ 정답 : It's about time you got yourself a new laptop.
넌 아직도 노트북 새로 안 바꾸고 뭐 했냐? / 노트북 참 빨리도 바꾸는군.

Tip

1) "It's time ..." 뒷부분을 완벽한 문장으로 표현할 때는 과거 시제로 표현해야 해요. 이는 일종의 가정법이라서, 과거 시제로 표현해도 현재의 일을 말하죠.

2) "about"을 더해 "It's about time ..."이라고 표현하는 경우, "It's about time to go home. (이제 슬슬 집에 갈 시간이야.)"처럼 뒷부분을 to부정사로 표현하면 그냥 "대략적인 시간"이 되었음을 알려주는 의미가 되지만, 뒷부분을 완벽한 문장으로 표현하면 비꼬는 의미로 바뀌게 돼요. 남에 대해 좀 강하게 비꼴 때는 "~할 때가 지났는데. (안 하고 뭐 했냐?)", "진작에 ~했어야지. (왜 안 해? / 왜 이제서야 해?)", "참 빨리도 ~하는군.", "이제서야 ~하네."라는 뜻이 되며, 남에 대해 약하게 비꼴 때는 "~해야 하는 거 아니야?", "~해야 했는데, 좀 늦었네.", 나에 대해 말할 때는 "~해야 했는데 말이야. (그러질 못하고 있네. / 이제서야 하네.)"라는 뜻이 되죠. 이때는 "about" 대신 "high"를 이용하기도 하고, 직설적으로 표현하고자 하는 경우에는 드물게 "past"를 이용하기도 해요.

Gotta Remember
Show 'em Who's Boss!

A. Change the sentences.

ex) It's time we got started. → It's time for us to get started.

(1) It's time you got a haircut. → _____.

(2) It's time she knew the truth. → _____.

(3) It's time we woke her up. → _____.

(4) It's time I got myself a new toothbrush. → _____.

B. Complete the dialogues using the given phrases. (Answers may vary.)

(1) A: You go ahead. I can't run anymore.　　　　(stop smoking)
　　 B: Are you kidding me?
　　 _____.

(2) A: _____.　　 (tell her the truth)
　　 B: I can't. It'll break her heart.

(3) A: _____.　　　 (show up)
　　 B: He always keeps us waiting.

(4) A: I hate my roommate. I just can't stand him　 (get your own place)
　　　 anymore.
　　 B: _____.

(5) A: _____.　　　 (get here)
　　 B: Sorry I'm late. The traffic was horrendous.

(6) A: Your computer's too laggy.　　　 (get yourself a new one)
　　 _____.
　　 B: I wish I could, but I can't afford it right now.

C. Make any sentences you want using the given phrases.

(1) It's time for _____ to _____.

(2) It's time for _____ to _____.

(3) It's about time _____.

(4) It's about time _____.

Translations & Answers

A. 보기를 참고로 하여 다음 각 문장을 바꿔보세요.

ex) (우리) 시작할 때가 됐어.

(1) 너 머리 자를 때가 됐어.　　→ 정답 : It's time for you to get a haircut.
(2) 걔가 진실을 알 때가 됐어.　　→ 정답 : It's time for her to know the truth.
(3) (우리) 걔 깨울 시간 됐어.　　→ 정답 : It's time for us to wake her up.
(4) 나 칫솔 새로 바꿀 때가 됐어.　→ 정답 : It's time for me to get a new toothbrush.

B. 주어진 표현들을 이용해 다음 각 대화문을 완성해보세요. (정답은 응답자에 따라 다를 수 있음)

(1) A: 너 먼저 가. 더는 못 뛰겠어.
　　B: 장난하냐? 너도 이제 담배 끊을 때가 됐네.
　　　　→ 정답 : It's time for you to stop smoking.

(2) A: 걔한테 사실을 말해줄 때가 됐어.
　　B: 안 돼. 걔가 상처받을 거야.
　　　　→ 정답 : It's time you told her the truth.

(3) A: 걘 올 때가 지났는데 왜 안 오지?
　　B: 걘 맨날 우릴 기다리게 해.
　　　　→ 정답 : It's about time he showed up.

(4) A: 내 룸메이트 정말 싫어. 이젠 진짜 못 참겠어.
　　B: 너도 이제 독립할 때가 됐지.
　　　　→ 정답 : It's time for you to get your own place.

(5) A: 이제야 오는군.
　　B: 늦어서 미안해. 차가 장난 아니게 막히더라고.
　　　　→ 정답 : It's about time you got here.

(6) A: 네 컴퓨터 너무 느려. 새로 바꿀 때가 됐어.
　　B: 그럴 수 있으면 좋겠지만, 지금은 여유가 안 돼.
　　　　→ 정답 : It's time you got yourself a new one.

C. 다음 문장들은 참고용입니다. 주어진 표현들을 이용해 자유롭게 문장을 만들어보세요.

(1) It's time for me to go home.
　　　(나) 집에 갈 시간 됐어.

(2) It's time for you to think about your future.
　　　너도 미래를 생각할 때가 됐어. / 너도 이제 미래를 생각해야지.

(3) It's about time I got a raise.
　　　(나) 연봉 오를 때가 지났는데. (왜 안 오르지?)

(4) It's about time you got yourself a new cellphone.
　　　(너) 아직도 휴대폰 새로 안 바꾸고 뭐 했냐? / 너 휴대폰 새로 바꿀 때 된 거 아니야?

116 There's no smoke without fire.

아니 땐 굴뚝에 연기 나랴.

Gotta Know

A. Let's circle the correct or better answers.

(1) (Here's / There's) the thing you need to understand.

(2) (Here's / There's) a lot of dust in the air.

(3) (Here's / There's) just one thing you need to know.

(4) (Here's / There's) to your new job.

B. Let's look at the example and change the sentences accordingly.

ex) There isn't any reason to act this way. → There's no reason to act this way.

(1) There isn't any time to get this done. → _____.

(2) There isn't any fuel left in the tank. → _____.

(3) There aren't any clouds in the sky. → _____.

(4) There aren't any men in here. → _____.

C. Use the *Cheat Box* to fill in the blanks.

(1) There's no rush.

(2) There's no use.

(3) There's no _____ way.

(4) There's no telling.

(5) There is no _____ time.

(6) There's no time _____.

(7) There's no time to waste.

(8) There's no physical evidence.

(9) There's no _____ about that.

(10) There's no such thing _____ ghosts.

(11) There's no place _____ home.

(12) There's no accounting for _____.

(13) There's no _____ without exceptions.

(14) There are no coincidences.

(15) There's no _____ to rub my nose in it.

(16) There's no reason to get upset.

(17) There's no _____ I can wake up that early.

(18) There's no point in cramming the night before the test.

Cheat Box			
as	like	rule	limit
way	need	doubt	tastes
easy	next		

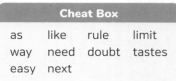

A. 괄호 속 표현 중 각 문장에 올바른, 혹은 더 나은 것을 골라봅시다.

(1) 네가 이해해야 하는 건 바로 이거야. / 이걸 네가 이해해야 해. → 정답 : Here's
(2) 공기 중에 먼지가 많아. → 정답 : There's
(3) 네가 알아야 할 게 딱 한 가지 있어. → 정답 : There's
(4) (네) 새로운 직장을 위해 건배. → 정답 : Here's

Tip 1) 무언가가 "**있다**"는 느낌에 "**여기**" 또는 "**이리로**"라는 의미를 더해서 표현하고 싶을 때는 "Here is/are ..."라고 표현해요. 누군가 또는 무언가가 "**다가온다**"고 말하려면 "**Here comes ...**"라고 표현하면 되죠.

    ex) Here's my business card.   여기 내 명함이야. (받아.)
    ex) Here's your order.   여기 주문하신 거 나왔습니다. (받으세요.)
    ex) Here's our proposal.   저희 제안은 이렇습니다. (들어주세요.)
    ex) Here's a little present for you.   이거 너 주려고 준비한 작은 선물이야. (받아.)
    ex) Here comes Peter.   피터가 이리로 와. / 저기 피터 와.

B. 보기를 참고로 하여 주어진 문장들을 바꿔봅시다.

    ex) 이런 식으로 행동할 이유가 없어.

(1) 이걸 끝낼 시간이 없어. → 정답 : There's no time to get this done.
(2) 연료탱크에 남은 연료가 없어. → 정답 : There's no fuel left in the tank.
(3) 하늘에는 구름 한 점 없어. → 정답 : There are no clouds in the sky.
(4) 이 안에는 남자가 없어. → 정답 : There are no men in here.

Tip 2) "no"는 "not any ... at all" 정도의 느낌이기 때문에 "there is"나 "there are"와 함께 "**전혀 없다**", "**하나도 없다**"라는 뜻을 만들어줘요.

C. Cheat Box 속 표현들로 빈칸을 채워보세요.

(1) 급할 거 없어. / 서두를 필요 없어.
(2) 소용없어.
(3) 쉬운 방법은 없어. → 정답 : easy
(4) 아무도 몰라.
(5) 다음 기회는 없어. / 이번이 마지막이야. → 정답 : next
(6) 시간제한은 없어. → 정답 : limit
(7) 낭비할 시간 없어.
(8) 물증이 없어.
(9) 그건 확실해. / 그건 의심의 여지가 없어. / 두말하면 잔소리지. → 정답 : doubt
(10) 귀신 같은 건 없어. / 유령 같은 건 없어. → 정답 : as
(11) 집만 한 곳도 없어. → 정답 : like
(12) 취향도 가지가지야. → 정답 : tastes
(13) 예외 없는 규칙은 없어. → 정답 : rule
(14) 우연이란 없어.
(15) (지나간 실수를) 자꾸 생각나게 다시 말 안 해줘도 돼. → 정답 : need
(16) 기분 나빠할 이유가 없어.
(17) 난 절대로 그렇게 일찍 못 일어나. → 정답 : way
(18) 시험 전날 밤에 벼락치기 해봤자 소용없어.

Gotta Remember
Show'em Who's Boss!

A. Complete the dialogues. (Some answers may vary.)

(1) A: What's the difference between these two?
    B: Other than the price, there's no _____.

(2) A: There's no _____ to do this right now.
    B: I think there is.

(3) A: There's no _____ I can get there in an hour.
    B: That's why I told you to hurry.

(4) A: Can I ask why you've changed your mind?
    B: There's no _____. I just felt like doing so.
       That's all.

(5) A: It's worth the wait.
    B: You're absolutely right. There's no _____ about that.

(6) A: There's no _____ to be upset.
    B: How can I not be? He lied to me to my face.

(7) A: Do you want me to talk to her?
       Maybe I can change her mind.
    B: There's no _____.

(8) A: Do I have to finish this right away?
    B: Nope! There's no _____.
       You can just finish it before this Friday.

(9) A: There's no quick _____ to lose weight.
    B: I know. Which is why I'm not trying to lose any.

B. Make any sentences you want using the given phrases.

(1) There's no need _____.
(2) There's no need _____.
(3) There's no reason _____.
(4) There's no reason _____.
(5) There's no way _____.
(6) There's no way _____.

There's no smoke without fire.

Translations & Answers

A. 알맞은 표현으로 다음 각 대화문을 완성해보세요. (일부 정답은 응답자에 따라 다를 수 있음)

(1) A: 이 두 개의 차이점은 뭐야?
 B: 가격 외에는 다른 게 없어.
→ 정답 : difference

(2) A: 이걸 지금 할 필요 없어.
 B: 지금 해야 할 거 같은데.
→ 정답 : need

(3) A: 거기까지 한 시간 안에 가는 건 무리야.
 B: 그러니까 내가 서두르라고 했던 거잖아.
→ 정답 : way

(4) A: 왜 맘이 바뀌었는지 물어봐도 돼?
 B: 이유는 없어. 그냥 그렇게 하고 싶었어. 그뿐이야.
→ 정답 : reason

(5) A: 기다릴 만한 가치가 있어.
 B: 맞아. 두말하면 잔소리지.
→ 정답 : doubt

(6) A: 화낼 이유는 없어.
 B: 어떻게 화가 안 나? 걔가 표정 하나 안 바꾸고 거짓말하는데.
→ 정답 : reason

(7) A: 내가 걔랑 얘기 좀 해볼까? 걔 마음을 돌릴 수 있을지도 모르잖아.
 B: 소용없어.
→ 정답 : use
/ point

(8) A: 이거 지금 당장 끝내야 해?
 B: 아니! 급할 거 없어. 이번 주 금요일 전에만 끝내면 돼.
→ 정답 : rush
/ hurry

(9) A: 살 빼는 데 지름길은 없어.
 B: 그러게. 그래서 난 살 빼려고 노력 안 하고 있어.
→ 정답 : way

※ "other than"은 "~외에", "~외에는", "~외에도"라는 뜻이에요.
   ex) Other than that, I have no complaints.　　난 그거 말고는 불만 없어.
   ex) Other than Chris, he has no close friends.　걘 크리스 말곤 친한 친구가 없어.
   ex) Other than today, I have no special plans this week.
        난 이번 주에 오늘 말고는 딱히 특별한 계획 없어.

B. 다음 문장들은 참고용입니다. 주어진 표현들을 이용해 자유롭게 문장을 만들어보세요.

(1) There's no need <u>to worry</u>.　　　　　　걱정할 거 없어.
(2) There's no need <u>to be rude</u>.　　　　　무례하게 굴 필요 없어.
(3) There's no reason <u>to hide</u>.　　　　　　숨길 이유가 (전혀) 없어.
(4) There's no reason <u>to wait</u>.　　　　　　기다릴 이유가 (전혀) 없어.
(5) There's no way <u>to know for sure</u>.　　確실히 알 길이 없어.
(6) There's no way <u>I can get this done by tonight</u>.
　　　　　　　　　　　　　　　　　난 절대로 오늘 밤까지 이거 처리 못 해.

117 Are there any other questions?
다른 질문 있어?

Gotta Know

A. Let's practice the dialogues. Replace the underlined sentences with the ones in the *Ready-to-Use Boxes*.

(1) A: Is there any soy milk in the fridge?
B: <u>No, we're out of it.</u>

Ready-to-Use Box	
(Yes,) There is.	(No,) There isn't.
Yes, there is some.	No, there isn't any.
I think there is.	No, there's none.
I think so.	None at all.
I guess so.	No, not even a little.
Maybe a little.	
There should be some left.	

(2) A: Do you have any pizza left?
B: <u>No, I don't have any.</u>

Ready-to-Use Box	
Yes, I do.	No, I don't.
Yes, I have.	No, I have none.
Yes, I have some.	

B. Use the *Cheat Box* to fill in the blanks.

(1) Is there any quick and easy way to learn English?
(2) Is there any way I can get a _____ of her?
(3) Is there any point _____ continuing this argument?
(4) Is there anything good _____ TV?
(5) Is there anything to see _____ there?
(6) Is there anybody that knows CPR?
(7) Are there any messages _____ me?
(8) Are there any other questions?
(9) Are there any _____ effects?
(10) Are there any seats left?

Cheat Box		
in	for	hold
on	out	side

A. Ready-to-Use Box 속 표현들로 밑줄 부분을 바꿔가며 대화문들을 연습해봅시다.

(1) A: 냉장고에 두유 있어?
   B: <u>아니, 다 떨어졌어.</u>

(Yes,) There is.	(응,) 있어.	(No,) There isn't.	(아니,) 없어.
Yes, there is some.	응, (좀) 있어.	No, there isn't any.	아니, (전혀) 없어.
I think there is.	있을 거야.	No, there's none.	아니, 전혀 없어.
I think so.	그럴걸.	None at all.	전혀 없어.
I guess so.	아마도 그럴걸.	No, not even a little.	아니, 조금도 없어.
Maybe a little.	아마 좀 있을걸.		
There should be some left.	(좀) 남았을걸.		

(2) A: 너 피자 남은 거 있어?
   B: <u>아니, 전혀 없어.</u>

Yes, I do.	응.	No, I don't.	아니.
Yes, I have.	응, 있어.	No, I have none.	아니, 전혀 없어.
Yes, I have some.	응, 좀 있어.		

Tip

1) "Is there any …?"나 "Are there any …?"는 단순히 "있는지"만을 묻는 것임에 반해 "Do you have any …?"는 "상대방이 가진 것 중에 그런 것이 있는지"를 묻는 것이라서 "소유"의 느낌이 살짝 추가돼요. "우리 ~ (가진 거) 있어?"라고 물으려면 "Do we have …?"라고 표현하면 되겠죠?

   ex) Do we have any batteries in the garage?   우리 차고에 건전지 좀 있어?

2) 간혹, "Do you have any …?"라고 묻는 질문에도 "Is there any …?"나 "Are there any …?"에 대한 응답들을 사용하기도 해요.

B. Cheat Box 속 표현들로 빈칸을 채워보세요.

(1) 영어를 쉽고 빨리 배울 수 있는 방법 있어?
(2) (내가) 걔한테 연락할 방법 있어?   → 정답 : hold
(3) 이 논쟁을 계속하는 게 의미가 있어?   → 정답 : in
(4) TV에 재밌는 거 하는 거 있어? / TV에서 재밌는 거 해? → 정답 : on
(5) 뭐 볼만한 거 나온 거 있어?   → 정답 : out
(6) 혹시 누구 심폐소생술 할 줄 아는 사람 있어?
(7) 나한테 메시지 온 거 있어?   → 정답 : for
(8) 다른 질문 있어?
(9) 부작용 있어?   → 정답 : side
(10) 남은 좌석 있어? / 남은 자리 있어?

Tip

3) 긍정적인 대답을 기대하며 묻는 경우에는 "any" 대신 "some"으로 묻기도 해요.
   ex) Is there some ice cream?   아이스크림 좀 있어?
   ex) Is there something familiar about this place? 여기 뭔가 낯익은 거 있어?
   ex) Is there someone else you care about?   너 따로 마음에 두고 있는 사람 있어?
   ex) Do you have some friends you can ask? (너) 물어볼 만한 친구들 좀 있어?
   ex) Do you have something on your mind?   뭐 생각해둔 거 있어? / 뭐 걱정 있어?

Gotta Remember
Show'em Who's Boss!

A. Complete the dialogues. (Some answers may vary.)

(1) A: Is there anything I can do for you?
B: Yes, _____. Can you help me find some lettuce?

(2) A: _____ any apple juice?
B: No, I don't. I'm out of it. I have some tomato juice, though.

(3) A: Are there any _____ for me?
B: No, nothing so far.

(4) A: Is there something _____ about this place?
B: We were here a couple of years ago.
A: That's it. Now I remember.

(5) A: Is there anything you need me to pick up at the store?
B: We're fresh _____ milk.

(6) A: Is there _____ who speaks Mandarin?
B: I think Kelly does. Why?

(7) A: Is there _____ you can hook me up
with your brother?
B: Yeah, there is, but what's in it for me?

(8) A: Is there any quick and easy way
to learn English?
B: I doubt it. If _____ one,
I would've already tried it.

(9) A: Is there anything wrong?
B: No, _____ wrong.

B. Make any sentences you want using the phrase "Is there anything ...?"

(1) Is there anything _____?
(2) Is there anything _____?
(3) Is there anything _____?
(4) Is there anything _____?

Translations & Answers

A. 알맞은 표현으로 다음 각 대화문을 완성해보세요. (일부 정답은 응답자에 따라 다를 수 있음)

(1) A: 제가 뭐 도와드릴 거 있나요?
B: 네. 상추 찾는 것 좀 도와줄래요?
→ 정답 : there is

(2) A: 사과 주스 있어?
B: 아니. 다 떨어졌어. 하지만 토마토 주스는 있어.
→ 정답 : Do you have

(3) A: 혹시 저한테 메시지 온 거 있나요?
B: 아니요, 지금까지는 없었어요.
→ 정답 : messages

(4) A: 이곳에 뭔가 낯익은 거 있지 않아?
B: 몇 년 전에 여기 와봤잖아.
A: 맞다. 이제야 기억이 나네.
→ 정답 : familiar

(5) A: 내가 슈퍼에서 뭐 사다 줘야 할 거 있어?
B: 우리 우유 막 다 떨어졌어.
→ 정답 : out of

(6) A: 혹시 누구 만다린어(표준 중국어) 할 줄 아는 사람 있어?
B: 켈리가 가능할걸. 왜?
→ 정답 : anybody
/ anyone

(7) A: 네 오빠랑 나 좀 연결해줄 수 있어?
B: 있긴 한데, 그럼 나한테 뭐 해줄 건데?
→ 정답 : any way

(8) A: 영어를 쉽고 빨리 배울 수 있는 방법 있어?
B: 없을걸. 그런 방법이 있다면 내가 벌써 해봤겠지.
→ 정답 : there was

(9) A: 뭐 잘못된 거 있어?
B: 아니, 잘못된 거 없어.
→ 정답 : nothing's

※ 무언가가 떨어진 지 얼마 안 되었을 때는 "be fresh out (of ...)"이라고 표현해요.
ex) I'm fresh out. (나) 막 다 떨어졌어.
ex) I'm fresh out of milk. (나) 우유 막 다 떨어졌어.
ex) We're fresh out of sugar. (우리) 설탕 막 다 떨어졌어.

B. 다음 문장들은 참고용입니다. "Is there anything ...?"을 이용해 자유롭게 문장을 만들어 보세요.

(1) Is there anything <u>fun to do</u>? 뭐 재미있는 거 할 거 있어?
(2) Is there anything <u>to eat in the fridge</u>? 냉장고에 뭐 먹을 거 있어?
(3) Is there anything <u>I can do for you</u>? 내가 뭐 도와줄 거 있어?
(4) Is there anything <u>you want to do today</u>? 너 오늘 뭐 하고 싶은 거 있어?

118 You have several options.
네가 선택할 수 있는 게 몇 가지 있어.

Gotta Know

A. Use the *Cheat Box* to fill in the blanks.

(1) Could you spare a few seconds?

(2) I took a little _____.

(3) I have a couple of quick questions.

(4) I'll be done in a couple more _____.

(5) I told him several _____.

(6) There are several people waiting outside.

(7) Several of my _____ are dentists.

(8) I just bought two dozen _____.

(9) He likes a number of _____, including basketball.

Cheat Box

nap
eggs
hours
times
sports
relatives

B. Let's circle the correct answers.

(1) I speak (a little / a few) English.

(2) I'll be out of the country for (a little / a few) weeks.

(3) We had (little / few) snow last winter.

(4) I have (little / few) good friends.

(5) I have (a little / little) free time these days. I'm just too busy.

(6) I have (a few / few) questions if you don't mind.

C. Use the *Cheat Box* to fill in the blanks.

(1) I've been here _____ of times.

(2) I picked up a baker's dozen.

(3) The _____ walked home together.

(4) The _____ of people we need to hire is seven.

(5) A _____ bird told me you got a new boyfriend.

(6) I came back a little while ago.

Cheat Box

couple
dozens
little
number

A. 다음은 회화 시 자주 사용되는 "몇 개 있다" 또는 "어느 정도 있다"는 의미의 표현들을 소개한 것입니다. Cheat Box 속 표현들로 빈칸을 채워보세요.

(1) 잠시 시간 좀 내주실 수 있으세요?

(2) 난 낮잠을 좀 잤어. → 정답 : nap

(3) 나 간단히 물어볼 게 두어 개 있어.

(4) 난 두어 시간 더 있으면 끝날 거야. → 정답 : hours

(5) 난 걔한테 여러 번 말했어. → 정답 : times

(6) 바깥에서 기다리는 사람들이 몇 명 있어.

(7) 내 친척 중 몇 명은 치과의사야. → 정답 : relatives

(8) 나 방금 계란 두 다스(24개) 샀어. → 정답 : eggs

(9) 걘 농구를 비롯해 여러 스포츠를 좋아해. → 정답 : sports

Tip

1) "두 다스"처럼 정확한 수를 이야기할 때는 "two dozens"라고 하지 않고, 그냥 "two dozen"이라고 표현해요. "dozens of(수십 개의)"처럼 막연한 수를 이야기할 때만 "dozen"을 복수로 표현하죠.

2) "두 개 더", "몇 개 더"처럼 "더(more)"라는 의미를 더하고 싶을 때는 "a couple of more ..."이라고 표현하지 않고 그냥 "a couple more ..."이라고 표현해요.

3) 보통, "a number of"를 "많은"이라는 뜻으로 이해하기도 하는데, 엄밀히 말하면 "a number of"는 "개수가(number) 어느 정도(a) 되는(of)"이라는 뜻이라서 "많은"이라는 뜻과는 거리가 좀 있어요. "number"을 이용해서 "많은"이라고 표현하려면 "a large number of"라고 표현해야 하죠.

B. 괄호 속 표현 중 각 문장에 올바른 것을 골라봅시다.

(1) 나 영어 좀 해. → 정답 : a little

(2) 난 몇 주 동안 외국에 다녀올 거야. → 정답 : a few

(3) 여긴 지난겨울에 눈이 거의 안 왔어. → 정답 : little

(4) 난 친한 친구들이 거의 없어. → 정답 : few

(5) 난 요즘 자유 시간이 거의 없어. 정말이지 너무 바빠. → 정답 : little

(6) 괜찮다면 물어볼 게 좀 있어. → 정답 : a few

Tip

4) "a little"과 "a few"에서 "a"를 빼버리면 "거의 없는"이라는 부정적인 뜻으로 바뀌어요.

C. Cheat Box 속 표현들로 빈칸을 채워보세요.

(1) 나 여기 수십 번 와봤어. → 정답 : dozens

(2) 난 13개짜리로 한 다스 사 왔어.

(3) 그 커플은 집에 같이 걸어갔어. → 정답 : couple

(4) 우리가 고용해야 하는 사람 수는 일곱 명이야. → 정답 : number

(5) 들리는 소식통에 의하면 너 남친 새로 생겼다며? → 정답 : little

(6) 나 조금 전에 돌아왔어.

Tip

5) 특이하게도 "baker's dozen(빵집의 한 다스)"이라고 하면 "12개"가 아니라 "13개"를 뜻하게 돼요.

6) "a" 대신 정관사 "the"를 이용해서 "the number of ..."라고 표현하면 "~의 개수"라는 뜻이 돼요.

Gotta Remember
Show'em Who's Boss!

A. Correct the sentences.

(1) I need three dozens of donuts.

(2) We have few information about the incident.

(3) There is few who could do that.

(4) A little of your friends are waiting for you outside.

B. Circle the correct answers.

(1) A number of these (doesn't / don't) even work.
(2) The number of people in this room (is / are) steadily increasing.
(3) What (is / are) the number of moons that orbit Jupiter?
(4) There (is / are) a number of places she wants to go to.

C. Complete the dialogues with *a little, little, a few* or *few* + one of the words in the box.

nap	time	people	trouble
questions	difference	more minutes	

(1) A: So many things to do, so _____.
   B: Yep. That's how it goes.

(2) A: Are you ready to go out?
   B: No, I need _____.

(3) A: Can I ask you _____?
   B: Shoot!

(4) A: Did a lot of people come?
   B: No, _____ came.

(5) A: Which one do you like best?
   B: There is _____ between the two.

(6) A: What did you do today?
   B: Nothing exciting. I just watched some TV and took _____.

(7) A: Most people have a hard time figuring out how to get here.
   B: Really? I had _____ finding this place.

210   You have several options.

Translations & Answers

A. 다음 각 문장에서 틀린 부분을 찾아 바르게 고쳐보세요.

(1) 난 도넛 세 다스(36개)가 필요해. (three dozen donuts)
／ 난 수십 개의 도넛이 필요해.　(three 삭제)
→ 정답 : dozens of → dozen
또는 three 삭제

(2) 우린 그 사건에 관한 정보가 거의 없어. (little)
／ 우린 그 사건에 관한 정보가 좀 있어.　(a little)
→ 정답 : few → little
또는 few → a little

(3) 그걸 할 수 있는 사람은 거의 없을 거야.
→ 정답 : is → are

(4) 네 친구 중 몇몇이 밖에서 기다리고 있어.
→ 정답 : A little → Several 또는 Some 또는 A few

B. 괄호 속 표현 중 각 문장에 올바른 것을 골라보세요.

(1) 이것들 중 몇 개는 작동하지도 않아.　　　　→ 정답 : don't
(2) 이 방에 있는 사람 수가 계속 늘고 있어.　　　→ 정답 : is
(3) 목성 주위를 도는 달의 개수는 몇 개야?　　　→ 정답 : is
(4) 걔가 가고 싶어 하는 곳이 몇 군데 있어.　　　→ 정답 : are

C. "a little", "little", "a few", "few"와 상자 속 표현 중 하나를 이용해 다음 각 대화문을 완성해 보세요.

nap 낮잠	time 시간	people 사람들	trouble 애, 문제
questions 질문들	difference 차이, 다름	more minutes 몇 분 더	

(1) A: 할 일은 엄청 많은데 시간이 너무 없어.
B: 응. 원래 사는 게 그렇지, 뭐.
→ 정답 : little time

(2) A: 너 나갈 준비 됐어?
B: 아니. 몇 분만 더 줘.
→ 정답 : a few more minutes

(3) A: 너한테 몇 가지 물어봐도 돼?
B: 물어봐!
→ 정답 : a few questions

(4) A: 사람들 많이 왔어?
B: 아니. 몇 명 안 왔어.
→ 정답 : few people

(5) A: 어떤 게 가장 좋아?
B: 그 둘은 차이가 거의 없어.
→ 정답 : little difference

(6) A: 너 오늘 뭐 했어?
B: 재밌는 일은 없었어. 그냥 TV 좀 보고 낮잠 좀 잤어.
→ 정답 : a little nap

(7) A: 여긴 대부분의 사람들이 잘 못 찾아와.
B: 정말? 난 여기 쉽게 찾겠던데.
→ 정답 : little trouble

Gotta Know

A. Let's look at the example and make questions accordingly.

ex) eat out / times a month → How many times do you eat out a month?

(1) watch TV / hours a day

→ _____ ?

(2) read / books a month

→ _____ ?

(3) have / drinks a week

→ _____ ?

(4) get / haircuts a year

→ _____ ?

B. Let's look at the examples and complete the questions accordingly.

ex1) **employees** → How many employees are there in your company?
ex2) **money** → How much money is there in your account?

(1) **doctors** → _____ in your family?
(2) **countries** → _____ in the world?
(3) **food** → _____ in your fridge?
(4) **gas** → _____ in the tank?
(5) **students** → _____ in your class?

C. Let's practice the dialogues using the given information.

seven cans of **beer**	A: How many <u>cans of beer</u> do we have? B: <u>Seven.</u>

→

①	a couple of boxes of **cereal**
②	only one bottle of **water**

just two sacks of **rice**	A: How many <u>sacks of rice</u> are there? B: <u>Just two.</u>

→

③	five cartons of **milk**
④	a dozen cans of **tuna**

A. 보기를 참고로 하여 질문들을 만들어봅시다.

ex) 외식하다 / 한 달에 ~ 번 → 너 한 달에 몇 번 외식해?

(1) TV를 보다 / 하루에 ~ 시간 → 정답 : How many hours do you watch TV a day?
너 하루에 몇 시간 TV 봐?

(2) 읽다 / 한 달에 책 ~ 권 → 정답 : How many books do you read a month?
너 한 달에 책 몇 권 읽어?

(3) 마시다 / 일주일에 술 ~ 잔 → 정답 : How many drinks do you have a week?
너 일주일에 술 몇 잔이나 마셔?
/ 너 일주일에 술 얼마나 마셔?

(4) 얻다 / 일 년에 이발 ~ 회 → 정답 : How many haircuts do you get a year?
너 일 년에 몇 번 머리 잘라?

Tip
1) 특정한 기간 내 필요한 것, 원하는 것, 소요되는 것 등을 이야기하고자 할 경우에는
"**How many + 복수명사**" 바로 뒤 또는 문장 맨 끝에 "**a day**", "**a week**", "**a month**",
"**a year**" 등의 기간을 표현해주면 돼요. 사용 빈도를 따지자면, 문장 맨 끝에 기간을
표현하는 게 조금 더 일반적이죠.
ex) How many hours do you work out a day?　너 하루에 몇 시간 운동해?
ex) How many days a week do you work?　너 일주일에 며칠 일해?

B. 보기를 참고로 하여 질문들을 완성해봅시다.

ex1) 직원들 → 너희 회사에는 직원이 몇 명 있어?
ex2) 돈 → 네 계좌엔 돈이 얼마나 있어?

(1) 의사들 → 정답 : How many doctors are there in your family?
네 가족 중에는 의사가 몇 명이나 있어?

(2) 국가들 → 정답 : How many countries are there in the world?
전 세계에는 몇 개의 나라가 있어?

(3) 음식 → 정답 : How much food is there in your fridge?
냉장고에 음식이 얼마나 있어?

(4) 기름(휘발유) → 정답 : How much gas is there in the tank?
(연료)탱크에 기름 얼마나 있어? / 차에 기름 얼마나 있어?

(5) 학생들 → 정답 : How many students are there in your class?
네 반에는 학생이 몇 명 있어?

C. 주어진 정보를 이용해 다음 대화문들을 연습해봅시다.

| 일곱 캔의 맥주 | A: 우리 맥주 몇 캔 있어?
B: 일곱 캔. | → | ① 두 상자의 시리얼
② 겨우 한 병의 물 |
| 달랑 두 자루의 쌀 | A: 쌀 몇 자루 있어?
B: 달랑 두 자루. | → | ③ 다섯 갑의 우유
④ 열두 캔의 참치 |

Tip
2) "**설탕(sugar)**"처럼 셀 수 없는 것의 양을 물을 때는 "**How** much **sugar** ...?"이라고
해야 하지만, 이를 "**용기(container)**"나 단위를 써서 표현하게 되면 셀 수 있게 되기
때문에 "**How** many **bags of sugar** ...?"처럼 질문할 수 있어요.

Gotta Remember
Show'em Who's Boss!

A. Look at the example and complete the sentences accordingly.

(ex) I ordered five boxes of cereal.	
(1) I need _____ water.	
(2) I ate _____ ice cream.	
(3) I drank _____ juice.	
(4) I bought _____ milk.	
(5) I have _____ beer.	

B. Rearrange the words to complete the dialogues. (Some answers may vary.)

(1) A: How many ___you / a / eat / month / do / out / times___?
B: Four to six times. About once per week.

(2) A: How many ___week / you / are / open / a / days___?
B: Seven days a week, 365 days a year.

(3) A: How many ___teeth / day / brush / a / do / your / times / you___?
B: I brush at least twice a day.

(4) A: How many ___get / hours / day / do / usually / per / you / of / sleep___?
B: I get about six hours of sleep.

(5) A: How many ___watch / day / do / TV / hours / a / you___?
B: It depends on what's on TV, but I think I usually watch it
more than an hour a day.

C. Answer the questions below.

(1) Q: How many hours do you sleep a day?
A: _____.

(2) Q: How many hours do you study English a day?
A: _____.

Translations & Answers

A. 보기를 참고로 하여 문장들을 완성해보세요.

(ex) I ordered five boxes of cereal.   난 시리얼을 다섯 상자 주문했어.

(1) I need <u>two bottles of</u> water.   난 물이 두 병 필요해.
(2) I ate <u>three bowls of</u> ice cream.   난 아이스크림을 세 그릇 먹었어.
(3) I drank <u>four glasses of</u> juice.   난 주스를 네 잔 마셨어.
(4) I bought <u>a carton of</u> milk.   난 우유를 한 갑 샀어.
(5) I have <u>six cans of</u> beer.   난 맥주가 여섯 캔 있어.

B. 단어들을 재배열하여 각 대화문을 완성해보세요. (일부 정답은 응답자에 따라 다를 수 있음)

(1) A: 너 한 달에 몇 번 외식해?
     B: 네 번에서 여섯 번 정도. 일주일에 한 번 정도 해.
       → 정답 : How many <u>times do you eat out a month</u>?
           또는 How many <u>times a month do you eat out</u>?

(2) A: 일주일에 며칠 영업하시나요?
     B: 일주일 내내 열어요. 연중무휴고요.
       → 정답 : How many <u>days a week are you open</u>?

(3) A: 너 하루에 양치질 몇 번 해?
     B: 적어도 하루에 두 번은 닦아.
       → 정답 : How many <u>times do you brush your teeth a day</u>?
           또는 How many <u>times a day do you brush your teeth</u>?

(4) A: 넌 하루에 보통 잠을 몇 시간 자?
     B: 대략 여섯 시간 정도 자.
       → 정답 : How many <u>hours of sleep do you usually get per day</u>?

(5) A: 넌 하루에 TV 몇 시간이나 봐?
     B: TV에서 뭐 하느냐에 따라 다른데, 보통 하루에 한 시간 이상은 보는 것 같아.
       → 정답 : How many <u>hours a day do you watch TV</u>?
           또는 How many <u>hours do you watch TV a day</u>?

C. 다음 응답들은 참고용입니다. 각 질문에 자유롭게 응답해보세요.

(1) Q: How many hours do you sleep a day?
     A: <u>About eight hours, if not more. To tell you the truth,</u>
       <u>I just can't function with less than eight hours of sleep.</u>
       Q: 당신은 하루에 잠을 몇 시간 자나요?
       A: 적어도 8시간 정도는 자요. 사실, 전 잠을 8시간 이상 못 자면 제 기능을 못 해요.

(2) Q: How many hours do you study English a day?
     A: <u>I'm lucky to get one solid hour in these days.</u>
       Q: 당신은 하루에 영어 공부를 몇 시간 하나요?
       A: 운 좋게도 요즘엔 집중해서 공부할 시간이 한 시간은 돼요.

120 What're you craving?
넌 뭐가 많이 당겨?

Gotta Know

A. Let's practice the dialogues. Replace the underlined sentences with the ones in the *Ready-to-Use Box*.

(1) A: <u>What do you feel like eating?</u>
B: I feel like some noodles.

(2) A: <u>What're you in the mood for?</u>
B: I'm in the mood for pasta.

(3) A: <u>What're you hungry for?</u>
B: I want a steak.

> **Ready-to-Use Box**
>
> What do you want to have?
> What do you want to eat?
> What do you feel like having?
> What would you like to have?
> What're you craving?
> What do you have a craving for?
> What're you peckish for?

B. Let's look at the examples and change the sentences accordingly.

ex1) Do you want anything to eat? → Would you like anything to eat?
ex2) Do you want to eat some fruit? → Would you like to eat some fruit?
ex3) I want to ask you a big favor. → I'd like to ask you a big favor.
ex4) I want you to meet my wife. → I'd like you to meet my wife.

(1) Do you want a drink? → _____?

(2) Do you want to join us for dinner? → _____?

(3) I want to treat you to a meal. → _____.

(4) I want you to take some time off. → _____.

C. Let's look at the example and make questions accordingly.

ex) I'd like to know <u>what you're thinking about</u>.
→ What would you like to know?

(1) I'd like to have <u>something spicy</u>.
→ _____?

(2) I'd like to speak to <u>Ms. Morrison</u>.
→ _____?

(3) I'd like to go <u>to the park</u>.
→ _____?

Translations & Explanations

A. Ready-to-Use Box 속 표현들로 밑줄 부분을 바꿔가며 대화문들을 연습해봅시다.

(1) A: 너 뭐 먹고 싶어?
    B: 면 종류 먹고 싶어.

(2) A: 넌 뭐 먹고 싶어?
    B: 파스타 먹고 싶어.

(3) A: 넌 뭐가 당겨?
    B: 난 스테이크 먹고 싶어.

What do you want to have?	너 뭐 먹고 싶어?
What do you want to eat?	너 뭐 먹고 싶어?
What do you feel like having?	너 뭐 먹고 싶어?
What would you like to have?	뭐 드시고 싶으세요?
What're you craving?	넌 뭐가 많이 당겨?
What do you have a craving for?	넌 뭐가 많이 당겨?
What're you peckish for?	넌 뭐가 먹고 싶어?

 Tip 1) "be hungry for ..."는 "간절히 원하다", "갈망하다"라는 뜻으로, 음식과 관련해 "~가 많이 당기다"라는 뜻으로도 사용할 수 있지만, 그 외 다양한 대상에 대해서도 사용할 수 있는 표현이에요.
    ex) I'm hungry for recognition. 난 정말 인정받고 싶어.
    ex) I'm hungry for your love. 난 정말 너한테 사랑받고 싶어. / 난 네 사랑을 갈구해.

B. 보기를 참고로 하여 주어진 문장들을 바꿔봅시다.

ex1) 뭐 먹을 것 좀 줄까? → 뭐 먹을 것 좀 드릴까요?
ex2) 과일 좀 줄까? → 과일 좀 드시겠어요?
ex3) 너한테 어려운 부탁 하나 하고 싶어. → 당신에게 어려운 부탁 하나 하고 싶어요.
ex4) 내 아내를 소개할게. → 제 아내를 소개할게요.

(1) 한잔할래? → 정답 : Would you like a drink?
    한잔하시겠어요?

(2) 우리랑 저녁 식사 같이할래? → 정답 : Would you like to join us for dinner?
    저희랑 저녁 식사 같이하실래요?

(3) 너한테 밥 한 끼 사고 싶어. → 정답 : I'd like to treat you to a meal.
    당신에게 밥 한 끼 사고 싶어요.

(4) 네가 좀 쉬면 좋겠어. → 정답 : I'd like you to take some time off.
    당신이 좀 쉬면 좋겠어요.

Tip 2) 무언가가 필요하다거나 자신이 원하는 것을 직접적으로 표현하는 "I want ..."에 비해, "I'd like ..."는 공손히 무언가를 요청하거나, 상대방이 불쾌하지 않도록 자신의 바람을 부드럽게 표현할 때 사용돼요.

C. 보기를 참고로 하여 질문들을 만들어봅시다.

ex) 당신이 무슨 생각 중인지 알고 싶어요. → 뭘 알고 싶으세요?

(1) 뭔가 매콤한 게 먹고 싶어요. → 정답 : What would you like to have?
    뭐 먹고 싶어요?

(2) 모리슨 씨 좀 바꿔주세요. → 정답 : Who would you like to speak to?
    [전화상에서] 누굴 바꿔드릴까요?

(3) 공원으로 부탁해요. → 정답 : Where would you like to go?
    어디로 가고 싶으세요?

Gotta Remember
Show'em Who's Boss!

A. Complete the dialogues.

(1) A: What do you _____ eating?
   B: Whatever. I don't really care as long as we eat something.

(2) A: What're you in _____ for?
   B: Some kind of chicken. What kind do you think would be good?

(3) A: There's no food in the fridge. Let's go out for dinner.
   B: Sounds great! What are you hungry _____?

B. Complete the dialogues using the given phrases + *would like to*.

(1) A: Hi, _____.   (cash this check)
   B: Okay. May I see your driver's license?

(2) A: Hi, _____.   (send this package to China)
   B: Okay. Let me weigh it for you.

(3) A: _____.   (do me a favor)
   B: No problem. What is it?

(4) A: _____.   (get a refund for this item)
   B: Is there anything wrong with it?

(5) A: How may I help you, sir?   (report a missing credit card)
   B: Hi, _____.

(6) A: _____.   (stay a little longer)
   Stay for coffee at least.
   B: I can't. I need to run some errands before
      my husband comes home from work.

C. Make any sentences you want using the given phrases.

(1) I'd like _____.
(2) I'd like _____.
(3) Would you like _____?
(4) Would you like _____?

Translations & Answers

A. 알맞은 표현으로 다음 각 대화문을 완성해보세요.

(1) A: 너 뭐 먹고 싶어?
 B: 아무거나. 뭘 먹기만 한다면 난 뭘 먹어도 상관없어.
 → 정답 : feel like

(2) A: 넌 뭐 먹고 싶어?
 B: 닭고기 든 거. 어떤 게 좋을 거 같아?
 → 정답 : the mood

(3) A: 냉장고에 음식이 하나도 없어. 저녁은 나가서 먹자.
 B: 좋았어! 넌 뭐가 당겨?
 → 정답 : for

B. 주어진 표현과 "would like to"를 이용해 다음 각 대화문을 완성해보세요.

(1) A: 안녕하세요, 이 수표를 현금으로 바꾸고 싶어요.
 B: 네. 면허증 좀 보여주시겠어요?
 → 정답 : I'd like to cash this check.

(2) A: 안녕하세요, 이 소포를 중국으로 보내고 싶은데요.
 B: 네. 무게 좀 재드릴게요.
 → 정답 : I'd like to send this package to China.

(3) A: 부탁 하나 들어줄래요?
 B: 그러죠. 부탁이 뭔데요?
 → 정답 : I'd like you to do me a favor.

(4) A: 이거 환불해주세요.
 B: 무슨 문제라도 있나요?
 → 정답 : I'd like to get a refund for this item.

(5) A: 손님, 무엇을 도와드릴까요?
 B: 안녕하세요, 신용카드 분실신고하려고요.
 → 정답 : I'd like to report a missing credit card.

(6) A: 조금 더 있다가 가세요. 커피라도 마시고 가요.
 B: 안 돼요. 남편이 퇴근해서 집에 오기 전에 볼일 좀 봐야 해요.
 → 정답 : I'd like you to stay a little longer.

C. 다음 문장들은 참고용입니다. 주어진 표현들을 이용해 자유롭게 문장을 만들어보세요.

(1) I'd like to order take-out.　　　　　　　테이크아웃으로 주문할게요.
(2) I'd like you to take a look at this.　　　이거 한번 봐주시면 좋겠어요.
(3) Would you like some tea or coffee?　　차나 커피 좀 드릴까요?
 　　　　　　　　　　　　　　　　　　 / 차나 커피 중에서 뭐로 드릴까요?
(4) Would you like to have another cup of coffee? 커피 한 잔 더 하실래요?

How does pizza sound?
피자 어때?

Gotta Know

A. Let's practice the dialogues using the given information.

A: How does <u>pizza</u> sound (to you)? B: Sounds perfect.	A: How about we get <u>some Italian</u>? B: I'm not really in the mood.

①	②	③	④
spaghetti	coffee	a tuna sandwich	toast with jam

B. Use the *Cheat Box* to fill in the blanks.

(1) I don't _____ like cooking. Let's go out to eat tonight!

(2) There's no food in the fridge. Let's go out for dinner!

(3) We're going out _____ lunch today.

(4) Do you like eating _____?

(5) It's time for breakfast.

(6) Let's stop _____ the diner over there for breakfast.

(7) I skipped breakfast.

(8) Let's sleep in late and get _____ tomorrow.

(9) Isn't it lunchtime yet?

(10) What're we having for lunch today?

(11) You _____ me lunch.

(12) I had a frozen pizza for dinner last night.

(13) You should try not to eat a _____ dinner.

(14) I'm in a hurry. Let's just have some _____ food.

(15) Let's go get something to eat before I die of hunger.

(16) Let's get some _____ tonight.

(17) Why don't we order some Chinese?

(18) Why don't we _____ a bite to eat at that seafood place?

(19) How about we _____ out that new restaurant down the street?

Cheat Box

at
to
big
out
owe
try
fast
feel
grab
brunch
take-out

A. 주어진 정보를 이용해 다음 대화문들을 연습해봅시다.

A: 피자 어때?
B: 그거 좋지.

A: 우리 이탈리아 음식 먹는 거 어때?
B: 난 딱히 안 당겨.

① 스파게티	② 커피	③ 참치 샌드위치	④ 잼 바른 토스트

Tip

1) 어떤 나라의 음식을 말할 때는 보통 "food"를 생략하고 말하는 경우가 많아요.
ex) I feel like some Chinese (food).   나 중국 음식이 당겨.
ex) I wanna have some Japanese (food).   나 일본 음식 먹고 싶어.
ex) Why don't we get some Mexican (food) tonight?
     우리 오늘 저녁에 멕시코 음식 먹는 거 어때?

2) "How does ... sound?"는 제안 시 일반적으로 사용하는 표현이라서 음식 외의 것들을 제안할 때도 이용할 수 있어요.
ex) How does this sound?   이거 어때?
ex) How does 10 o'clock sound to you?   10시 어때?
ex) How does a date with me sound to you?   나랑 데이트하는 거 어때?

B. Cheat Box 속 표현들로 빈칸을 채워보세요.

(1) 나 요리하기 싫어. 오늘 저녁엔 나가서 먹자!   → 정답 : feel
(2) 냉장고에 음식이 전혀 없어. 저녁은 나가서 먹자!
(3) 우리 오늘 점심은 나가서 먹을 거야.   → 정답 : to
(4) 너 외식 좋아해?   → 정답 : out
(5) (이제) 아침 먹을 시간이야.
(6) 저기 있는 작은 식당에 들러서 아침 먹고 가자.   → 정답 : at
(7) 나 아침 식사 걸렀어.
(8) 내일 늦잠 좀 자고 일어나서 브런치 먹자.   → 정답 : brunch
(9) 아직 점심시간 안 됐어?
(10) 우리 오늘 점심 뭐 먹지?
(11) 너 나한테 점심 한 번 사야 해. / 점심 한 번 사.   → 정답 : owe
(12) 난 어젯밤에 저녁으로 냉동 피자 먹었어.
(13) 저녁을 너무 거하게 먹지 않도록 해.   → 정답 : big
(14) 나 바빠. 그냥 패스트푸드 먹자.   → 정답 : fast
(15) 나 배고파 죽기 전에 뭐 좀 사 먹으러 가자.
(16) 우리 오늘 밤엔 음식을 좀 사 와서 먹자.   → 정답 : take-out
(17) 우리 중국 음식 시켜 먹는 거 어때?
(18) 우리 저 해산물 전문 식당에서 먹는 거 어때?   → 정답 : grab
(19) 우리 길 아래에 새로 생긴 그 식당에 한번 가보는 거 어때?   → 정답 : try

Tip

3) "점심을 먹으러 가다"라고 말할 때는 간단히 "go to lunch"라고 표현할 수도 있어요.
"나가다"라는 의미를 더해주려면 "go out to lunch"라고 하면 되겠죠?

Gotta Remember
Show'em Who's Boss!

A. Look at the example and change the sentences accordingly.

ex) Why don't we take a break?
→ How does a break sound?

(1) How about we go on a picnic?
→ _____ ?

(2) Let's go see a movie.
→ _____ ?

(3) How about tomorrow?
→ _____ ?

(4) We should get some take-out.
→ _____ ?

B. Complete the dialogues. (Some answers may vary.)

(1) A: I'm starving. Let's go eat something.
B: How _____ some Chinese?
A: Sounds good. I know just the place.

(2) A: How does some cereal sound to you?
B: That _____ terrible. I want bacon and eggs.

(3) A: How about pizza for lunch?
B: Not again! I'm sick and tired of it.
Let's try something new for _____.

(4) A: I'm getting hungry. Let's go _____.
B: What do you feel like having?
A: Let's just get some fast food.

(5) A: Why is your stomach making so much noise?
B: I _____ breakfast.

(6) A: Let's go get something to eat before I _____ hunger.
B: I hear ya. I feel like I'm wasting away here.

(7) A: I'll see you guys in the lunchroom.
B: Actually, we're _____ lunch today.
A: Okay, I'll see you when you get back then.

Translations & Answers

A. 보기를 참고로 하여 주어진 문장들을 바꿔보세요.

ex) (우리) 좀 쉬는 게 어때? → 좀 쉬는 게 어때?

(1) (우리) 소풍 가는 거 어때? → 정답 : How does a picnic sound?
소풍 가는 거 어때?

(2) 영화 보러 가자. → 정답 : How does a movie sound?
영화 보는 거 어때?

(3) 내일 어때? → 정답 : How does tomorrow sound?
내일 어때?

(4) (우리) 테이크아웃 해와서 먹자. → 정답 : How does take-out sound?
테이크아웃 어때? / 포장해와서 먹는 거 어때?

B. 알맞은 표현으로 다음 각 대화문을 완성해보세요. (일부 정답은 응답자에 따라 다를 수 있음)

(1) A: 나 배고파 죽겠어. 뭐 좀 먹으러 가자. → 정답 : about
B: 중국 음식 어때? / about we get
A: 좋은 생각이야. 내가 괜찮은 곳 알아. / about we have

(2) A: 시리얼 어때? → 정답 : sounds
B: 끔찍한 소리 하는군. 난 베이컨 에그 먹고 싶어.

(3) A: 점심때 피자 어때? → 정답 : a change
B: 또야? 지긋지긋해 죽겠네. 이번엔 뭔가 좀 다른 걸 / once
먹어보자.

(4) A: 나 슬슬 배가 고파. 뭐 좀 먹으러 갔다 오자. → 정답 : grab a bite
B: 뭐가 당기는데?
A: 그냥 패스트푸드나 먹자.

(5) A: 왜 네 배에서 천둥 번개가 치는 거야? → 정답 : skipped
B: 아침을 걸렀거든.

(6) A: 나 배고파 죽기 전에 뭐 좀 사 먹으러 가자. → 정답 : die of
B: 동감이야. 나도 여기 있으니깐 쓰러질 거 같아.

(7) A: 구내식당에서 봐. → 정답 : going out to
B: 우린 오늘 나가서 점심 먹을 거야. / going out for
A: 그래. 그럼 점심 먹고 나서 봐.

※ "grab a bite (to eat)"은 기본적으로 "먹다"라는 뜻이지만, 무언가를 급히 먹는다는
느낌이 포함돼 있어요. 그럼에도 불구하고 "급히"라는 의미를 좀 더 강조하고 싶을 때는
"grab a quick bite"이라고 표현하기도 하죠.

Gotta Know

A. Use the *Cheat Boxes* to fill in the blanks.

(1) I'd like to _____ a dinner reservation.
(2) I'd like a reservation for two at five o'clock.
(3) Hi, we _____ a reservation under Johnson.
(4) May I _____ the menu, please?
(5) We're ready to order.
(6) Can we have a moment?
(7) What do you _____?
(8) What's good here?
(9) What's today's special?
(10) Can I get a _____?
(11) Can I get a wet hand towel?
(12) Can we get a _____ seat?
(13) Can I _____ my order?
(14) Excuse me, but I didn't order this.
(15) This isn't what I ordered.
(16) Can I have a box (for this), please?
(17) Can you _____ this up (for me)?

Cheat Box	
see	wrap
have	change
make	refill
booster	
recommend	

(18) Can we get the _____?
(19) Can I have my check?
(20) Can we have _____ checks?
(21) I think you may have made a mistake with the check.
(22) Let's go Dutch.
(23) Let's _____ the bill.
(24) Let's _____ fifty-fifty.
(25) Let's chip in 20 dollars each.
(26) It's my treat. (= It's _____ me. = I'm buying.)
(27) Let me pick up the _____. (= I got it. = I'll get it.)
(28) I'll pay (with) cash.
(29) Can I pay with my _____ card?
(30) Do you take credit cards?
(31) Do you _____ checks?
(32) I don't need _____.

Cheat Box
go
on
tab
check
split
accept
change
credit
separate

...

A. 다음은 식당에서 자주 이용하는 표현들입니다. Cheat Box 속 표현들로 빈칸을 채워보세요.

(1) 저녁 식사 좀 예약하고 싶어요. → 정답 : make
(2) 5시에 두 명 예약하고 싶어요.
(3) 안녕하세요, 존슨 이름으로 예약했는데요. → 정답 : have
(4) 메뉴판 좀 주실래요? → 정답 : see
(5) 주문할게요. / 주문해도 될까요?
(6) 조금 있다가 주문해도 될까요?
(7) 추천할 만한 게 있나요? → 정답 : recommend
(8) 여긴 뭐가 맛있죠? / 여긴 뭐 잘하죠?
(9) 오늘의 특선 요리는 뭔가요? / 오늘의 추천 메뉴는 뭔가요?
(10) 리필 좀 해주실래요? → 정답 : refill
(11) 물수건 좀 주실래요?
(12) 어린이용 (보조) 의자 좀 가져다주실래요? → 정답 : booster
(13) 혹시 주문 변경 가능한가요? → 정답 : change
(14) 죄송하지만, 전 이거 주문 안 했는데요.
(15) 이건 제가 주문한 게 아닌데요.
(16) (이거 좀 싸 가게) 담을 거 좀 줄래요?
(17) 이거 좀 싸줄래요? → 정답 : wrap
(18) 저희 계산서 좀 줄래요? → 정답 : check
(19) 계산서 좀 줄래요?
(20) (각자 낼 수 있게) 계산서 좀 나눠주실래요? → 정답 : separate
(21) 계산서가 안 맞는 거 같은데요.
(22) [사람 수에 관계없이] 각자 내자.
(23) [사람 수에 관계없이] 각자 내자. / 나눠서 내자. → 정답 : split
(24) [두 사람일 경우] 반반씩 내자. → 정답 : go
(25) 20달러씩 갹출하자.
(26) 내가 낼게. / 내가 쏠게. / 내가 내는 거야. / 내가 쏘는 거야. → 정답 : on
(27) 내가 낼게. / 내가 계산할게. → 정답 : tab
(28) 현금으로 계산할게요.
(29) 신용카드로 계산해도 되나요? → 정답 : credit
(30) 신용카드 받나요?
(31) 수표 받나요? → 정답 : accept
(32) 잔돈은 필요 없어요. / 잔돈은 안 주셔도 돼요. → 정답 : change

Tip

1) 남은 음식을 담아갈 수 있는 용기를 달라고 말할 때는 "Can I have a container (for this) please?"라고 표현해요. "(이것 좀 싸 가게 담을 수 있는) 용기 좀 주실래요?"라는 뜻이죠. 참고로, 무언가를 가져갈 수 있게 싸달라고 말할 때는 "Can I get this to go?" 또는 "Can I take this to go?"라고 말할 수도 있는데, 이는 주문 시 포장으로 싸달라는 의미일 수도 있고, 먹다 남은 것을 싸달라는 의미일 수도 있어요.

2) 계산서는 "bill"이라고 표현하기도 하고 "check"이라고 표현하기도 해요. 미국에서는 "check"이라는 표현이 훨씬 더 일반적으로 사용되죠. 계산서를 달라고 할 때는 간단히 "Check, please. (계산서 부탁해요.)"라고 표현할 수도 있어요.

3) 각자가 먹은 것을 각자가 지불하는 "더치페이(Dutch pay)"는 콩글리쉬이며, 실제로는 "Dutch treat"이라고 해요. "각자 내자. (더치페이하자.)"라고 제안할 때는 "Let's go Dutch."라고 표현해야 하죠.

Gotta Remember
Show 'em Who's Boss!

A. Complete the dialogues. (Some answers may vary.)

(1) A: Can I have a table for two?
B: Do you have _____?

(2) A: We're _____.
B: All right. What can I get for you?

(3) A: Can I get this _____?
B: Sure, I'll wrap it up for you.

(4) A: _____ a box for this?
B: Of course. I won't be a minute.

(5) A: Let's split the check.
B: No, let me _____ the tab this time. You paid last time.

(6) A: Is this together or separate?
B: It's together. George, it's _____ today.
C: Okay. I'll buy tomorrow then.

(7) A: Can we get separate _____?
B: Sure, I'll be right back with them.

(8) A: Here is your bill.
B: Do you _____ credit cards?

B. Replace the underlined parts using the given information.

A: I'd like to make a reservation.
B: How many people will you need the reservation for?
A: <u>There will be four of us.</u>
B: For which day and for what time?
A: <u>Six o'clock this Friday.</u>
B: <u>Friday, the 17th, correct?</u>
A: Correct.
B: And the name on the reservation and a phone number where we can reach you?
A: <u>Karen Homes,</u>
<u>010-8462-0159.</u>

①

Name	Erik Miles
How many	two people
When	tomorrow (Jan. 5th) 12:30 p.m.
Contact Info.	010-0544-2580

②

Name	Kate Burns
How many	six people
When	this Saturday (Jul. 2nd) 07:00 p.m.
Contact Info.	010-7575-9491

Translations & Answers

A. 알맞은 표현으로 다음 각 대화문을 완성해보세요. (일부 정답은 응답자에 따라 다를 수 있음)

(1) A: 두 명 자리 하나 있나요?
    B: 예약하셨나요?
    → 정답 : a reservation

(2) A: 주문할게요.
    B: 네, 뭐로 드릴까요?
    → 정답 : ready to order

(3) A: 이거 가져가게 좀 싸주실래요?
    B: 네. 포장해 드릴게요.
    → 정답 : to go

(4) A: 이것 좀 싸 가게 담을 것 좀 줄래요?
    B: 네. 금방 갖다 드릴게요.
    → 정답 : Can I have
          / Can I get

(5) A: 우리 나눠서 계산하자.
    B: 아니야, 이번엔 내가 낼게. 지난번엔 네가 샀으니까.
    → 정답 : pick up

(6) A: 같이 계산하시는 건가요, 아니면 따로 하시는 건가요?
    B: 같이요. 조지, 오늘은 내가 낼게.
    C: 그래. 그럼 내일은 내가 낼게.
    → 정답 : on me
          / my treat

(7) A: (각자 계산할 테니) 영수증 따로 주시겠어요?
    B: 네, 금방 준비해서 가져다 드릴게요.
    → 정답 : checks

(8) A: 계산서 여기 있습니다.
    B: 신용카드 받나요?
    → 정답 : take
          / accept

B. 주어진 정보를 이용해 밑줄 부분을 바꿔가며 대화문을 연습해보세요.

A: 예약 좀 하려고 전화드렸어요.
B: 몇 분이시죠?
A: 네 명요.
B: 날짜와 시간은요?
A: 이번 주 금요일 6시요.
B: 17일 금요일 말씀이시죠?
A: 맞아요.
B: 예약자명과 연락받으실 수 있는
   전화번호 좀 알려주시겠어요?
A: "캐런 호움스"고요. 연락처는
   010-8462-0159예요.

① 이름	에릭 마일스
인원수	두 명
날짜 및 시각	내일 (1월 5일) 낮 12시 30분
연락처	010-0544-2580

② 이름	케이트 번스
인원수	여섯 명
날짜 및 시각	이번 주 토요일 (7월 2일) 저녁 7시
연락처	010-7575-9491

123 Get ready.
준비해.

Gotta Know

A. Use the *Cheat Boxes* to fill in the blanks.

(1) Get a _____!

(2) Get me something to drink.

(3) I got a big bonus. (= I got a _____ bonus.)

(4) I got butterflies.

(5) I only got two _____ of five.

(6) I've got your back.

(7) I'll get the _____. It must be Jenny.

(8) I got it on Amazon.

(9) _____ got your tongue?

(10) What're you getting?

(11) What did you get _____ your birthday?

(12) Why don't you get yourself a new car?

Cheat Box		
cat	for	door
fat	out	life

(13) Get real!

(14) I got hooked _____ this movie.

(15) I'm starting to get worried.

(16) She gets _____ easily.

(17) He's gonna have to get _____ to that sort of thing.

(18) I need to get my hair _____.

(19) Why didn't you get this _____?

(20) Can you get home in 15 minutes?

(21) Let's get together tomorrow.

(22) Get in the car.

(23) Get _____ my back.

(24) I didn't get _____ talk to him this morning.

(25) Don't get me _____.

(26) She's gonna get the wrong idea.

(27) Got it? (= Have you got it? = Do you get it? = Get it? = Did you get it?)

(28) Got it. (= I've got it. = I get it. = I got it.)

(29) I don't get it.

(30) You got it.

Cheat Box
on
to
cut
off
used
done
sulky
wrong

A. 다음은 "get"을 이용한 유용한 표현들입니다. Cheat Box 속 표현들로 빈칸을 채워보세요.

(1) 참 따분하게 구네! / 인간답게 살아! → 정답 : life
(2) 나 뭐 마실 것 좀 갖다 줘.
(3) 나 보너스 두둑이 받았어. → 정답 : fat
(4) 나 긴장돼. / 긴장되네.
(5) 나 다섯 문제 중에서 두 개밖에 못 맞혔어. → 정답 : out
(6) 걱정 마. (네 뒤엔) 내가 있잖아. / 걱정 마. 내가 너 지켜줄게.
(7) [문밖에 누군가가 왔을 때] 내가 문 열어줄게. 분명 제니일 거야. → 정답 : door
(8) (나) 그거 아마존에서 샀어.
(9) 왜 꿀 먹은 벙어리야? / 왜 아무 말도 못 해? → 정답 : Cat
(10) 넌 뭐로 먹을래? / 너 뭐 주문할 거야?
(11) 너 생일 선물로 뭐 받았어? → 정답 : for
(12) 차 새로 바꾸지 그래?
(13) 허풍떨지 마! / 정신 좀 차려! / 될 법한 소리를 해!
(14) 나 이 영화에 푹 빠졌어. → 정답 : on
(15) 슬슬 걱정되기 시작하네.
(16) 걘 쉽게 토라져. / 걘 쉽게 뽀로통해져. → 정답 : sulky
(17) 걘 그런 일에 익숙해져야 할 거야. → 정답 : used
(18) 나 머리 잘라야 해. / 나 이발 좀 해야겠어. → 정답 : cut
(19) 너 이거 왜 처리 안 했어? → 정답 : done
(20) 너 15분 내로 집에 올 수 있어?
(21) 내일 함 뭉치자.
(22) 차에 타.
(23) 날 좀 내버려 둬. / 날 귀찮게 좀 하지 마. / 날 그만 좀 괴롭혀. → 정답 : off
(24) 난 오늘 아침에 걔랑 이야기할 기회가 없었어. → 정답 : to
(25) (내 말) 오해하지 마. → 정답 : wrong
(26) 걔가 오해할 거야.
(27) (너) 이해돼? / (너) 이해했어? / (너) 알겠어? / 알겠지?
(28) 알겠어. / 이해했어.
(29) (난) 이해가 안 돼. / 무슨 말이야?
(30) [상대방의 요구나 부탁] 알겠어.
     / [상대방의 말에 동의하며] 맞아. (그렇고말고.)
     / [상대방을 격려하며] 그래, 바로 그거야!

Tip 1) "get"은 다음과 같이 다양한 의미로 사용돼요.
  - 얻다, 받다   → 뒤에 명사류 등장
  - (어떠한 상태가) 되다, 되게 하다 → 뒤에 주로 형용사나 동사의 과거분사형(p.p.) 등장
  - 이르다, 도착하다   → 뒤에 부사류나 "to + 장소" 등장
  - 이해하다
  - 타다, 내리다   → 뒤에 "on/off/in/out + 탈것" 등장
  - ~하게 되다, ~할 기회가 되다, ~할 수 있게 되다(허락받다)
                                → 뒤에 to부정사 등장

Gotta Remember
Show 'em Who's Boss!

A. Identify all the sentences where *get* means *receive*.

(1) Go **get** some help.
(2) **Get** well soon!
(3) We should **get** there in about half an hour.
(4) I **got** an A.
(5) I **got** held up at work.
(6) You're **getting** in my way.
(7) I bet I **got** this cold from Samantha.
(8) I think we **got** off too early.
(9) It doesn't **get** any better than this.

B. Complete the dialogues.

(1) A: Do it faster!
   B: If you think you can do it faster, you're welcome to try.
      Otherwise, get off _____.

(2) A: Just put it on my tab.
   B: You _____, boss.

(3) A: What's wrong with her? Why is she so cranky today?
   B: She's always like that. You'd better _____ it.

(4) A: I heard you were going out with Spencer? What's wrong?
      Cat got _____?
   B: We're not exactly going out.

(5) A: Rumor has it that he got _____.
   B: Nope. He quit, but not before he flipped off
      the boss.

(6) A: Let's get _____ when you're free.
   B: I can make time for that. How about tonight?

(7) A: Don't be too nervous.
   B: Easy for you to say. I always _____
      in my stomach before a speech.

(8) A: So, I saw that new Chris Hemsworth movie the other day.
      What a waste of time.
   B: What's all the fuss about that movie? I don't _____.
   A: Exactly my point. It's not all it's cracked up to be.

Translations & Answers

A. 다음 중 "get"이 "receive"의 의미로 사용된 문장을 골라보세요.

(1) 가서 도움 좀 구해. → 정답 : O
(2) 쾌유를 빌어! → 정답 : X
(3) 우린 30분 정도면 거기 도착할 거야. → 정답 : X
(4) 나 A (학점) 받았어. → 정답 : O
(5) 나 일 때문에 꼼짝할 수가 없었어. → 정답 : X
(6) 네가 나 방해하고 있어. / 네가 내 길을 막고 있어. → 정답 : X
(7) 이번 감기는 사만다한테서 옮은 게 분명해. → 정답 : O
(8) 우리 너무 일찍 내린 거 같아. → 정답 : X
(9) 이보다 더 좋을 순 없어. / 정말 최고야. → 정답 : X

B. 알맞은 표현으로 다음 각 대화문을 완성해보세요.

(1) A: 더 빨리해!
    B: 네가 더 빨리할 수 있을 거 같으면 직접 해봐. 그게 아니면
       나 좀 내버려 둬. → 정답 : my back

(2) A: 그거 그냥 내 앞으로 달아둬.
    B: 알겠습니다. → 정답 : got it

(3) A: 쟤 왜 저래? 오늘 왜 저렇게 까칠한 거야?
    B: 쟨 항상 저래. 익숙해지는 게 좋을 거야. → 정답 : get used to

(4) A: 너 스펜서랑 사귄다면서? 왜 그래? 왜 꿀 먹은 벙어리처럼
       아무 말도 없어? → 정답 : your tongue
    B: 정확히 말하면 사귀는 건 아니야.

(5) A: 걔 잘렸다던데.
    B: 아니야. 직접 그만둔 거야. 상사에게 손가락 욕 날리고 나서. → 정답 : fired

(6) A: 너 시간 될 때 한번 뭉치자.
    B: 시간은 만들면 되지. 오늘 저녁에 어때? → 정답 : together

(7) A: 너무 긴장하지 마.
    B: 말이야 쉽지. 난 항상 연설하기 전에 긴장돼. → 정답 : get butterflies

(8) A: 저기, 나 며칠 전에 크리스 헴스워스 나오는 새로 개봉한
       그 영화 봤어. 어찌나 시간이 아깝던지. → 정답 : get it
    B: 그 영화 가지고 뭐 그리 야단법석이래? 이해가 안 가네.
    A: 내 말이. 소문처럼 그리 재미있지는 않던데.

> ※ "rumor"는 "소문"이라는 뜻으로, "Rumor has it (that) ..."이라고 표현하면 "~라는
> 소문이 있어.", "소문에 의하면 ~래.", "항간에 들리는 바에 의하면 ~래."라는 의미가 돼요.
>   ex) Rumor has it (that) she's on the market. (소문에 의하면) 걔 지금 임자 없대.
>   ex) Rumor has it (that) a huge layoff is coming.
>   (소문에 의하면) 대규모 정리해고가 있을 거래.

124 I'd like my coffee black, please.

제 커피는 블랙으로 부탁해요.

Gotta Know

A. Let's practice the dialogues using the given information.

A: How do you like your coffee? B: <u>I like it black.</u>	① sweet	② strong

A: How would you like your steak (cooked)? B: <u>I'd like it medium-well.</u>	③ rare	④ medium-rare
	⑤ medium	⑥ well-done

A: How would you like your eggs (cooked)? B: <u>Sunny-side up, please.</u>	⑦ hard-boiled	⑧ soft-boiled
	⑨ over-hard	⑩ over-easy
	⑪ scrambled	⑫ poached

B. Let's practice the dialogues. Replace the underlined sentences with the ones in the *Ready-to-Use Box*.

(1) A: How would you like your hair cut?
   B: <u>Please cut my hair to shoulder length.</u>

(2) A: How would you like your hair done?
   B: <u>Just give me a trim.</u>

(3) A: How would you like your hair styled?
   B: <u>Can you cut off two or three inches?</u>

Ready-to-Use Box

I'd like a buzz cut.
I'd like to get bangs.
Cut my bangs.
Just take a little off the back.
Just take a little off the sides.
I'd like to have a perm.
I'd like (to have) my hair dyed.
Can you layer my hair?
Straighten my hair.

C. Use the *Cheat Box* to fill in the blanks. (Some answers may vary.)

(1) When did you get a haircut?
(2) I think it's time I _____ my hair cut.
(3) I got my hair dyed. (= I _____ my hair.)
(4) She _____ her hair blue!
(5) I got my hair highlighted yesterday.
(6) I have a lot of _____ ends.

Cheat Box   got   dyed   split   colored

232   I'd like my coffee black, please.

A. 주어진 정보를 이용해 다음 대화문들을 연습해봅시다.

A: 넌 커피 어떻게 마시는 걸 좋아해? / 커피 어떻게 타줄까? B: 난 블랙으로 마시는 걸 좋아해. / 블랙으로 해줘.	① 단 ② 진한, 강한

A: 스테이크는 어떻게 해드릴까요? B: 보통보다 조금 더 익혀주세요.	③ 아주 살짝만 익힌 ④ 약간 덜 익힌 ⑤ 보통으로 익힌 ⑥ 완전히 익힌

A: 달걀은 어떻게 해드릴까요? B: 반숙으로 부탁해요.	⑦ 완숙으로 삶은 ⑧ 반숙으로 삶은 ⑨ 양쪽 다 완전히 익힌 ⑩ 한쪽은 살짝만 익힌 ⑪ 휘저어 부친 ⑫ 수란으로 만든

Tip
1) "~은 어떻게 해드릴까요?"라고 물을 때는 "How would you like ...?"라고 표현해요. 가까운 사이에서는 그냥 "How do you like ...?" 또는 "How do you want ...?"라고 표현하죠.
2) "over-hard"는 계란을 깨서 노른자까지 완전히 익히는 조리법을, "over-easy"는 한쪽 면을 완전히 익힌 후 뒤집어서 반대쪽은 살짝만 익히는 조리법을 말해요. "sunny-side up"은 아예 한쪽만 익히는 조리법으로, 노른자의 동그란 형체가 그대로 유지되는 반숙 조리법을 말하죠.

B. Ready-to-Use Box 속 표현들로 밑줄 부분을 바꿔가며 대화문들을 연습해봅시다.

(1) A: 머리 어떻게
　잘라드릴까요?
B: 어깨 길이로 잘라주세요.

(2) A: 머리 어떻게
　해드릴까요?
B: 그냥 다듬어만 주세요.

(3) A: 머리 스타일은 어떻게
　해드릴까요?
B: 2~3인치 정도
　잘라주실래요?

I'd like a buzz cut.	스포츠머리로 해주세요.
I'd like to get bangs.	앞머리 내리는 스타일로 부탁해요.
Cut my bangs.	앞머리 좀 잘라주세요.
Just take a little off the back.	뒷머리 조금만 쳐주세요.
Just take a little off the sides.	옆머리 조금만 쳐주세요.
I'd like to have a perm.	파마 좀 해주세요.
I'd like (to have) my hair dyed.	(머리) 염색 좀 부탁해요.
Can you layer my hair?	(머리에) 층 좀 내주실래요?
Straighten my hair.	스트레이트 파마해주세요.

C. Cheat Box 속 표현들로 빈칸을 채워보세요. (일부 표현은 두 번 이상 사용 가능)

(1) 너 언제 머리 잘랐어?
(2) 나 이제 머리 자를 때가 된 거 같아.　→ 정답 : got
(3) 나 머리 염색했어.　→ 정답 : colored / dyed
(4) 걘 머리를 파랗게 염색했어.　→ 정답 : dyed / colored
(5) 나 어제 부분 염색했어.
(6) 나 머리끝이 너무 많이 갈라졌어.　→ 정답 : split

Tip
3) 보통, 미용실에서 머리카락을 부분적으로 탈색하거나 염색해달라고 말할 때 "브릿지 넣어주세요."라고 말하죠? 이때 "브릿지"는 "bridge"가 아니라 "bleach(표백제, 탈색제)"를 잘못 발음한 거예요. 하지만 이마저도 올바른 표현이 아니며 영어에서는 "highlight"라는 표현을 사용해요. "highlight"는 **강조하다**라는 뜻이 있는데, 머리카락 일부를 강조한다고 하여 "부분 염색" 또는 "부분 염색하다"라는 뜻으로 확장되었죠.

Gotta Remember
Show 'em Who's Boss!

A. Remember what we have learned today? Complete the dialogue.

A: May I take your order?
B: Certainly. I'd like one steak and eggs.
A: How do you like your steak?
B: _____.
A: And your eggs?
B: _____.
A: Want some coffee with that?
B: Definitely. _____.

B. Complete the dialogues. (Some answers may vary.)

(1) A: How do you like your hair?
    B: I like my hair _____ shoulder length.

(2) A: My hair is too curly!
    B: Then, go tell the hairdresser to _____.

(3) A: I like your hair.
    B: Thanks. I just _____ my hair dark brown
       last weekend.

(4) A: When was your _____?
    B: It was in July.
    A: I think you need another one.

(5) A: How long has it been since you last got
       your hair cut?
    B: More than two months.
    A: That long?
    B: Yeah. I guess it's time I _____.

C. Answer the questions below.

(1) Q: How often do you get a haircut?
    A: _____.

(2) Q: What color do you like to dye your hair?
    A: _____.

I'd like my coffee black, please.

Translations & Answers

A. 다음 대화문은 참고용입니다. 오늘 학습한 내용을 바탕으로 자유롭게 대화를 나눠보세요.

A: May I take your order?
B: Certainly. I'd like one steak and eggs.
A: How do you like your steak?
B: <u>Rare, please.</u>
A: And your eggs?
B: <u>Sunny-side up.</u>
A: Want some coffee with that?
B: Definitely. <u>Black, please.</u>

A: 주문하시겠어요?
B: 네. 스테이크 하나랑 달걀 요리로 부탁해요.
A: 스테이크는 어떻게 해드릴까요?
B: 아주 살짝만 익혀주세요.
A: 달걀은요?
B: 한쪽만 익혀주세요.
A: 커피도 드릴까요?
B: 물론이죠. 블랙으로 부탁해요.

B. 알맞은 표현으로 다음 각 대화문을 완성해보세요. (일부 정답은 응답자에 따라 다를 수 있음)

(1) A: 머리 어떻게 해드릴까요?
   B: 어깨 길이로 잘라주세요.
   → 정답 : cut to

(2) A: 내 머리카락은 너무 곱슬해!
   B: 그럼, 헤어 디자이너에게 가서 펴달라고 해.
   → 정답 : straighten it

(3) A: 네 헤어 스타일 괜찮은데.
   B: 고마워. 지난 주말에 진한 갈색으로 염색했어.
   → 정답 : dyed / colored

(4) A: 너 언제 마지막으로 머리 자른 거야?
   B: 7월.
   A: 또 자를 때가 된 거 같네.
   → 정답 : last haircut

(5) A: 너 머리 자른 지 얼마나 된 거야?
   B: 두 달 넘었어.
   A: 그렇게 오래됐다고?
   B: 응. 이제 머리 자를 때가 됐나 봐.
   → 정답 : got my hair cut

C. 다음 응답들은 참고용입니다. 각 질문에 자유롭게 응답해보세요.

(1) Q: How often do you get a haircut?
   A: <u>Once a month. Speaking of which, I just got a haircut last week.</u>
      Q: 당신은 머리를 얼마나 자주 자르나요?
      A: 한 달에 한 번요. 안 그래도 지난주에 머리 잘랐어요.

(2) Q: What color do you like to dye your hair?
   A: <u>I like to dye my hair dark brown. I think it's my best color.</u>
      Q: 당신은 머리를 어떤 색으로 염색하는 것을 좋아하나요?
      A: 전 머리를 진한 갈색으로 염색하는 걸 좋아해요.
         그게 제게 가장 잘 어울리는 색인 거 같아요.

125 Her album sold like hot cakes.

그녀의 앨범은 날개 돋친 듯 팔렸어.

Gotta Know

A. Use the *Cheat Box* to fill in the blanks.

(1) What's your favorite _____?

(2) This milk tastes _____.

(3) I think this meat has gone bad.

(4) This yogurt's gone bad.

(5) This milk is spoiled.

(6) All the bananas are _____.

(7) What's for dinner?

(8) It really hit the _____.

(9) Save _____ for dessert.

(10) I'm full. (≈ I'm _____.)

(11) I've had enough.

(12) I've had enough to drink for today.

(13) Don't talk with your mouth _____.

(14) Don't _____ up on bread.

(15) Are you done eating?
   (= Are you finished eating?)

(16) Are you gonna _____ that?

(17) The test was a _____ of cake. I got an A.

(18) Stop buttering up your boss.

(19) That's the _____ on the cake.

(20) Thanks for your suggestion. It was good _____ for thought.

Cheat Box			
dish	full	funny	finish
fill	room	icing	rotten
food	spot	piece	stuffed

B. Let's look at the examples and change the sentences accordingly.

ex1) How do you want to pay for your purchase?
   → How would you like to pay for your purchase?

ex2) What do you say to living in the States?
   → How would you like to live in the States?

(1) How do you want to be remembered?
   → _____?

(2) What do you say to having dinner together?
   → _____?

A. Cheat Box 속 표현들로 빈칸을 채워보세요.

(1) 네가 가장 좋아하는 요리는 뭐야?   → 정답 : dish
(2) 이 우유는 맛이 이상해. / 이 우유 상한 것 같아. → 정답 : funny
(3) 이 고기는 상한 것 같아.
(4) 이 요거트는 상했어.
(5) 이 우유는 상했어.
(6) 바나나들이 모두 다 썩었어.   → 정답 : rotten
(7) 오늘 저녁 식사는 뭐야? / 오늘 저녁은 뭐야?
(8) 어우, 참 잘~ 먹었다. / 내 입맛에 딱 맞았어.   → 정답 : spot
(9) 디저트 먹을 배 남겨 놔.   → 정답 : room
(10) 나 배불러. (≈ 나 배가 꽉 찼어.)   → 정답 : stuffed
(11) 나 충분히 먹었어.
(12) 나 오늘 더는 못 마시겠어.
(13) 음식 먹으면서 말하지 마.   → 정답 : full
(14) 빵으로 배 채우지 마.   → 정답 : fill
(15) 너 다 먹었어?
(16) 너 그거 다 먹을 거야?   → 정답 : finish
(17) 시험은 식은 죽 먹기였어. 나 A (학점) 받았어. → 정답 : piece
(18) 네 사장에게 그만 좀 아부해. / 네 상관에게 그만 좀 아부해.
(19) 그것참 금상첨화군.   → 정답 : icing
(20) 제안 고마워. 생각하고 고민해볼 만한 내용이었어. → 정답 : food

Tip
1) "dish"는 "접시"라는 뜻으로 익숙하지만 접시 위에 담긴 것, 즉 "요리"라는 뜻으로도 많이 사용돼요.
2) "Are you done eating?"은 다소 비격식적인 표현이기 때문에 격식적인 자리에서는 "Are you finished eating?"이라고 표현하는 것이 좋아요.

B. 보기를 참고로 하여 주어진 문장들을 바꿔봅시다.

ex1) 구매한 것은 어떻게 지불하고 싶어? → 구매하신 것은 어떻게 지불하시겠어요?
ex2) 미국에서 살아보면 어떨 것 같아?   → 미국에서 살아보면 어떻겠어요?

(1) 넌 어떤 사람으로 기억되고 싶어?
    → 정답 : How would you like to be remembered?
          당신은 어떤 사람으로 기억되고 싶어요?

(2) 같이 저녁 먹으면 어떨까? / 같이 저녁 먹는 거 어때?
    → 정답 : How would you like to have dinner together?
          같이 저녁 먹으면 어떻겠어요? / 같이 저녁 먹는 게 어때요?

Tip
3) "How would you like" 뒤에는 to부정사가 등장하기도 해요. 앞서 배운 "How would you like your coffee? (커피는 어떻게 해드릴까요?)"는 "How would you like to have your coffee? (커피는 어떻게 드시겠어요?)"라고 표현하기도 하죠. 이처럼 "How would you like" 뒤에 to부정사가 등장하는 경우에는 "어떻게 ~하겠어요?"라는 의미가 되지만, 간혹 "~하는 게 어떻겠어요?"처럼 의견을 묻는 표현으로 사용되기도 한답니다.

A. Complete the dialogues. (Some answers may vary.)

(1) A: This yogurt's _____.
B: Nonsense. It tastes fine to me.

(2) A: What're you ordering for lunch?
B: I don't know. I have _____ today.

(3) A: She is _____.
B: She sure is. She never eats vegetables.

(4) A: _____ for dessert.
B: What're we having?

(5) A: You like sweets, huh?
B: Yup. I have _____.

(6) A: Stop _____ your boss.
B: How else am I gonna get that promotion?

(7) A: I've _____ to drink for today.
B: Yeah. Let's stop for today.

(8) A: Why don't you have some more?
B: Nah, I'm _____. I can't eat anymore.

(9) A: I liked that cheeseburger. It really _____.
B: It did for me, too.

B. Make any sentences you want using the given phrase.

(1) How would you like to _____?

(2) How would you like to _____?

(3) How would you like to _____?

(4) How would you like to _____?

C. Answer the question below.

Q: How would you like to live in the States?
A: _____.

Translations & Answers

A. 알맞은 표현으로 다음 각 대화문을 완성해보세요. (일부 정답은 응답자에 따라 다를 수 있음)

(1) A: 이 요거트 상했어.
　　B: 말도 안 돼. 난 먹어보니 괜찮은데.

→ 정답 : gone bad

(2) A: 너 점심 뭐 시켜 먹을 거야?
　　B: 모르겠어. 오늘은 입맛이 없네.

→ 정답 : no appetite

(3) A: 걘 식성이 까다로워.
　　B: 정말 그런 거 같아. 절대로 채소를 입에 대지 않아.

→ 정답 : a picky eater

(4) A: 디저트 먹을 배 남겨놔.
　　B: 우리 뭐 먹을 건데?

→ 정답 : Save room

(5) A: 너도 달달한 거 좋아하는구나?
　　B: 응. 난 단 걸 엄청 좋아해.

→ 정답 : a sweet tooth

(6) A: 네 상관에게 아부 좀 그만해.
　　B: 이번 승진 따내려면 달리 뾰족한 수가 없잖아.

→ 정답 : buttering up

(7) A: 오늘 더는 못 마시겠어.
　　B: 그래. 오늘은 그만 마시자.

→ 정답 : had enough

(8) A: 좀 더 먹지 그래?
　　B: 아니, 배가 꽉 찼어. 더는 못 먹겠어.

→ 정답 : stuffed / full

(9) A: 거기 치즈버거 맛있더라. 맛이 정말 기가 막히던걸.
　　B: 나도 진짜 맛있더라고.

→ 정답 : hit the spot

B. 다음 문장들은 참고용입니다. 주어진 표현을 이용해 자유롭게 문장을 만들어보세요.

(1) How would you like to <u>pay for your ticket</u>?　　표값은 어떻게 지불하시겠어요?

(2) How would you like to <u>send your package</u>?　　소포는 어떻게 보내시겠어요?

(3) How would you like to <u>play golf with me today</u>?　오늘 저랑 같이 골프 치는 거 어때요?

(4) How would you like to <u>take tomorrow off</u>?　　내일 하루 쉬는 게 어떻겠어요?

C. 다음 응답은 참고용입니다. 질문에 자유롭게 응답해보세요.

Q: How would you like to live in the States?　Q: 미국에서 살아보면 어떻겠어요?

A: <u>It would be awesome if I could do that.</u>　A: 그럴 수 있으면 정말 좋겠어요. 전 따뜻한
　 <u>California would be my first choice</u>　　　 날씨를 좋아해서 캘리포니아 주를 제일
　 <u>since I like warm weather.</u>　　　　　　　 먼저 선택하겠어요.

126 Can I borrow five bucks?

5달러만 빌려줄래?

Gotta Know

A. Use the *Cheat Box* to fill in the blanks.

(1) It was worth every <u>cent</u>.   → It was worth every _____.

(2) I only have <u>five cents</u>.   → I only have a _____.

(3) Can you lend me <u>10 cents</u>? → Can you lend me a _____?

(4) Do you have <u>25 cents</u>?   → Do you have a _____?

(5) It's 10 <u>dollars</u> for two.   → It's 10 _____ for two.

(6) It's approximately 10 <u>thousand dollars</u>.

→ It's approximately 10 _____.

Cheat Box
dime
bucks
grand
penny
nickel
quarter

B. Let's practice the dialogues using the given information.

A: Do you have change for <u>a dollar</u>?
B: Sure. How would you like it?
A: Can I have <u>two quarters and five dimes</u>?
B: Not a problem.

① 2 dollars
→ (4 x 25¢) + (10 x 10¢)

② 5 dollars
→ (12 x 25¢) + (20 x 10¢)

A: Can you break <u>this 10-dollar bill</u> for me?
B: How do you want it?
A: I want <u>one five and five singles</u>.
B: Okay, sure.

③ 20 dollars
→ (3 x $5) + (5 x $1)

④ 100 dollars
→ (4 x $20) + (20 x $1)

C. Let's look at the example and change the sentences accordingly.

ex) Can I borrow 20 dollars?
→ Can you lend me 20 dollars?

(1) Can I borrow these books?
→ _____ ?

(2) Can I borrow your pen?
→ _____ ?

(3) Can I borrow some money?
→ _____ ?

A. Cheat Box 속 표현들로 빈칸을 채워보세요.

(1) (그건) 돈이 전혀 아깝지 않았어. → 정답 : penny
(2) 난 5센트밖에 없어. → 난 5센트짜리 하나밖에 없어. → 정답 : nickel
(3) 10센트 좀 빌려줄래? → 10센트짜리 동전 하나 좀 빌려줄래? → 정답 : dime
(4) 너 25센트 있어? → 너 25센트짜리 동전 하나 있어? → 정답 : quarter
(5) (그건) 두 명에 10달러야. / (그건) 두 개에 10달러야. → 정답 : bucks
(6) (그건) 거의 10,000달러 가까이 돼. → 정답 : grand

1) 미국에는 동전마다 이름이 있어요. 단, 50센트짜리 동전은 그냥 1달러의 절반이라고 해서 "해프 달러(a half dollar)"라고 표현하죠.

2) 대화 시 달러는 "buck"이라고 표현하기도 해요. "two dollars"는 "two bucks"라고 표현하죠. 1,000달러 단위도 간단히 "grand"라고 표현할 수 있는데, "buck"과는 달리 "grand"는 앞에 "two", "three" 등의 숫자가 붙어도 항상 단수로 표현해요.

B. 주어진 정보를 이용해 다음 대화문들을 연습해봅시다.

A: 1달러짜리 바꿀 거 있어?
B: 응. 어떻게 바꿔줄까?
A: 25센트짜리 2개랑 10센트짜리 다섯 개로 바꿔줄 수 있어?
B: 당근이지.

① 2달러
→ 25센트짜리 4개 + 10센트짜리 10개

② 5달러
→ 25센트짜리 12개 + 10센트짜리 20개

A: 이 10달러짜리 지폐 좀 바꿔 줄래?
B: 어떻게 바꿔 줄까?
A: 5달러짜리 하나랑 1달러짜리 5개로.
B: 응, 알았어.

③ 20달러
→ 5달러짜리 3개 + 1달러짜리 5개

④ 100달러
→ 20달러짜리 4개 + 1달러짜리 20개

3) 지폐는 영어로 "bill"이라고 해요. "20달러짜리 지폐 한 장"은 "a twenty-dollar bill"이라고 표현하죠. 하지만 대화 시에는 주로 그냥 "a twenty"라고 표현해요.

4) 잔돈으로 바꿔 달라고 말할 때 "1달러 지폐(one-dollar bill)"는 그냥 "one" 또는 "single"이라고 표현할 수도 있어요.

C. 보기를 참고로 하여 주어진 문장들을 바꿔봅시다.

ex) 나 20달러 좀 빌려도 돼? → 나 20달러 좀 빌려줄래?

(1) 나 이 책들 좀 빌려도 돼? → 정답 : Can you lend me these books?
                                    나 이 책들 좀 빌려줄래?

(2) 나 네 펜 좀 빌려도 돼? → 정답 : Can you lend me your pen?
                                    나 네 펜 좀 빌려줄래?

(3) 나 돈 좀 빌려도 돼? → 정답 : Can you lend me some money?
                                    나 돈 좀 빌려줄래?

5) 미국에서는 돈을 빌려 달라고 말할 때 동사로 "lend" 대신 "loan"을 이용하기도 해요.
ex) Can you loan me a dollar?   나 1달러 좀 빌려줄래?

Gotta Remember
Show 'em Who's Boss!

A. Complete the dialogues. (Some answers may vary.)

(1) A: Do you have four quarters?
    B: No, but I have two quarters and five _____.

(2) A: Your total is $5.02.
    B: Here you go.
    A: Out of 20 dollars?
    B: Hold on, I might have two _____. Oh, here you go.
    A: Awesome.

(3) A: I paid five _____ for this.
    B: I wouldn't have paid more than a buck
       for that.

(4) A: What's this?
    B: It is a new 100-dollar _____.
    A: It looks fake.

(5) A: Do you _____ for a dollar?
    B: No. I only use plastic nowadays.

(6) A: Can you break my five-dollar bill into _____?
    B: No problem. Here you go, one, two, three, four, five.

(7) A: Can you break this bill for me?
    B: How would you like it?
    A: I'd like three 20-dollar bills then you can give me the rest
       with anything.
    B: I'll just give you five _____ then.

(8) A: Can I _____ a five?
    B: All I have is a 10, and I'm not giving you that.

(9) A: Could you _____ me 1,000 dollars?
    B: I wish I could, but I'm pretty much broke right now.

B. Correct the sentences.

(1) Can I have 10 single?

(2) It'll be around two grands.

(3) Do you have a change for a 20-dollar bill?

(4) Can you break this 20 with smaller bills?

Translations & Answers

A. 알맞은 표현으로 다음 각 대화문을 완성해보세요. (일부 정답은 응답자에 따라 다를 수 있음)

(1) A: 25센트짜리 동전 네 개 있어?
B: 아니, 하지만 25센트짜리 두 개랑 10센트짜리 다섯 개는 있어.
→ 정답 : dimes

(2) A: 모두 다 해서 5달러 2센트예요.
B: 여기 있어요.
A: 20달러 받았습니다.
B: 잠시만요. 아마 2센트 있을 거예요. 아, 여기요.
A: 잘됐네요.
→ 정답 : pennies

(3) A: 나 이거 5달러 줬어.
B: 나라면 그거 1달러 이상은 안 줬을 거야.
→ 정답 : bucks
/ dollars

(4) A: 이건 뭐야?
B: 새로 나온 100달러 지폐야.
A: 위조지폐 같은데.
→ 정답 : bill

(5) A: 1달러짜리 바꿀 돈 있어?
B: 아니. 난 요즘 카드만 써.
→ 정답 : have change

(6) A: 5달러짜리 지폐 좀 1달러짜리로 바꿔줄래?
B: 그래. 자, 여기. 하나, 둘, 셋, 넷, 다섯.
→ 정답 : ones
/ singles

(7) A: 이 지폐 좀 바꿔 줄래요?
B: 어떻게 바꿔 드릴까요?
A: 20달러짜리 3장 주시고, 나머진 알아서 주세요.
B: 그럼 그냥 20달러짜리로 5장 드릴게요.
→ 정답 : twenties

(8) A: 5달러짜리 하나만 빌려줄래?
B: 내가 가진 거라곤 10달러짜리 하나밖에 없어. 그리고 난 그거 너한테 안 줄 거야.
→ 정답 : borrow

(9) A: 1,000달러 좀 빌려줄 수 있어요?
B: 그럴 수 있으면 좋겠지만, 저 지금 거의 빈털터리예요.
→ 정답 : lend
/ loan

> ※ 신용카드는 플라스틱 재질로 되어 있기 때문에 그냥 "plastic"이라고 표현하기도 해요.
> "신용카드를 이용하다"라고 말하려면 "use plastic"이라고 표현하면 되죠.

B. 다음 각 문장에서 틀린 부분을 찾아 바르게 고쳐보세요.

(1) 1달러짜리 열 장만 줄래? → 정답 : single → singles
(2) (그건) 2,000달러 정도 할 거야. → 정답 : grands → grand
(3) 20달러짜리 지폐 하나 바꿀 돈 있어? → 정답 : a change → change (a 삭제)
(4) 이 20달러짜리 좀 잔돈으로 바꿔 줄래? → 정답 : with → into

127 He paid top dollar for his SUV.

걘 SUV 사느라 돈 엄청 썼어.

Gotta Know

A. Let's look at the examples and make sentences accordingly.

ex1) me / $50 / get this fixed → It cost me 50 dollars to get this fixed.

(1) them / a fortune / stay there
→ _____.

(2) him / an arm and a leg / buy his car
→ _____.

ex2) you / ? / go to Hawaii → How much did it cost you to go to Hawaii?

(3) you / ? / build your house
→ _____?

(4) her / ? / get a first-class ticket
→ _____?

B. Let's practice the dialogues using the given information.

A: How much did they charge you for <u>this</u>?
B: They charged me <u>five bucks</u>.

① an hour / $7.5 ② a night / $80 or so

A: How much did you pay for <u>these pens</u>?
B: I paid <u>three dollars each</u>.

③ speeding / $300 ④ your SUV / top dollar

C. Use the *Cheat Box* to fill in the blanks.

(1) He won the lottery. He's _____ rich.
(2) Can I borrow some money? I'm _____.
(3) I was _____ poor growing up.
(4) Please, don't be a _____!
(5) That miser doesn't spend a dime he doesn't have to!
(6) The old scrooge sent me a five-dollar gift certificate.
(7) A two percent tip is _____, even for you.

Cheat Box

dirt
broke
filthy
stingy
cheapskate

A. 보기를 참고로 하여 문장들을 만들어봅시다.

ex1) 나에게 / 50달러 / 이것을 수리받다 → 나 이거 고치는 데 50달러 들었어.

(1) 걔네한테 / 거금 / 거기서 지내다
 → 정답 : It cost them a fortune to stay there.
 걔네 거기서 지내면서 돈 많이 들었어.

(2) 걔한테 / 어마한 돈 / 걔 차를 사다
 → 정답 : It cost him an arm and a leg to buy his car.
 걔 차 살 때 돈 무지막지하게 들었어.

ex2) 너에게 / (비용 모름) / 하와이에 가다 → 너 하와이 가는 거 비용 얼마 들었어?

(3) 너에게 / (비용 모름) / 네 집을 짓다
 → 정답 : How much did it cost you to build your house?
 너 집 짓는 거 돈 얼마 들었어?

(4) 걔한테 / (비용 모름) / 일등석 표를 사다
 → 정답 : How much did it cost her to get a first-class ticket?
 걔 일등석 표 사는 거 돈 얼마 들었어?

B. 주어진 정보를 이용해 다음 대화문들을 연습해봅시다.

A: 거기선 이거 얼마 받았어?
B: 5달러 받던데.

① 한 시간 / 7.5달러
② 하룻밤 / 80달러 정도

A: 너 이 펜들 얼마 줬어?
B: 개당 3달러 줬어.

③ 과속 / 300달러
④ 네 SUV / 최고 한도액

Tip 1) "charge"는 "내가 돈을 지불하다", "내가 무언가를 하는 데 얼마의 돈이 들다"라는 능동적인 개념이라기보다 무언가를 위해, 혹은 무언가를 하기 위해 내가 지불해야 하는 (청구받는) 금액을 말할 때 주로 사용되는 표현으로, 보통 "시간당 얼마냐", "빌리는 데 얼마냐", "사용료가 얼마냐"처럼 얼마의 대가를 받느냐고 물을 때 사용돼요.
 2) "top dollar"는 "달러(dollar) 꼭대기(top)"라는 말이 아니라 지불할 수 있는 "**최고 한도액**", 받을 수 있는 "**최고가**"를 의미해요. 그래서 "**pay top dollar for ...**"라고 하면 "~을 사느라 돈을 엄청 쓰다"라는 뜻이 된답니다.

C. Cheat Box 속 표현들로 빈칸을 채워보세요.

(1) 걘 복권에 당첨됐어. 돈이 헉 소리 나게 많아. → 정답 : filthy
(2) 나 돈 좀 빌려줄래? 지금 돈이 하나도 없거든. → 정답 : broke
(3) 난 어릴 적에 찢어지게 가난했어. → 정답 : dirt
(4) 제발 짠돌이처럼 굴지 마! → 정답 : cheapskate
(5) 저 짠돌이는 돈 한 푼도 허투루 안 써!
(6) 그 늙은 구두쇠가 나에게 5달러짜리 상품권을 보냈어.
(7) 팁으로 2%를 주는 건 너무 짜. 그게 설령 너라고 해도 말이야. → 정답 : stingy

Tip 3) "**구두쇠**"라는 표현 중에서는 "**cheapskate**"가 가장 일반적으로 많이 사용돼요.

Gotta Remember
Show 'em Who's Boss!

A. Complete the dialogues using the given information.

(1) stay at the Aloha hotel

A: _____ ?
B: It costs about 200 dollars per night to stay there.

(2) get your car fixed

A: _____ ?
B: It cost me almost 2,000 dollars.

(3) paint the whole house

A: _____ ?
B: Hopefully, it won't cost too much.

B. Complete the dialogues. (Some answers may vary.)

(1) A: Excuse me.
B: Yes, can I help you with anything?
A: How much do you guys _____ an hour?
B: 10 dollars.

(2) A: How much did you _____ this?
B: About six or seven dollars.
A: Good. I was afraid you'd been ripped off.

(3) A: Can I bum a smoke?
B: Again? Go buy your own, you _____.

(4) A: I wish I were like him.
B: _____, and unhappy? Is that what you want?

(5) A: Hey, Jerry, can I borrow some money? I'm two days behind in my rent.
B: I wish I could help, but I'm kind of _____ right now.

C. Answer the question below.

Q: How much does it cost to go to college in Korea?
A: _____ .

He paid top dollar for his SUV.

Translations & Answers

A. 주어진 정보를 이용해 다음 각 대화문을 완성해보세요.

(1) 알로하 호텔에서 묵다
   A: 알로하 호텔에서 묵으려면 비용이 얼마나 들어?
   B: 거기서 묵으려면 하룻밤에 200달러 정도 들어.
   → 정답 : How much does it cost to stay at the Aloha hotel?

(2) 네 차를 수리받다
   A: 네 차 수리하는 데 돈 얼마 들었어?
   B: 거의 2천 달러 가까이 들었어.
   → 정답 : How much did it cost you to get your car fixed?

(3) 집 전체를 칠하다
   A: 집 전체를 칠하려면 돈이 얼마나 들까?
   B: 비용이 너무 많이 안 들면 좋겠네.
   → 정답 : How much will it cost to paint the whole house?

B. 알맞은 표현으로 다음 각 대화문을 완성해보세요. (일부 정답은 응답자에 따라 다를 수 있음)

(1) A: 실례합니다.
    B: 네, 무엇을 도와드릴까요?   → 정답 : charge for
    A: 한 시간에 얼마죠?
    B: 10달러예요.

(2) A: 너 이거 얼마 줬어?
    B: 6달러나 7달러 정도.   → 정답 : pay for
    A: 좋네. 네가 바가지 썼을까 봐 걱정했어.

(3) A: 담배 한 개비만 줄래?
    B: 또? 네가 좀 사서 피워, 이 짠돌아.   → 정답 : cheapskate

(4) A: 내가 저 사람 같으면 좋을 텐데.
    B: 엄청나게 부자면서도 불행한 거? 네가 원하는 게 그거야? → 정답 : Filthy rich

(5) A: 야, 제리. 나 돈 좀 빌려줄래? 집세 못 낸 지 이틀 됐거든. → 정답 : broke
    B: 도와줄 수 있으면 좋겠다만, 내가 지금 돈에 좀 쪼들리고 있어서.

C. 다음 응답은 참고용입니다. 질문에 자유롭게 응답해보세요.

Q: How much does it cost to go to college in Korea?
A: <u>If you went to a private school, the average cost of tuition and living expenses would be around 100,000 dollars.</u>

   Q: 한국에서는 대학을 다니려면 돈이 얼마나 드나요?
   A: 사립학교에 다닌다면 학비랑 생활비 합쳐서 평균 10만 달러 정도 들 거예요.

Gotta Know

A. Let's practice the dialogues using the given information.

> A: How much money does it take
> to <u>buy a new car</u>?
> B: It takes <u>at least 10,000 dollars</u>.

> A: How long did it take you
> to <u>learn how to drive</u>?
> B: It took me <u>only about a month</u>.

① travel to China / $1,000 on average

② go there by taxi / $40, $50 tops

③ get to Ohio   / five hours or so

④ finish up your assignment
            / one full day

B. Let's look at the example and complete the sentences accordingly.

ex) **buy furniture**
> → I spent a lot of money <u>to buy furniture</u>.
> → I spent a lot of money <u>(on) buying furniture</u>.

(1) **fix this house**
> → I spent most of my money _____.
> → I spent most of my money _____.

(2) **learn how to do this**
> → I spent more than two years _____.
> → I spent more than two years _____.

C. Use the *Cheat Box* to fill in the blanks.

(1) Take a _____.
(2) Sorry, I'm taken.
(3) Let's take _____.
(4) Take my _____ for it!
(5) Take your hands off me.
(6) Take _____ care of yourself.
(7) Don't take it literally.
(8) Don't take it too seriously.
(9) Don't take it _____ granted.
(10) Can you take me out for lunch?
(11) Why're you taking it out _____ me?
(12) What do you take me for?

Cheat Box		
on	five	seat
for	good	word

A. 주어진 정보를 이용해 다음 대화문들을 연습해봅시다.

A: 새 차 한 대 뽑으려면 돈이 얼마나 들어.
B: 적어도 만 달러 이상은 들어.

A: 너 운전 배우는 데 시간 얼마나 걸렸어?
B: 난 한 달 정도밖에 안 걸렸어.

① 중국으로 여행을 다녀오다 / 평균 1,000달러
② 택시로 거기 가다 / 40에서 최대 50달러
③ 오하이오에 가다 / 다섯 시간 정도
④ 네 과제를 끝내다 / 꼬박 하루

Tip

1) "시간이 엄청 오래 걸린다"고 말할 때는 다음과 같이 과장해서 말하기도 해요.

ex) My computer takes forever to boot up.
내 컴퓨터는 켜지는 데 시간이 엄청 오래 걸려.

ex) Susan takes an eternity to return my phone calls.
수잔은 나한테 다시 전화해 주는 데 100만 년은 걸려.

ex) It takes an awfully long time to get there by bus.
거기까지 버스로 가려면 인간적으로 너무 오래 걸려.

B. 보기를 참고로 하여 주어진 문장들을 완성해봅시다.

ex) 가구를 사다 → 나 가구 장만하느라 돈 많이 썼어.

(1) 이 집을 고치다 → 정답 : I spent most of my money to fix this house.
I spent most of my money (on) fixing this house.
나 이 집 수리하느라 돈 거의 다 썼어.

(2) 이거 하는 방법을 배우다
→ 정답 : I spent more than two years to learn how to do this.
I spent more than two years (on) learning how to do this.
나 이거 하는 방법을 배우느라 2년 이상의 시간을 보냈어.

C. 다음은 "take"를 이용한 유용한 표현들입니다. Cheat Box 속 표현들로 빈칸을 채워보세요.

(1) 자리에 앉아. / 자리 잡고 앉아.　　　　　　　　　　　　→ 정답 : seat
(2) 미안, 나 임자 있어.
(3) 잠시 쉬자.　　　　　　　　　　　　　　　　　　　　　→ 정답 : five
(4) (그 부분에 관해선) 내 말을 믿어!　　　　　　　　　　　→ 정답 : word
(5) 나한테서 손 치워. / 내 몸에 손대지 마.
(6) (네) 건강에 각별히 주의해. / (네) 건강 조심해.　　　　　→ 정답 : good
(7) (그 말을) 곧이곧대로 받아들이지 마.
(8) (그거) 너무 심각하게 받아들이지 마.
(9) (그거) 당연시하지 마. / (그거) 당연하게 생각하지 마.　　→ 정답 : for
(10) 나가서 나 점심 좀 사줄래?
(11) (그걸) 왜 나한테 화풀이야?　　　　　　　　　　　　　→ 정답 : on
(12) 날 뭐로 보는 거야?

Tip

2) "take five"는 "5분 쉬다"라는 표현으로, 여기서 "five"는 실제로 딱 5분을 가리키는 게 아니라 "잠깐의 시간"을 의미하기 때문에, 실질적인 의미는 "take a break(잠깐 쉬다)"와 비슷하다고 볼 수 있어요.

Gotta Remember
Show'em Who's Boss!

A. Complete the dialogues with the expressions in the box. (Some answers may vary.)

> get ready   get your house painted
> get your car fixed   go to Korea from Bangkok

(1) A: How much did you spend _____?
    B: Almost five thousand dollars.

(2) A: How long did it take you _____?
    B: I took the red eye. I think it took me close to six hours.

(3) A: What's taking so long? You always take forever _____!
    B: I'm almost done. Don't rush me, okay?

(4) A: How much did you spend _____?
    B: Nearly a grand. I'm broke now.

B. Complete the dialogues.

(1) A: How sure are you about this?
    B: I'm pretty sure. Just _____ for it.

(2) A: I have a crush on you.
    B: I'm sorry to say this, but _____.

(3) A: Do you _____ for a fool?
    B: I'm not making this stuff up. You can ask Tom.
    A: Why would I ask Tom? He's a damn liar, too.

(4) A: That guy was such a jerk.
    B: Don't _____ on me.

(5) A: You're gonna help me tomorrow, right?
    B: I'm afraid I can't. I have stuff to do.
    A: What? But you always help me out. I was counting on it.
    B: You can't just take it _____ that I'm going to help you
       whenever you want. I have a life, too, you know.

C. Answer the question below.

Q: How long does it usually take you to get to work?
A: _____.

Translations & Answers

A. 상자 속 표현들을 이용해 다음 각 대화문을 완성해보세요. (일부 정답은 응답자에 따라 다를 수 있음)

get ready	준비하다
get your car fixed	네 차를 수리받다
get your house painted	네 집을 페인트칠 맡기다
go to Korea from Bangkok	방콕에서 한국까지 가다

(1) A: 너 집 페인트칠 맡기는 거 얼마 들었어? → 정답 : (on) getting your house painted
    B: 거의 5천 달러. / to get your house painted

(2) A: 너 방콕에서 한국까지 얼마나 걸렸어? → 정답 : to go to Korea from Bangkok
    B: 밤 비행기를 탔는데, 6시간 가까이 걸린 것 같아.

(3) A: 왜 이렇게 오래 걸려? 준비하는 데 매번 → 정답 : to get ready
       이렇게 시간이 오래 걸리잖아!
    B: 거의 끝났으니까 재촉 좀 하지 마, 알겠어?

(4) A: 너 차 고치는 데 얼마 썼어? → 정답 : (on) getting your car fixed
    B: 거의 천 달러. 나 이제 빈털터리야. / to get your car fixed

B. 알맞은 표현으로 다음 각 대화문을 완성해보세요.

(1) A: 너 이거 얼마나 확신해? → 정답 : take my word
    B: 꽤 확신해. 그냥 내 말만 믿어.

(2) A: 나 너 좋아해. → 정답 : I'm taken
    B: 이런 말 해서 미안하지만, 나 임자 있어.

(3) A: 날 바보로 아는 거야? → 정답 : take me
    B: 나 지금 없는 얘기 만들어내는 거 아니야. 톰한테 물어봐.
    A: 톰한테 물어봤자 뭐해? 걔도 순 거짓말쟁이인데.

(4) A: 그 사람 진짜 나빴어. → 정답 : take it out
    B: 나한테 화풀이하지 마.

(5) A: 너 내일 나 도와줄 거지? → 정답 : for granted
    B: 미안하지만 못 도와줘. 해야 할 게 좀 있어서.
    A: 뭐? 하지만 넌 항상 나 도와주잖아. 네 도움만 찰떡같이 믿고 있었는데.
    B: 네가 도움이 필요할 때마다 당연히 내가 도와줄 거라고 생각했나 본데,
       아무리 그래도 그건 아니지. 나도 내 삶이라는 게 있는 거잖아.

C. 다음 응답은 참고용입니다. 질문에 자유롭게 응답해보세요.

Q: How long does it usually take you to get to work?
A: It takes about 25 minutes, 30 minutes at the most.

Q: 당신은 집에서 회사까지 가는 데 시간이 보통 얼마나 걸리나요?
A: 25분 정도, 최대 30분 정도 걸려요.

129 I commute to work by bus.

난 버스로 통근해.

Gotta Know

A. Let's try matching each question with the appropriate response.

Q1) How long is your drive? •	• R1) I think we have 50 minutes.
Q2) How long is the sale? •	• R2) It's about 700 miles long.
Q3) How long is the test? •	• R3) It goes until Sunday.
Q4) How long is your flight to Hawaii? •	• R4) Four hours if traffic is light.
Q5) How long is the river? •	• R5) It's roughly nine hours long.

B. Use the *Cheat Box* to fill in the blanks.

(1) I _____ to work by bus.

(2) I need to _____ a cab.

(3) She _____ her car for work.

(4) We take the school bus every day.

(5) Every morning I get on the subway.

(6) We got on the _____ train.

(7) My plane is about to _____.

(8) Your flight has been _____.

(9) I almost _____ my bus this morning.

(10) Did you _____ your car?

(11) Get _____ the car. We should leave right now.

(12) Get _____ of my car.

(13) Hurry up and get on the bus.

(14) Get off the bus.

(15) Get _____ at the next stop.

(16) Where should I get off for City Hall?

(17) I'll walk you home.

(18) Let me drive you home.

(19) Let me take you home.

(20) I'll give you a _____ home.
     (= I'll give you a lift home.)

(21) I'll drop you home. (= I'll drop you off at home.)

(22) Let me _____ you off at your place.

(23) Let me take you somewhere nice.

(24) Let me take you to the hospital.

Cheat Box	
in	catch
off	wrong
out	depart
drop	missed
ride	delayed
uses	commute
bring	

Translations & Explanations

A. 각 질문에 알맞은 응답을 연결해보세요.

Q1) 너 운전해서 얼마나 가야 해? → 정답 : R4) 차가 안 막히면 네 시간.
Q2) 할인은 얼마 동안 하죠? → 정답 : R3) 일요일까지 해요.
Q3) 시험 시간은 얼마나 돼? → 정답 : R1) 50분 주어지는 거 같아.
Q4) 너 하와이까지 비행시간이 얼마나 돼? → 정답 : R5) 어림잡아 9시간 정도야.
Q5) 그 강은 길이가 얼마나 돼? → 정답 : R2) 약 700마일 정도 돼.

Tip

1) 무언가의 소요 시간을 물을 때는 "take"나 "spend" 등의 표현을 이용할 수도 있지만, 간단히 "How long is ...?"라고 묻는 경우도 많아요. 참고로, "long"은 "시간의 길이"가 아닌 "거리"를 의미할 수도 있기 때문에 상황에 따라 의미를 잘 파악해야 하죠.

B. 다음은 이동 수단과 관련된 표현들입니다. Cheat Box 속 표현들로 빈칸을 채워보세요.

(1) 난 버스로 통근해. → 정답 : commute
(2) 나 택시 잡아야 해. → 정답 : catch
(3) 걘 출퇴근 시 자가용을 이용해. / 걘 회사에 차 몰고 다녀. → 정답 : uses
(4) 우린 매일 학교 통학버스를 이용해.
(5) 난 매일 아침 지하철을 타.
(6) 우린 열차를 잘못 탔어. → 정답 : wrong
(7) 내 비행기가 막 출발하려고 해. → 정답 : depart
(8) 네 비행기 연착됐어. → 정답 : delayed
(9) 나 오늘 아침에 버스 놓칠 뻔했어. → 정답 : missed
(10) 너 차 가져왔어? → 정답 : bring
(11) 차에 타. 우린 지금 바로 출발해야 해. → 정답 : in
(12) 내 차에서 내려. → 정답 : out
(13) 어서 버스에 타.
(14) 버스에서 내려.
(15) 다음 정류장에서 내리세요. → 정답 : off
(16) 시청에 가려면 어디서 내려야 해요?
(17) 내가 (너) 집까지 (걸어서) 바래다줄게.
(18) 내가 (너) 집까지 (차로) 바래다줄게.
(19) 내가 (너) 집까지 바래다줄게.
(20) 내가 (너) 집까지 태워줄게. → 정답 : ride
(21) 내가 (너) 집에 떨궈줄게.
(22) 내가 (너) 너희 집에 떨궈줄게. → 정답 : drop
(23) 내가 어디 근사한 곳에 데려가 줄게.
(24) 내가 병원에 데려다줄게.

Tip

2) 교통수단을 타고 내릴 때는 "get"이라는 동사를 사용해요. 그러나 바로 뒤에 등장하는 전치사는 교통수단의 종류에 따라서 달라지죠. 비교적 공간이 좁아서 머리를 숙여서 타야 하는 자동차나 택시의 경우에는 "발을 이용해 올라타다"는 개념보다 "안으로 들어가다"는 개념이 강하기 때문에, 이런 것에 탈 때는 "get in(to)", 내릴 때는 "get out of"라는 표현을 쓰게 돼요. 반면, 버스나, 비행기, 기차, 자전거, 배, 심지어 엘리베이터까지 그 외의 교통수단들은 대부분 그냥 걸어서 올라타는 경우가 많으므로, 이런 것에 탈 때는 "get on(to)", 내릴 때는 "get off"라고 표현합니다. 그러나 지하철처럼 경우에 따라 다르게 표현되는 것들도 있는데 이는 말하는 이가 어떤 느낌으로 이야기하는지에 따라 달라질 수 있어요.

Gotta Remember
Show'em Who's Boss!

A. Make any sentences you want using the phrase "How long is ...?"

(1) How long is _____?
(2) How long is _____?
(3) How long is _____?
(4) How long is _____?

B. Complete the dialogues. (Some answers may vary.)

(1) A: I'd better go to bed now.
    B: Already? But it's not even 10 yet.
    A: I know, but I have an early flight _____.

(2) A: _____ your summer vacation?
    B: I'm not sure exactly, but it should be
       almost two months.

(3) A: Your flight _____ delayed.
    B: Again?! You've gotta be kidding me!

(4) A: Hurry up and get on the bus.
    B: No, I think this is the wrong bus. _____.

(5) A: Where should I _____ City Hall?
    B: At the next stop.

(6) A: Did you just fart? Get _____ my car!
    B: I'm sorry. It was an accident.

(7) A: How did you get here so quickly?
    B: I _____ my bus, so I came here by taxi.

(8) A: Can you give me _____ home?
    B: Sure. Get in.
    A: Thanks.

C. Answer the question below.

Q: How long is your work (or school) day?
A: _____.

254   I commute to work by bus.

Translations & Answers

A. 다음 문장들은 참고용입니다. "How long is …?"를 이용해 자유롭게 문장을 만들어보세요.

(1) How long is <u>your vacation</u>?   너 방학 기간이 얼마나 돼? / 너 휴가 기간이 얼마나 돼?
(2) How long is <u>your lunch break</u>?   너 점심시간은 얼마나 돼?
(3) How long is <u>the movie</u>?   그 영화는 몇 시간짜리야?
(4) How long is <u>it to Boston</u>?   보스턴까지는 (시간이) 얼마나 걸려?
                      / 보스턴까지는 거리가 얼마나 돼?

B. 알맞은 표현으로 다음 각 대화문을 완성해보세요. (일부 정답은 응답자에 따라 다를 수 있음)

(1) A: 나 이제 자야겠어.
     B: 벌써? 하지만 아직 10시도 안 됐는데.   → 정답 : to catch
     A: 알아. 하지만 아침 일찍 비행기를 타야 해서.

(2) A: 넌 여름 방학 기간이 어떻게 돼?
     B: 정확히는 모르겠지만, 두 달 가까이 될 거야.   → 정답 : How long is

(3) A: 네 비행기 연착됐어.   → 정답 : has been
     B: 또? 이럴 수는 없어!   / was

(4) A: 어서 버스에 타.   → 정답 : Get off
     B: 아니야, 이 버스가 아닌 거 같아. 내려.

(5) A: 시청에 가려면 어디서 내려야 해요?   → 정답 : get off for
     B: 다음 정류장에서요.

(6) A: 너 방금 방귀 뀌었어? 내 차에서 내려!   → 정답 : out of
     B: 미안해. 일부러 그런 건 아니었어.

(7) A: 너 어떻게 이리 빨리 온 거야?   → 정답 : missed
     B: 버스를 놓쳐서 택시 타고 왔어.

(8) A: 나 집까지 좀 태워줄 수 있어?   → 정답 : a lift
     B: 응. 타.   / a ride
     A: 고마워.

C. 다음 응답은 참고용입니다. 질문에 자유롭게 응답해보세요.

Q: How long is your work (or school) day?
A: <u>I typically get in between 7:30 and 8:30, and work 10 hours on average.</u>
    <u>Of course I will stay longer if something needs my attention.</u>

    Q: 당신은 일(또는 학업)을 몇 시간 하나요?
    A: 전 보통 7시 반에서 8시 반 사이에 출근하고, 평균 10시간 일해요.
       물론, 뭔가 제가 처리해야 할 일이 있으면 더 오래 일하기도 하고요.

130 Were you looking for me?
(너) 나 찾았어?

Gotta Know

A. Let's look at the examples and complete the sentences accordingly.

ex1) He fell down some stairs. → I saw <u>him fall down some stairs</u>.
ex2) You two were holding hands. → I saw <u>you two holding hands</u>.
ex3) He was bullied this morning. → I saw <u>him bullied this morning</u>.

(1) He left. → I saw _____.
(2) She touched your phone. → I saw _____.
(3) She danced the other day. → I saw _____.
(4) She was waiting outside. → I saw _____.
(5) They were arguing with each other. → I saw _____.
(6) She was talking on the phone. → I saw _____.
(7) His car was parked outside. → I saw _____.

B. Use the *Cheat Box* to fill in the blanks.

(1) What're you looking for?
(2) I'm looking _____ a used car.
(3) I'll look into it.
(4) I look up _____ my dad.
(5) She looks down _____ me.
(6) I can't look the _____ way this time.
(7) Look (to your) right.
(8) Look it _____ in the dictionary.
(9) Look out.
(10) I'm just looking _____.
(11) Look who's here!
(12) Look who's talking!
(13) Don't look back.
(14) I'm looking _____ to seeing you soon.
(15) Can you watch my bag for a minute?
(16) Watch _____!
(17) Watch your _____!
(18) Watch your back!
(19) Watch your language!
         (≈ Watch your mouth!)

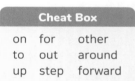

Cheat Box		
on	for	other
to	out	around
up	step	forward

A. 보기를 참고로 하여 문장들을 완성해봅시다.

ex1) 걘 계단에서 넘어졌어.　　　→ (나) 걔가 계단에서 넘어지는 거 봤어.
ex2) 너희 둘이 손잡고 있었어.　　→ (나) 너희 둘이 손잡고 있는 거 봤어.
ex3) 걘 오늘 아침에 왕따 당했어.　→ (나) 오늘 아침에 걔가 왕따 당하는 거 봤어.

(1) 걘 떠났어.　　　　　　　　　→ 정답 : I saw him leave.
　　　　　　　　　　　　　　　　　　(나) 걔 떠나는 거 봤어.

(2) 걔가 네 전화기 만졌어.　　　→ 정답 : I saw her touch your phone.
　　　　　　　　　　　　　　　　　　(나) 걔가 네 전화기 만지는 거 봤어.

(3) 걘 지난번에 춤췄어.　　　　→ 정답 : I saw her dance the other day.
　　　　　　　　　　　　　　　　　　(나) 지난번에 걔 춤추는 거 봤어.

(4) 걘 밖에서 기다리고 있었어.　→ 정답 : I saw her waiting outside.
　　　　　　　　　　　　　　　　　　(나) 걔가 밖에서 기다리고 있는 거 봤어.

(5) 걔넨 서로 다투고 있었어.　　→ 정답 : I saw them arguing with each other.
　　　　　　　　　　　　　　　　　　(나) 걔네 서로 다투는 거 봤어.

(6) 걘 통화 중이었어.　　　　　→ 정답 : I saw her talking on the phone.
　　　　　　　　　　　　　　　　　　(나) 걔가 통화 중인 거 봤어.

(7) 걔 차는 바깥에 주차돼 있었어. → 정답 : I saw his car parked outside.
　　　　　　　　　　　　　　　　　　(나) 걔 차가 바깥에 주차돼 있는 거 봤어.

Tip

1) 이처럼 "누군가가 어떠한 행동을 하는 것을 보다"라고 말할 때는 동사로 "watch"나 "look"도 이용할 수 있어요. 단, "see"를 이용할 때는 "누군가의 행동이 자연스레 눈에 들어오다"라는 뜻임에 반해, "watch"나 "look"을 이용할 때는 "의도적으로 누군가의 행동을 보다"라는 뜻이랍니다.
　ex) Watch me jump.　　　　　내가 뛰는 거 잘 봐. / 내가 점프하는 거 잘 봐.
　ex) Look at her swimming.　　쟤 수영하는 거 좀 봐.

B. Cheat Box 속 표현들로 빈칸을 채워보세요.

(1) 너 뭐 찾고 있는 거야?
(2) 난 중고차를 찾고 있어.　　　　　　　　　　　　　→ 정답 : for
(3) (그건) 내가 한번 (살펴)볼게. / (그건) 내가 조사할게.
(4) 난 우리 아빠를 존경해.　　　　　　　　　　　　　→ 정답 : to
(5) 걘 날 무시해.　　　　　　　　　　　　　　　　　→ 정답 : on
(6) (난) 이번에는 못 본 척할 수 없어.　　　　　　　　→ 정답 : other
(7) (네) 오른쪽을 봐.
(8) (그거) 사전에서 찾아봐.　　　　　　　　　　　　　→ 정답 : up
(9) 조심해. / 주의해.
(10) (전) 그냥 둘러보는 거예요.　　　　　　　　　　　→ 정답 : around
(11) 누가 여기 왔나 한번 봐봐.
(12) 누가 할 소릴! / 사돈 남 말 하시네.
(13) 뒤를 보지 마. / 뒤돌아보지 마.
(14) 곧 만나 뵙기를 기대합니다.　　　　　　　　　　　→ 정답 : forward
(15) 내 가방 잠시만 봐줄래?
(16) 조심해!　　　　　　　　　　　　　　　　　　　　→ 정답 : out
(17) 발밑 조심해! / 계단 조심해!　　　　　　　　　　→ 정답 : step
(18) [배신자가 있을 수 있으니] 뒤를 조심해! / 밤길 조심해!
(19) 말조심해! (≈말조심해! / 입조심해!)

Gotta Remember
Show'em Who's Boss!

A. Fill in the blanks using appropriate verbs. (Answers may vary.)

(1) A: What were you thinking? You almost got hit by that car.
B: I didn't see it _____ this way.

(2) A: Have you seen Daniel?
B: I saw him _____ into the restroom like two minutes ago.

(3) A: Who drank my coffee?
B: It was you-know-who. I saw him _____ it a while ago.

(4) A: Look at them _____.
B: Yep, they're at it again. What's wrong with them?

B. Make any sentences you want using the phrase "I'm looking forward to ..."

(1) I'm looking forward to _____.

(2) I'm looking forward to _____.

(3) I'm looking forward to _____.

(4) I'm looking forward to _____.

C. Complete the dialogues. (Some answers may vary.)

(1) A: I'm _____ Henry.
B: He's out to lunch. He should be back in 20 minutes, though.

(2) A: _____! There's a car coming.
B: That idiot doesn't have his lights on.

(3) A: Why don't you like Jenna?
B: She _____ me.

(4) A: _____.
B: Sorry, I didn't mean to swear at you.

(5) A: I'll see you next Christmas.
B: I'm _____ to it.

(6) A: _____.
B: This place wasn't built for tall people, was it?

Translations & Answers

A. 알맞은 동사를 이용해 다음 각 빈칸을 채워보세요. (정답은 응답자에 따라 다를 수 있음)

(1) A: 대체 무슨 생각을 하고 있었던 거야? 저 차랑 부딪힐 뻔했잖아.
B: 이쪽으로 오는 거 못 봤어.

→ 정답 : coming

(2) A: 너 대니얼 봤어?
B: 2분 전쯤에 화장실에 들어가는 거 봤어.

→ 정답 : go

(3) A: 누가 내 커피 마셨어?
B: 네가 아는 사람이었어. 조금 전에 그 사람이 마시는 거 봤어.

→ 정답 : drink

(4) A: 쟤네 싸우는 거 좀 봐.
B: 응, 또 시작이군. 쟤네 대체 왜 저러는 거야?

→ 정답 : fighting

B. 다음 문장들은 참고용입니다. 주어진 표현을 이용해 자유롭게 문장을 만들어보세요.

(1) I'm looking forward to <u>your visit</u>.   난 네가 올 날만 손꼽아 기다리고 있어.
(2) I'm looking forward to <u>talking with you</u>.   난 너와의 대화를 고대하고 있어.
(3) I'm looking forward to <u>hearing from you</u>.   (네) 소식 기다릴게. / 답장 기다릴게.
(4) I'm looking forward to <u>working with you again</u>.
    난 다시 너와 함께 일하게 되길 기대하고 있어.

C. 알맞은 표현으로 다음 각 대화문을 완성해보세요. (일부 정답은 응답자에 따라 다를 수 있음)

(1) A: 헨리를 찾고 있는데요.
B: 점심 먹으러 나갔는데, 20분 있으면 돌아올 거예요.

→ 정답 : looking for

(2) A: 조심해! 차가 한 대 오고 있어.
B: 저 멍청한 놈은 라이트도 안 켜고 다니네.

→ 정답 : Watch out!
　　　　/ Look out!

(3) A: 넌 왜 제나를 안 좋아하는 거야?
B: 걔가 날 무시하거든.

→ 정답 : looks down on

(4) A: 말 가려서 해.
B: 미안, 너한테 욕하려던 건 아니었어.

→ 정답 : Watch your language.

(5) A: 다음번 크리스마스 때 보자.
B: 그날이 빨리 왔으면 좋겠네.

→ 정답 : looking forward

(6) A: 머리 조심해.
B: 이곳은 키 큰 사람들을 배려하진 않았군, 그치?

→ 정답 : Watch your head.

131 Don't make me laugh.

(나) 웃기지 마.

Gotta Know

A. Let's look at the examples and complete the sentences accordingly.

ex1) You sighed. → I heard <u>you sigh</u>.
ex2) She was crying in her room earlier.
   → I heard <u>her crying in her room earlier</u>.
ex3) Your name was repeated. → I heard <u>your name repeated</u>.

(1) You tossed and turned. → I heard _____.
(2) You were complaining. → I heard _____.
(3) He talked about you. → I heard _____.
(4) She was screaming. → I heard _____.
(5) He said as much. → I heard _____.
(6) Our number was called. → I heard _____.

B. Let's look at the examples and change the sentences accordingly.

ex1) I forced him to help me move.
   → I made him help me move.

(1) I forced him to come in to work early.
   → _____.

(2) I forced her to clean the house.
   → _____.

ex2) I told them to come by seven.
   → I had them come by seven.

(3) I told him to take out the trash.
   → _____.

(4) I told her to come back later.
   → _____.

ex3) Don't allow him to drink too much.
   → Don't let him drink too much.

(5) Don't allow her to walk home alone at night.
   → _____.

(6) Don't allow them to cheat off you this time.
   → _____.

A. 보기를 참고로 하여 문장들을 완성해봅시다.

ex1) 넌 한숨을 쉬었어. → (나) 네가 한숨 쉬는 거 들었어.
ex2) 걘 아까 자기 방에서 울고 있었어. → (나) 아까 걔가 방에서 우는 거 들었어.
ex3) 네 이름이 반복해서 불렸어. → (나) 네 이름이 반복해서 불리는 거 들었어.

(1) 넌 이리저리 뒤척였어. → 정답 : I heard you toss and turn.
　　　　　　　　　　　　　　　　(나) 네가 이리저리 뒤척이는 거 들었어.

(2) 넌 불평하고 있었어. → 정답 : I heard you complaining.
　　　　　　　　　　　　　　　　(나) 네가 불평하는 거 들었어.

(3) 걔가 너에 관해 이야기했어. → 정답 : I heard him talk about you.
　　　　　　　　　　　　　　　　(나) 걔가 너에 관해 이야기하는 거 들었어.

(4) 걔가 비명을 지르고 있었어. → 정답 : I heard her screaming.
　　　　　　　　　　　　　　　　(나) 걔가 비명 지르는 거 들었어.

(5) 걔가 그렇게 말했어. → 정답 : I heard him say as much.
　　　　　　　　　　　　　　　　(나) 걔가 그렇게 말하는 거 들었어.

(6) 우리 번호가 불렸어. → 정답 : I heard our number called.
　　　　　　　　　　　　　　　　(나) 우리 번호가 불리는 거 들었어.

Tip

1) "hear"에 비해서는 훨씬 덜 사용되지만, 동사 "listen"도 이처럼 자신이 듣게 되는 누군가, 또는 무언가의 소리를 묘사할 때 이용할 수 있어요.
　　ex) Listen to me talk.　　　　　내가 말하는 거 들어.
　　ex) Listen to me explaining this.　내가 이거 설명하는 거 들어.

B. 보기를 참고로 하여 주어진 문장들을 바꿔봅시다.

ex1) 내가 걔 나 이사하는 거 돕게 했어.

(1) 내가 걔 일찍 출근시켰어. → 정답 : I made him come in to work early.
(2) 내가 걔 집 청소하게 했어. → 정답 : I made her clean the house.

ex2) 내가 걔네한테 7시까지 오라고 했어. → 내가 걔네 7시까지 오게 했어.

(3) 내가 걔한테 쓰레기 내다 버리라고 했어. → 정답 : I had him take out the trash.
　　　　　　　　　　　　　　　　　　　　　　내가 걔 쓰레기 내다 버리게 했어.

(4) 내가 걔한테 이따가 다시 오라고 했어. → 정답 : I had her come back later.
　　　　　　　　　　　　　　　　　　　　　　내가 걔 이따가 다시 오게 했어.

ex3) 걔 (술) 너무 많이 못 마시게 해.

(5) 걔 밤에 혼자서 집에 못 걸어가게 해.
　　→ 정답 : Don't let her walk home alone at night.
(6) 이번에는 걔네가 네 거 컨닝 못 하게 해.
　　→ 정답 : Don't let them cheat off you this time.

Tip

2) 누군가로 하여금 어떠한 행동을 하도록 "시킨다"는 뜻을 가진 동사들을 "사역동사"라고 해요. 대표적인 사역동사에는 "make", "have", "let"이 있는데, "make"는 원하든, 원치 않든 강제로 시키는 것, "have"는 그 일에 적합한 사람이나 그 일을 마땅히 해야 하는 사람에게 요청 또는 부탁하는 것, "let"은 원하는 행동을 하도록 허락해주는 것을 의미 하죠.

Gotta Remember
Show'em Who's Boss!

A. Fill in the blanks using appropriate verbs. (Answers may vary.)

(1) A: I didn't hear you _____ in.
B: I didn't want to disturb you.

(2) A: Who cut the cheese?
B: It was Ben.
C: No, it wasn't.
B: Come on, just admit it.
I heard you _____, man.

(3) A: What's going on? That's the third time
I heard you _____.
B: It's my job. I think I'm gonna get fired soon.

B. Complete the dialogues.

(1) A: Don't _____ my mind.
B: All right. All right.

(2) A: I'll _____ his room.
B: It's about time. That place is a pigsty.

(3) A: It's time for us to wake her up.
B: _____ a little more.

(4) A: Take out the trash.
B: In a minute.
A: Don't _____ it again.

(5) A: Is Olivia there?
B: No, but I'll _____ you back as soon as possible.

C. Make any sentences you want using the given phrases.

(1) Don't make me _____.
(2) Don't make me _____.
(3) I'll have her _____.
(4) I'll have him _____.
(5) Don't let her _____.
(6) Don't let him _____.

Translations & Answers

A. 알맞은 동사를 이용해 다음 각 빈칸을 채워보세요. (정답은 응답자에 따라 다를 수 있음)

(1) A: 너 들어오는 소리 못 들었는데.
   B: 널 방해하고 싶지 않았거든.
   → 정답 : come / coming

(2) A: 누가 방귀 꾸었어?
   B: 벤이 꾸었어.
   C: 아니야, 난 안 꾸었어.
   B: 야, 그냥 그렇다고 해. 네가 방귀 꾸는 거
      내가 들었어, 짜샤.
   → 정답 : fart / farting

(3) A: 무슨 일이야? 너 지금 벌써 세 번째 한숨이야.
   B: 직장 때문에. 곧 잘릴 것 같아.
   → 정답 : sigh / sighing

B. 알맞은 표현으로 다음 각 대화문을 완성해보세요.

(1) A: 내 맘 바뀌게 하지 마.
   B: 알았어. 알았다고.
   → 정답 : make me change

(2) A: 걔한테 말해서 자기 방 치우게 할게.
   B: 청소할 때도 됐지. 걔 방은 완전 돼지우리야.
   → 정답 : have him clean

(3) A: 걔 깨울 시간 됐어.
   B: 좀 더 자게 둬.
   → 정답 : Let her sleep

(4) A: 쓰레기 좀 내다 놔.
   B: 조금 있다가.
   A: 내가 다시 말하게 하지 마.
   → 정답 : make me say

(5) A: 올리비아 있어?
   B: 아니. 하지만 걔한테 가능한 한 빨리 너한테
      다시 전화하라고 할게.
   → 정답 : have her call

C. 다음 문장들은 참고용입니다. 주어진 표현들을 이용해 자유롭게 문장을 만들어보세요.

(1) Don't make me <u>look bad</u>.   내 체면 좀 생각해줘.
(2) Don't make me <u>repeat myself</u>.   내가 했던 말 다시 하게 만들지 마.
(3) I'll have her <u>help you</u>.   걔한테 너 도우라고 할게.
(4) I'll have him <u>pick you up on the way home</u>. 걔한테 집에 오는 길에 너 픽업하라고 할게.
(5) Don't let her <u>know I'm here</u>.   나 여기 있다고 걔한테 알리지 마.
(6) Don't let him <u>see his surprise until it's time</u>. 때가 될 때까진 걔 깜짝 선물 못 보게 해.

132 I have a lot on my plate.

나 할 일 많아. / 나 처리해야 할 일이 많아.

Gotta Know

A. Look at where each ball is located and fill in the blanks.

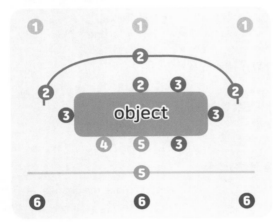

Cheat Box	
on	below
over	under
above	beneath

1 → _____
2 → _____
3 → _____
4 → _____
5 → _____
6 → _____

B. Let's circle the correct answers.

(1) It's water (under / over) the bridge as far as I'm concerned.

(2) It's written all (on / over) your face.

(3) This area is (below / under) the equator.

(4) Did that joke go (over / above) your head?

(5) She lives right (above / on) me.

(6) They live right (below / beyond) me.

(7) There is dust all (over / beneath) this table.

(8) Your cell phone might be (above / under) the blanket.

(9) This is (over / on) the price we agreed on.

(10) I can't live (under / below) the same roof with him anymore.

(11) I drove (on / over) the speed limit.

(12) It'll be fine as long as it isn't (on / below) 40 percent.

(13) There's something (over / on) my back.

(14) Just keep it (below / under) the melting point.

(15) I prefer this one (above / below) the rest.

(16) You stepped (over / on) the line.

264   I have a lot on my plate.

A. Cheat Box 속 표현 중 각 원의 위치에 해당하는 표현을 찾아 빈칸을 채워봅시다.

1 → 정답 : above → 기준보다 떨어져서 위에(수직으로만)
2 → 정답 : over → 기준보다 위에(덮어서, 또는 수직/수평으로 떨어져서)
3 → 정답 : on → 기준 표면에(위, 아래, 옆 상관없음)
4 → 정답 : beneath → 기준에 붙어서 아래에(주로 글에서 사용)
5 → 정답 : under → 기준보다 아래에(기준에 붙어 있든 떨어져 있든 상관없음)
6 → 정답 : below → 기준보다 떨어져서 아래에

Tip

1) 보통, "under"의 반대는 "over", "below"의 반대는 "above", "beneath"의 반대는 "on"이라고 알고 있지만, "below"와 "above"를 제외한 나머지 관계는 그림에서 보듯이 개념이 약간씩 달라요. "over"의 경우에는 기준 대상에서 **"떨어진 위"** 또는 **"붙어 있는 위"**를 의미할 수도 있다는 특징 외에도 **"측면"**을 말할 수도 있다는 특징이 있고, "on"의 경우에는 엄밀히 말하자면 **"위"**라는 개념보다 **"표면상에"**라는 개념에 가깝답니다.

2) 보통 **"온도"**, **"높이(층)"**, **"수준"** 등을 말할 때는 "above"와 "below"를, **"가격"**, **"나이"**, **"속도"** 등을 말할 때는 "over"와 "under"을 이용해요.

3) "under"와 "below"는 다음과 같이 부사로 쓰이기도 해요.

ex) Everything here is one hundred dollars and under.
여기 있는 모든 것은 100달러 이하야.
ex) You'll only be allowed in if you're aged 16 and under.
넌 16세가 넘으면 입장할 수 없을 거야.
ex) Please answer the questions below. 다음 질문들에 답하세요.
ex) See below for more details. 자세한 사항은 아래를 참조하세요.

B. 괄호 속 표현 중 각 문장에 올바른 것을 골라봅시다.

(1) 내 생각으로는 (그건) 이미 물 건너간 것 같아. → 정답 : under
(2) (그건) 네 얼굴에 다 쓰여있어. → 정답 : over
(3) 이 지역은 적도 아래에 있어. → 정답 : below
(4) 너 그 농담 이해 못 했어? → 정답 : over
(5) 걘 우리 집 바로 위층에 살아. → 정답 : above
(6) 걔넨 우리 집 바로 아래층에 살아. → 정답 : below
(7) 이 탁자 위엔 온통 먼지투성이야. → 정답 : over
(8) 네 휴대폰은 담요 밑에 있을 거야. → 정답 : under
(9) 이건 우리가 합의한 금액을 초과해. → 정답 : over
(10) 난 더 이상 그 사람과 한 지붕 아래서 살 수 없어. → 정답 : under
(11) 난 과속 운전했어. → 정답 : over
(12) (그건) 40퍼센트 아래만 아니라면 괜찮을 거야. → 정답 : below
(13) 내 등에 뭔가가 있어. → 정답 : on
(14) (그것을) 녹는점 아래로만 보관해. → 정답 : below
(15) 난 특히 이걸 선호해. / 난 다른 것들보다 이걸 선호해. → 정답 : above
(16) 넌 도를 넘어섰어. / 넌 도가 지나쳤어. → 정답 : over

Tip

4) "water under the bridge"란 "다리 아래로(under the bridge) 가만히 있지 않고 흘러 지나가는 물(water)"을 의미해요. 즉, **"이미 끝난 일"**, **"지난 일"**, **"어쩔 수 없는 일"**, **"버스 떠나간 일"**을 가리키는 표현이죠. 맨 앞의 "water"은 생략하고 말하기도 해요.

Gotta Remember
Show'em Who's Boss!

A. Find the incorrect sentences and correct them. (Some answers may vary.)

(1) She's hiding under the bed.

(2) There's a dog below that bridge.

(3) Don't hit above the belt.

(4) Check the cupboard above the sink.

(5) She performed over my expectations.

(6) I'm sitting above my couch watching TV.

(7) Do you think you can jump over that fence?

(8) There are people all on the place.

(9) We were above the row you were in.

B. Complete the dialogues. (Some answers may vary.)

(1) A: Your keys are _____ the book.
B: Which book?

(2) A: What? Jim lives right _____ you?
B: Yep.
A: I didn't know you two were neighbors.
B: I just found out last week.

(3) A: These kids live right _____ me.
B: Oh, these are the kids you were telling me about last week.

(4) A: Where did you find my wallet?
B: It was _____ the table.

(5) A: My credit cards are maxed out.
B: Be careful not to go _____ the limit. They'll charge a fee if you do.

(6) A: How are you doing?
B: Terrible. In fact, I couldn't sleep a wink last night.
A: That's why you have dark circles _____ your eyes.

(7) A: I pulled you over for driving _____ the speed limit. Please show me your license, registration and proof of insurance.
B: Here you go.

(8) A: I heard it's going to get _____ freezing tonight.
B: I should've bought a heater.

I have a lot on my plate.

Translations & Answers

A. 틀린 문장을 찾아 바르게 고쳐보세요. (일부 정답은 응답자에 따라 다를 수 있음)

(1) 걘 침대 밑에 숨어 있어.

(2) 저 다리 밑에 개가 한 마리 있어.

(3) 비겁한 짓 하지 마. → 정답 : above → below

(4) 싱크대 위에 있는 찬장을 한번 살펴봐.

(5) 걘 업무 수행능력이 내 기대 이하였어. (← below) → 정답 : over → below
/ 걘 업무 수행능력이 내 기대 이상이었어. (← beyond) 또는 beyond

(6) 난 소파에 앉아서 텔레비전을 보고 있어. → 정답 : above → on

(7) 너 저 울타리 뛰어넘을 수 있을 거 같아?

(8) 사방에 사람들이 있어. → 정답 : on → over

(9) 우린 네 (좌석) 윗줄에 있었어.

B. 알맞은 표현으로 다음 각 대화문을 완성해보세요. (일부 정답은 응답자에 따라 다를 수 있음)

(1) A: 네 열쇠는 책 밑에 있어. → 정답 : under
B: 어느 책?

(2) A: 뭐라고? 짐이 너희 집 바로 아래층에 산다고? → 정답 : below
B: 응.
A: 난 너희 둘이 이웃인 줄 몰랐는데.
B: 지난주에야 알았어.

(3) A: 이 아이들은 우리 집 바로 위층에 살아. → 정답 : above
B: 아, 네가 지난주에 나한테 말했던 그 애들이 바로 얘네구나.

(4) A: 너 내 지갑 어디에서 찾았어? → 정답 : under
B: 탁자 아래에 있었어.

(5) A: 내 신용카드들이 한도가 초과됐어. → 정답 : over
B: 한도 초과하지 않게 조심해. 한도 초과하면 수수료가 나올 거야.

(6) A: 컨디션 어때? → 정답 : under
B: 최악이야. 사실, 어젯밤에 한숨도 못 잤거든.
A: 그래서 눈 밑에 다크써클이 있구나.

(7) A: 제한속도를 초과해서 운전하셨기 때문에 차를 세웠습니다. → 정답 : over
면허증과 등록증, 그리고 보험증 좀 보여주세요.
B: 여기 있습니다.

(8) A: 오늘 밤에 영하로 떨어질 거래. → 정답 : below
B: 히터를 샀어야 했는데.

133 Let's just keep it between us.

(그거) 그냥 우리끼리 비밀로 하자.

Gotta Know

A. Let's circle the correct answers.

(1) The girl sitting over there (by / aside from) the window is my best friend.

(2) I was (next to / beside) myself.

(3) He's sitting right (next to / between) me.

(4) Come and warm up (by / among) the fire.

(5) That is (beside / between) the point.

(6) There's nothing going on (next to / between) us.

(7) It's (next to / beside) impossible to tell those two apart.

B. Use the *Cheat Box* to fill in the blanks.

(1) Stay by my _____.

(2) I think he saw us as we _____ by.

(3) _____ a seat next to the window.

(4) She knows next to _____ about history.

(5) Next to playing golf, I love cooking.

(6) I don't want to sit beside you.

(7) You stay _____ beside me.

(8) If I tell you, will you _____ it just between us?

(9) I'm (in) between jobs.

(10) I have two classes today, with a short break _____ between.

Cheat Box	
in	right
keep	passed
side	nothing
take	

C. Let's look at the examples and complete the sentences accordingly.

ex1) **you and me**
→ This is just <u>between you and me</u>.

ex2) **the things**
→ This is <u>among the things</u> we need to do.

(1) **these two**   → I don't know which to choose _____.

(2) **us**   → No one _____ speaks French besides Mike.

(3) **65 and 70 dollars** → I think it'll cost _____.

268   Let's just keep it between us.

A. 괄호 속 표현 중 각 문장에 올바른 것을 골라봅시다.

(1) 저기 창가에 앉아 있는 여자애가 내 절친이야.   → 정답 : by
(2) 난 제정신이 아니었어.   → 정답 : beside
(3) 걘 바로 내 옆에 앉아 있어.   → 정답 : next to
(4) 이리 와서 불 좀 쫴. / 이리 와서 난롯가에서 몸 좀 녹여.   → 정답 : by
(5) 요점은 그게 아니야. / 그건 논점에서 벗어난 얘기야.   → 정답 : beside
(6) 우린 아무 사이 아니야. / 우린 아무 문제 없어.   → 정답 : between
(7) 저 둘을 구별하는 건 거의 불가능해.   → 정답 : next to

> **Tip** 1) "by", "next to", "beside" 모두 "~ 옆에"라는 뜻이지만 느낌은 약간씩 달라요. 먼저, "next to"는 대상들이 순서를 세워놓은 듯이 한 줄로 "나란히" 있다는 느낌을 줘요. 그래서 순서나 중요도를 말할 땐 "~ 다음에"라는 뜻이 되기도 하죠. 반면, "beside"는 "나란히"라는 느낌보다 "가까이"라는 느낌을 줘요. 끝으로, "by"는 앞서 언급한 두 표현보다 다소 포괄적인 개념이라고 볼 수 있어요.

B. Cheat Box 속 표현들로 빈칸을 채워보세요.

(1) 내 옆에 있어.   → 정답 : side
(2) 우리가 지나갈 때 걔가 우릴 본 거 같아.   → 정답 : passed
(3) 창가 자리에 앉아.   → 정답 : Take
(4) 걘 역사에 관해선 아는 게 거의 없어.   → 정답 : nothing
(5) 골프 치는 것 다음으로 난 요리하는 걸 정말 좋아해.
(6) 난 네 옆에 앉기 싫어.
(7) 너 내 옆에 딱 붙어 있어.   → 정답 : right
(8) 내가 말해주면 너 비밀 지킬 거야?   → 정답 : keep
(9) 난 요즘 일을 쉬고 있어. / 난 좀 쉬면서 다른 직장 구하고 있어.
(10) 나 오늘 수업 두 개 있는데, 중간에 잠시 쉬는 시간이 있어.   → 정답 : in

C. 보기를 참고로 하여 각 문장을 완성해봅시다.

ex1) 너와 나	이건 우리끼리 이야기야.
ex2) 것들	이건 우리가 해야 할 것 중 하나야.

(1) 이 둘 → 정답 : I don't know which to choose <u>between</u> these two.
         난 이거 두 개 중에 어느 걸 골라야 할지 모르겠어.

(2) 우리 → 정답 : No one <u>among us</u> speaks French besides Mike.
         마이크를 제외하곤 우리 중 누구도 불어 할 줄 몰라.

(3) 65에서 70달러 → 정답 : I think it'll cost <u>between 65 and 70 dollars</u>.
         (그건) 65달러에서 70달러 정도 할 거야.

> **Tip** 2) "between"과 "among"은 둘 다 "~ 중에", "~ 사이에"라는 뜻이지만 이 둘 사이에는 차이가 있어요. "between"은 대상들을 확연히 구분하는 경우에 쓰이며, "among"은 여러 비슷비슷한 대상 중에서 하나(또는 일부)를 말하고자 할 때 쓰이죠. 즉, 각 대상이 확실히 구분되는 대상인 경우에는 "between"을 이용하고, 대상들이 서로 비슷하여 구분하기 어렵거나 구분할 필요가 없는 덩어리일 경우에는 "among"을 이용한답니다. "between"은 주로 두 개의 대상을 두고 구분하는 경우가 많은 반면, "among"은 대상이 셋 이상인 경우가 많은데, 대상이 셋 이상일 때도 그 대상을 두 무리로 볼 수 있거나, 각 대상을 확연히 구분할 수 있는 경우에는 "between"을 사용해요.

Gotta Remember
Show 'em Who's Boss!

A. Find the wrong sentences and correct them. (Some answers may vary.)

(1) I'm right next to the building.

(2) I'll be here between five or seven.

(3) It's gonna be beside impossible to pull this off.

(4) Come and sit by me.

(5) He is right here besides me.

(6) I'm in among sizes.

(7) By James, Daniel is my best friend.

B. Complete the dialogues. (Some answers may vary.)

(1) A: Is he a good soccer player?
   B: He's actually _____ the best in the world.

(2) A: Where's your hair elastic?
   B: I don't know. I left it _____ the window.

(3) A: Did they pay you a lot for that job?
   B: A lot? Are you kidding me?
      I got paid next to _____.

(4) A: What time are you stopping by?
   B: I'll be there _____ five and seven.

(5) A: There was a car accident _____ the park.
   B: Really? What happened?

(6) A: Where did you say you worked?
   B: Actually, at the moment, I'm _____.

(7) A: Where's Stan's car?
   B: He parked _____ the house.

(8) A: How's your job search going?
   B: Not great. The job market is so bad that it's next to _____
      to get even an entry level position these days.

Translations & Answers

A. 틀린 문장을 찾아 바르게 고쳐보세요. (일부 정답은 응답자에 따라 다를 수 있음)

(1) 난 그 건물 바로 옆에 있어.

(2) (난) 5시에서 7시 사이에 여기 올게.　　　→ 정답 : or → and

(3) 이걸 성사시키는 건 거의 불가능할 거야.　→ 정답 : beside → next to

(4) 이리 와서 내 옆에 앉아.

(5) 걘 바로 여기 내 옆에 있어.　　　　　　→ 정답 : besides → beside 또는 next to

(6) 난 옷 사이즈가 애매해.　　　　　　　　→ 정답 : among → between
　　/ 난 딱 맞는 옷이 별로 없어.

(7) 제임스 다음으로는 대니얼이 나랑 제일 친해.　→ 정답 : By → Next to

※ "beside" 끝에 "s"를 붙여 "besides"라고 표현하면 "~외에"라는 전혀 새로운 뜻이 돼요.
또한, 콤마를 동반하여 "besides"를 문장 맨 앞에 사용하면 "게다가"라는 뜻이 되죠.

　　ex) How many languages do you speak besides English?
　　　　넌 영어 말고 구사할 수 있는 언어가 몇 개야?

　　ex) Not today. I'm exhausted. Besides, it's freezing outside.
　　　　오늘은 안 돼. 난 엄청 피곤하단 말이야. 게다가, 바깥 날씨도 너무 춥고.

B. 알맞은 표현으로 다음 각 대화문을 완성해보세요. (일부 정답은 응답자에 따라 다를 수 있음)

(1) A: 그 사람 뛰어난 축구 선수야?　　　　　→ 정답 : among
　　B: 사실, 세계에서 가장 뛰어난 축에 속하지.

(2) A: 네 머리 고무줄 어딨어?　　　　　　　→ 정답 : by
　　B: 모르겠네. 창가에 뒀는데.

(3) A: 거기서 그 일에 대해 돈 많이 줬어?　　→ 정답 : nothing
　　B: 많이? 장난해? 거의 받은 게 없어.

(4) A: 너 몇 시에 들를 거야?　　　　　　　　→ 정답 : between
　　B: 5시에서 7시 사이에 그리로 갈게.

(5) A: 공원 옆에서 차 사고가 있었어.　　　　→ 정답 : beside
　　B: 정말? 어떤 사고였는데?

(6) A: 너 어디서 일한다고 했었지?　　　　　→ 정답 : (in) between jobs
　　B: 실은 지금은 일 쉬고 있어.

(7) A: 스탠의 차는 어디 있어?　　　　　　　→ 정답 : by
　　B: 걘 집 옆에 주차했어.

(8) A: 일자리 구하는 거 잘 돼 가?　　　　　→ 정답 : impossible
　　B: 그리 잘 되고 있지 않아. 취업 시장이 너무 안 좋아서
　　　　요즘은 말단직 구하기도 하늘의 별 따기야.

134 I've lived here since I was 10.

난 열 살 때부터 여기 살고 있어.

Gotta Know

A. Let's practice the dialogues using the given information.

> A: How long have you <u>studied Spanish</u>?
> B: For <u>almost two years</u>.

> ① know Gary / more than 10 years
> ② live here   / about seven years

> A: How long have you <u>worked</u> <u>here</u>?
> B: Since <u>last March</u>.

> ③ know each other / last year
> ④ be married   / 2008

B. Let's look at the example and change the sentences accordingly.

> ex) I've done this for years.
> → I've been doing this for years.

(1) I've painted since I was a child.

→ _____ .

(2) I've waited here for three hours.

→ _____ .

(3) My mother's taught for many years.

→ _____ .

(4) We've fought for weeks.

→ _____ .

C. Use the *Cheat Box* to fill in the blanks.

(1) I've been sick _____ last week.
(2) I've been unemployed for _____ five years.
(3) I've had the biggest _____ on her for two years.
(4) I haven't talked to him forever.
(5) We've been married for five years.
(6) We've been good friends _____ since we were 10.
(7) I've been saving money for a _____.
(8) I've been looking forward to seeing you.
(9) It's been acting _____ lately.
(10) Have you been drinking?
(11) Have you been waiting for me?

Cheat Box

up
ever
over
crush
since
while

A. 주어진 정보를 이용해 다음 대화문들을 연습해봅시다.

> A: 너 스페인어 공부한 지 얼마나 됐어?
> B: 거의 2년 됐어.

> ① 개리를 알다 / 10년 이상
> ② 여기 살다 / 대략 7년 정도

> A: 너 여기서 일한 지 얼마나 됐어?
> B: 지난 3월부터.

> ③ 서로 알다 / 작년
> ④ 기혼이다 / 2008년

Tip 1) 이번 과에서 소개하는 표현들은 현재완료의 4가지 의미 중 "**계속**"에 해당하는 것들 이에요. 이는 과거의 어느 시점부터 어떠한 행동이나 상태가 지금까지 이어지고 있다고 말할 때 사용된답니다. 주로 "**for + 기간**"이나 "**since + 과거의 특정 시점**" 등 기간이나 시작 시점을 나타내는 표현이 함께 등장하는 경우가 많아요.

B. 보기를 참고로 하여 주어진 문장들을 바꿔봅시다.

ex) 난 이거 수년째 해오고 있어.

(1) 난 어렸을 때부터 그림을 그려왔어.
  → 정답 : I've been painting since I was a child.
(2) 난 여기서 세 시간째 기다리는 중이야.
  → 정답 : I've been waiting here for three hours.
(3) 우리 어머니는 여러 해 동안 가르쳐오고 계셔.
  → 정답 : My mother's been teaching for many years.
(4) 우린 지금 몇 주째 다투고 있어.
  → 정답 : We've been fighting for weeks.

Tip 2) "**단순 현재완료 시제(have p.p.)**"에 "**진행 시제(be ~ing)**"가 결합되면 "**현재완료진행 시제(have been ~ing)**"라는 것이 탄생해요. 현재완료진행 시제란 현재완료 시제의 의미에 "**진행**"의 의미가 추가된 것뿐이며, 크게 의미 차이가 있다기보다, 과거에 시작된 행동이 아직도 진행 중임을 강조하는 표현이라고 볼 수 있죠. "**현재완료진행**"이라는 의미를 고려하면 "**~해오는 중이야**"라고 해석해야 하겠지만, 그냥 "**~하고 있어**", "**~하는 중이야**"처럼 단순 진행형으로 해석되는 경우도 많아요.

C. Cheat Box 속 표현들로 빈칸을 채워보세요.

(1) 난 지난주부터 (계속) 아팠어.　　　　　　　　　→ 정답 : since
(2) 나 5년 넘게 실업자 신세야. / 나 직장 못 구한 지 5년 넘었어.　→ 정답 : over
(3) 난 2년 동안 그녀를 엄청 짝사랑해왔어.　　　　　→ 정답 : crush
(4) 난 걔랑 연락 안 한 지 엄청 오래됐어.
(5) 우린 결혼한 지 5년 됐어.
(6) 우린 10살 때부터 줄곧 가까운 친구로 지냈어.　　→ 정답 : ever
(7) 나 저금한 지 좀 됐어. / 나 돈 모은 지 좀 됐어.　　→ 정답 : while
(8) (당신) 뵙고 싶었어요.
(9) (그게) 최근에 계속 말썽이네.　　　　　　　　　→ 정답 : up
(10) 너 (지금껏) 술 마셨어?
(11) 너 (계속) 나 기다리고 있었던 거야?

Tip 3) "**since**"에 "**줄곧**"이라는 의미를 더해주고 싶을 때는 앞에 "**ever**"을 더해주면 돼요.

Gotta Remember
Show'em Who's Boss!

A. Complete the dialogues using either *for* or *since*.

(1) A: How's the weather over there?
   B: Terrible. It's been raining _____ last night.

(2) A: How long have you been in Korea?
   B: I've been here _____ about two years.

(3) A: How long have you been married?
   B: _____ almost three years.

(4) A: What's going on? Is she okay?
   B: Not at all. She's been feeling depressed
      ever _____ she lost her job.

B. Complete the dialogues. (Some answers may vary.)

(1) A: I've _____ money for a while.
   B: Why?
   A: Because there's this watch I want to buy.

(2) A: Wow! What a beautiful work of art!
   B: Thank you. I've _____ on it for days.

(3) A: The wind has _____
      for three hours!
   B: Get used to it. That's how it is here.

(4) A: Have you _____ long?
   B: Not at all. I just got here, too.

(5) A: How long have you _____?
   B: It's been about 15 years now.

(6) A: Who's the most popular teacher here?
   B: Tom is. _____ the most popular teacher for many years.

C. Answer the question below.

Q: How long have you studied English?
A: _____.

I've lived here since I was 10.

Translations & Answers

A. "for"와 "since" 중 알맞은 표현으로 다음 각 대화문을 완성해보세요.

(1) A: 그쪽 날씨는 어때?
    B: 끔찍한 수준이야. 지난밤부터 계속 비가 내리고 있어.
→ 정답 : since

(2) A: 너 한국에 온 지 얼마나 됐어?
    B: 대략 2년 정도 됐어.
→ 정답 : for

(3) A: 너 결혼한 지 얼마나 됐어?
    B: 거의 3년 다 돼가.
→ 정답 : For

(4) A: 무슨 일이야? 쟤 괜찮아?
    B: 전혀. 실직한 이후로 줄곧 우울해하고 있어.
→ 정답 : since

B. 알맞은 표현으로 다음 각 대화문을 완성해보세요. (일부 정답은 응답자에 따라 다를 수 있음)

(1) A: 나 돈 모으기 시작한 지 좀 됐어.
    B: 왜?
    A: 사고 싶어서 봐둔 시계가 하나 있어서.
→ 정답 : been saving
/ saved

(2) A: 와! 이 작품 정말 아름답네!
    B: 고마워. 며칠 동안 작업해온 거야.
→ 정답 : been working
/ worked

(3) A: 바람이 세 시간째 불고 있어!
    B: 익숙해지도록 해. 여긴 원래 그러니까.
→ 정답 : been blowing
/ blown

(4) A: 오래 기다렸어?
    B: 전혀. 나도 방금 (여기) 왔어.
→ 정답 : been waiting
/ waited

(5) A: 가르치신 지는 얼마나 되셨어요?
    B: 이제 15년 정도 됐어요.
→ 정답 : been teaching
/ taught

(6) A: 여기서 가장 인기 있는 선생님은 누구야?
    B: 톰이야. 그는 몇 년째 최고 인기 강사 자리를 놓치지
       않고 있어.
→ 정답 : He's been

C. 다음 응답은 참고용입니다. 질문에 자유롭게 응답해보세요.

Q: How long have you studied English?
A: <u>I've been studying English ever since I was 13.</u>

    Q: 당신은 영어를 공부한 지 얼마나 됐나요?
    A: 전 13살 때부터 줄곧 영어를 공부해오고 있어요.

135 It's been ages since we last met.

지난번에 만난 이후로 참 오랜만이네.

Gotta Know

A. Let's practice the dialogues. Replace the underlined sentences with the ones in the *Ready-to-Use Box*.

(1) A: It's been a while.
　　B: Long time no see.

(2) A: Long time no talk.
　　B: Yeah, I know. What've you been up to?

Ready-to-Use Box
It's been a long time.
It's been so long.
It's been a while.
It's been a while since we last met.
It's been years since we last met.
It's been two years, hasn't it?

B. Let's practice the dialogue using the given information.

A: How long has it been since you two got to know each other?
B: It's been quite a long time.

① you last came here
　/ almost three years

② you started teaching English
　/ 20 odd years

③ you started dating Morgan
　/ not that long

C. Use the *Cheat Box* to fill in the blanks.

(1) So long!
(2) I still have a long _____ to go.
(3) That was a long time ago.
(4) I know it's a long _____, but I'll try my best.
(5) It was a long time _____.
(6) I won't be long.
(7) He snored _____ night (long).
(8) I've been working late all week (long).
(9) You will thank me in the long _____.
(10) I can't wait _____ longer.

Cheat Box		
all	run	shot
any	way	coming

A. Ready-to-Use Box 속 표현들로 밑줄 부분을 바꿔가며 대화문들을 연습해봅시다.

(1) A: 정말 오랜만이야.
    B: 오랜만이네.

(2) A: 오랜만에 목소리 듣네.
    B: 응, 그러게. 뭐 하며 지냈어?

It's been a long time.	정말 오랜만이야.
It's been so long.	정말 오랜만이야.
It's been a while.	오랜만이야.

It's been a while since we last met.
지난번에 얼굴 본 이후로 오랜만이네.

It's been years since we last met.
지난번에 만난 이후로 몇 년 만이네.

It's been two years, hasn't it?
2년 만이네, 그렇지? / (그건) 2년 됐네, 그렇지?

Tip

1) "It's been ..."은 "It has been ..."을 줄인 표현으로, 과거로부터 지금까지 시간이 얼마나 흘러왔는지를 설명하기 위해 현재완료 시제가 사용된 거예요. 어떤 시점 이후로 시간이 얼마나 지났는지 물으려면 "How long has it been since ...?"라고 표현하면 되죠.

2) "It's been ..." 뒤에는 기간 외에도 다음과 같이 다양한 것들이 등장할 수 있어요.
   ex) It's been cold lately.   최근에 날씨가 계속 추웠어.
   ex) It's been fun.   (그간) 재밌었어. / (그동안) 즐거웠어.
   ex) It's been no problem.   그건 그동안 아무 문제 없었어.

B. 주어진 정보를 이용해 다음 대화문을 연습해봅시다.

A: 너희 둘이 서로 알고 지낸 지 얼마나 됐어? B: 꽤 오래됐어.	① 네가 마지막으로 여기 오다 / 거의 3년
	② 네가 영어를 가르치기 시작하다 / 대략 20년
	③ 네가 모건과 사귀기 시작하다 / 그리 오래 안 된

Tip

3) "odd"는 "이상한" 또는 "홀수의"라는 뜻의 형용사로 많이 알려져 있지만, 수치를 말할 때는 "대략", "남짓한"이라는 뜻으로도 쓰여요. 보통, 숫자와 명사 사이에 등장하죠.
   ex) I paid 20 odd dollars.   난 대략 20달러 정도 지불했어.

C. 다음은 "long"을 이용한 유용한 표현들입니다. Cheat Box 속 표현들로 빈칸을 채워보세요.

(1) 안녕!
(2) 난 아직 멀었어. / 난 아직 갈 길이 멀어.   → 정답 : way
(3) 그건 오래전이야. / 그건 오래전 이야기야.
(4) (난) 거의 승산이 없다는 건 알지만, 최선을 다해볼게.   → 정답 : shot
(5) (그건) 어차피 일어날 일이 일어난 거야.   → 정답 : coming
(6) (난) 오래 안 걸릴 거야. / (나) 금방 돌아올게.
(7) 걘 밤새 코를 골았어.   → 정답 : all
(8) 난 일주일 내내 늦게까지 일했어.
(9) 넌 결국 나한테 고마워할 거야.   → 정답 : run
(10) 난 더는 못 기다리겠어. / 난 더 오래는 못 기다리겠어.   → 정답 : any

Tip

4) "shot"은 총기와 관련해서 "발포", "발사"라는 뜻으로 사용될 수 있으며, "시도"라는 뜻으로 쓰이기도 하는데, "먼 거리에 있는 목표물에 대한 발포", 먼 "거리의 시도"라는 의미에서, "It's a long shot."이라고 하면 "(그건) 거의 승산이 없어."라는 뜻이 돼요.

Gotta Remember
Show'em Who's Boss!

A. Make any sentences you want using the given phrases.

(1) It's been a long time since _____.

(2) It's been a long time since _____.

(3) It's been a while since _____.

(4) It's been a while since _____.

B. Complete the dialogues. (Some answers may vary.)

(1) A: How's the weather in Canada right now?
B: It's freezing. _____ like this since last week.

(2) A: _____ are you going to stay in Rome?
B: Seven days and six nights.

(3) A: Wait here. I _____.
B: Don't worry about it. Just take your time.

(4) A: You were so rude to me on the day we met.
B: That was _____.

(5) A: I know this is _____, but let's try and
get this done by next Monday.
B: Next Monday? Are you crazy?

(6) A: I told you you'd get this done tonight.
B: We'll see. I still have _____ to go.

(7) A: This will pay off in _____?
B: I hope you're right.

(8) A: Look. I think it's starting to snow.
B: Get used to it. It's going to snow _____.

(9) A: He's gonna throw up if we drive _____.
B: I guess the motion sickness medicine didn't work.

C. Answer the question below.

Q: How long has it been since you started studying with me?
A: _____.

Translations & Answers

A. 다음 문장들은 참고용입니다. 주어진 표현들을 이용해 자유롭게 문장을 만들어보세요.

(1) It's been a long time since I last came here.   정말 오랜만에 여기 와보네.
(2) It's been a long time since I had this much fun.   정말 오랜만에 이렇게 즐겨보네.
(3) It's been a while since we did something together.
    우리 같이 뭐 한 지도 되게 오래됐네.
(4) It's been a while since we last talked to each other.
    우리 서로 대화 못 나눈 지도 꽤 오래됐네.

B. 알맞은 표현으로 다음 각 대화문을 완성해보세요. (일부 정답은 응답자에 따라 다를 수 있음)

(1) A: 캐나다는 지금 날씨가 어때?   → 정답 : It's been
    B: 장난 아니게 추워. 지난주부터 이랬어.

(2) A: 로마에는 얼마나 머무를 예정이야?   → 정답 : How long
    B: 6박 7일.

(3) A: 여기서 기다려. 금방 돌아올게.   → 정답 : won't be long
    B: 걱정 말고 천천히 다녀와.

(4) A: 우리가 만난 날에 네가 나한테 엄청 무례하게 굴었어.   → 정답 : a long time ago
    B: 그건 오래전 일이잖아.

(5) A: 힘들다는 거 알지만, 다음 주 월요일까지 이거   → 정답 : a long shot
        끝내도록 해보자.
    B: 다음 주 월요일? 너 제정신이야?

(6) A: 네가 오늘 밤에 이거 끝낼 거랬잖아.   → 정답 : a long way
    B: 봐야 알지. 아직 멀었어.

(7) A: 이건 결국 성과가 있을 거야.   → 정답 : the long run
    B: 네 말이 맞으면 좋겠다.

(8) A: 봐 봐! 눈이 내리기 시작한 것 같아.   → 정답 : all month (long)
    B: 익숙해지도록 해. 한 달 내내 눈이 올 테니까.

(9) A: 좀 더 가다간 쟤 토하겠어.   → 정답 : any longer
    B: 멀미약이 잘 안 듣나 보네.

C. 다음 응답은 참고용입니다. 질문에 자유롭게 응답해보세요.

Q: How long has it been since you started studying with me?
A: 10 odd months. Haven't I improved a lot considering
how long we've studied together?

    Q: 당신은 저와 영어 공부한 지 얼마나 됐죠?
    A: 10개월 정도요. 함께 공부한 기간에 비해 실력이 많이 늘었죠?

136 Where's the nearest ATM?

가장 가까운 ATM이 어디 있죠?

Gotta Know

A. Let's look at the examples and change the sentences accordingly.

ex1) Where's the ATM around here?
→ Can you tell me where the ATM is around here?
→ Can I ask you where the ATM is around here?

(1) Where's the nearest bus station?
→ _____ ?
→ _____ ?

(2) Where's the best coffee shop in this town?
→ _____ ?
→ _____ ?

ex2) Is there a drugstore somewhere around here?
→ Do you know if there's a drugstore somewhere around here?

(3) Is there a hospital close by?
→ _____ ?

(4) Is there a park in this neighborhood?
→ _____ ?

B. Let's look at the examples and make new questions accordingly.

ex1) What do you want me to do?
→ Can you tell me what you want me to do?
ex2) Who told you that?
→ Can you tell me who told you that?

(1) Where is the post office?
→ _____ ?

(2) How much is this wallet?
→ _____ ?

(3) Who else knows about this?
→ _____ ?

A. 보기를 참고로 하여 주어진 문장들을 바꿔봅시다.

ex1) 이 근처에 ATM이 어디 있죠? → 이 근처에 ATM이 어디 있는지 좀 알려줄래요?
이 근처에 ATM이 어디 있는지 여쭤봐도 될까요?

(1) 가장 가까운 버스 정류장이 어디죠?
→ 정답 : Can you tell me where the nearest bus station is?
가장 가까운 버스 정류장이 어디 있는지 좀 알려줄래요?
Can I ask you where the nearest bus station is?
가장 가까운 버스 정류장이 어딘지 여쭤봐도 될까요?

(2) 이 동네에서 가장 커피 맛이 좋은 곳이 어디죠?
→ 정답 : Can you tell me where the best coffee shop is in this town?
이 동네에서 가장 커피 맛이 좋은 곳이 어디 있는지 좀 알려줄래요?
Can I ask you where the best coffee shop is in this town?
이 동네에서 가장 커피 맛이 좋은 곳이 어딘지 여쭤봐도 될까요?

ex2) 이 근방에 약국 있나요? → 혹시 이 근방에 약국 있는지 아세요?

(3) 가까운 곳에 병원이 있나요?
→ 정답 : Do you know if there's a hospital close by?
혹시 가까운 곳에 병원이 있는지 아세요?

(4) 인근에 공원이 있나요?
→ 정답 : Do you know if there's a park in this neighborhood?
혹시 인근에 공원이 있는지 아세요?

Tip
1) 때론 "걔 어디 있어?"라고 물을 것을 "너 걔 어디 있는지 **알아?**"처럼 묻기도 하죠? 이때 "걔 어디 있는지"에 해당하는 부분을 문법적으로 "**간접의문문**"이라고 해요. "**간접의문문**"은 일반적인 의문문 어순(문장 성분들의 자리 순서)과 달리 의문사를 제외한 나머지 부분이 평서문의 어순을 취하게 되는데, 번역 시에는 "~인지", "~한지"로 번역되며, 완벽한 문장이 아니라 하나의 명사로 사용되기 때문에 "Do you know where he is?"와 같은 의문문에서는 물론, "I know where he is."와 같은 평서문에서도 사용할 수 있어요.
2) "bus station"은 "버스 터미널"을 말하며, "bus stop"은 우리가 흔히 길가에서 볼 수 있는 "버스 정류장"을 말해요.

B. 보기를 참고로 하여 새로운 질문들을 만들어봅시다.

ex1) 내가 뭘 해주면 좋겠어? → 내가 뭘 해줬으면 하는지 말해줄래?
ex2) 누가 너한테 그렇게 말했어? → 누가 너한테 그렇게 말했는지 알려줄래?

(1) 우체국이 어디야? → 정답 : Can you tell me where the post office is?
우체국이 어딘지 알려줄래?

(2) 이 지갑은 얼마야? → 정답 : Can you tell me how much this wallet is?
이 지갑이 얼마인지 알려줄래?

(3) 이 사실을 알고 있는 사람이 또 누가 있어?
→ 정답 : Can you tell me who else knows about this?
이 사실을 알고 있는 사람이 또 누가 있는지 말해줄래?

Tip
3) 의문의 대상이 주어인 경우에는 의문문 어순도 의문사를 포함해 평서문 형태를 취하게 되는데, 이를 간접의문문으로 바꾸게 되면 아무런 어순 변화가 생기지 않아요.

Gotta Remember
Show'em Who's Boss!

A. Remember what we have learned today? Complete the dialogues.

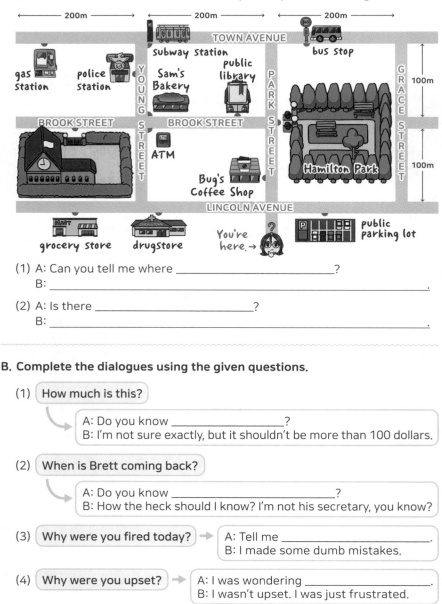

(1) A: Can you tell me where _____?
   B: _____.

(2) A: Is there _____?
   B: _____.

B. Complete the dialogues using the given questions.

(1) How much is this?

    A: Do you know _____?
    B: I'm not sure exactly, but it shouldn't be more than 100 dollars.

(2) When is Brett coming back?

    A: Do you know _____?
    B: How the heck should I know? I'm not his secretary, you know?

(3) Why were you fired today? → A: Tell me _____.
    B: I made some dumb mistakes.

(4) Why were you upset? → A: I was wondering _____.
    B: I wasn't upset. I was just frustrated.

Translations & Answers

A. 다음 대화문들은 참고용입니다. 오늘 학습한 내용을 바탕으로 자유롭게 대화를 나눠보세요.

(1) A: Can you tell me where <u>the nearest bus stop is</u>?
B: <u>Keep going straight and take a right on Town Avenue, and then go straight for about 50 meters. You'll see it on the right.</u>
A: 가장 가까운 버스 정류장이 어딘지 좀 알려주실래요?
B: 계속 쭉 가다가 타운 애비뉴에서 오른쪽으로 꺾은 후 50미터 정도 가시면 우편에 보일 거예요.

(2) A: Is there <u>a bakery around here</u>?
B: <u>Go down two blocks, take a left and then keep going straight. You'll see an ATM. It'll be across the street from that.</u>
A: 이 근처에 빵집 있나요?
B: 두 블럭 내려가서 왼쪽 길로 쭉 가세요. ATM이 하나 보일 텐데, 빵집은 거기 맞은 편에 있을 거예요.

B. 주어진 의문문을 이용해 다음 각 대화문을 완성해보세요.

(1) 이거 얼마야?　　　　→ 정답 : how much this is
A: 너 이거 얼마인지 알아?
B: 정확히는 모르겠지만, 100달러 이상은 안 할 거야.

(2) 브렛 언제 돌아와?　　→ 정답 : when Brett is coming back
A: 너 브렛 언제 돌아오는지 알아?
B: 난들 어떻게 알아? 내가 걔 비서는 아니잖아?

(3) 너 오늘 왜 잘렸어?　→ 정답 : why you were fired today
A: 너 오늘 왜 잘렸는지 말해봐.
B: 바보 같은 실수를 몇 가지 저질렀거든.

(4) 너 왜 화났었어?　　→ 정답 : why you were upset
A: 너 혹시 왜 화가 났던 거야?
B: 화 안 났어. 그냥 좀 짜증 났던 거야.

> ※ 간접의문문이 **"생각"**, **"가정"**, **"짐작"**, **"상상"**, **"추정"**, **"추측"** 등의 의미를 지닌 동사와 함께 의문문에서 사용될 때는 간접의문문 맨 앞에 있던 의문사가 문장 맨 앞으로 이동하게 돼요.
> ex) Who do you think is right?　　　넌 누구 말이 옳다고 생각해?
> ex) What do you suppose we should do?　우리가 뭘 어떻게 하면 좋을까?

Gotta Know

A. Let's practice the dialogues. Replace the underlined phrases with the ones in the *Ready-to-Use Boxes*.

(1) A: <u>What bus do I need to take to go to</u> the airport?
   B: You'll have to take bus number 10.

Ready-to-Use Box
What bus do I need to get on …?
What bus do I have to take …?
What bus should I take …?

(2) A: <u>What stop should I get off at for</u> City Hall?
   B: It's this one coming up.

Ready-to-Use Box
What stop do I need to get off at …?
What stop do I have to get off at …?
What stop do I get off at …?
Where should I get off …?

(3) A: <u>How many stops are there until</u> Main Street?
   B: About five or six more stops.

Ready-to-Use Box
How many stops are left until …?
How many stops are left to …?
How many stops are there to …?

B. Use the *Cheat Box* to fill in the blanks.

(1) I ride the bus to work.
(2) I got _____ the wrong bus!
(3) There is no bus service there.
(4) Where do I _____ the bus to the airport?
(5) How much is a ticket _____ the bus?
(6) Please let me know when we get there.
(7) I'm getting off at the next stop.
(8) I missed my _____!
(9) Where is the next stop?
(10) It's your stop! _____ the bell.
(11) Is this bus going to the airport?
(12) Do you stop _____ Central Park?
(13) How long till we _____ Gardner Avenue?
(14) Where do I _____ to get to the museum?

Cheat Box	
at	stop
on	catch
for	reach
ring	transfer

A. Ready-to-Use Box 속 표현들로 밑줄 부분을 바꿔가며 대화문들을 연습해봅시다.

(1) A: 공항에 가려면 몇 번 버스 타야 하죠?
 B: 10번 버스를 타야 할 거예요.

What bus do I need to get on ...?	... 몇 번 버스를 타야 하나요?
What bus do I have to take ...?	... 몇 번 버스를 타야 하나요?
What bus should I take ...?	... 몇 번 버스를 타야 하나요?

(2) A: 시청에 가려면 어느 정류장에서 내려야 해요?
 B: 이번에 서는 정류장에서요.

What stop do I need to get off at ...?	... 어느 정류장에서 내려야 하나요?
What stop do I have to get off at ...?	... 어느 정류장에서 내려야 하나요?
What stop do I get off at ...?	... 어느 정류장에서 내리나요?
Where should I get off ...?	... 어디서 내려야 하나요?

(3) A: 메인 스트릿까진 몇 정거장 남았어요?
 B: 대여섯 정거장 정도 더 가야 해요.

How many stops are left until ...?	~까지 몇 정거장 남았어요?
How many stops are left to ...?	~까지 몇 정거장 남았어요?
How many stops are there to ...?	~까지 몇 정거장 남았어요?

> **Tip** 1) "나 어느 정류장에서 내려야 해?"라고 물으려면 "What stop do I need to get off the bus at?"라고 표현하면 돼요. 대화 시에는 끝에 있는 "at"을 빼버리고 그냥 "What stop do I need to get off the bus?"라고 표현하기도 하죠.

B. 다음은 버스 이용과 관련된 표현들입니다. Cheat Box 속 표현들로 빈칸을 채워보세요.

(1) 난 회사에 버스 타고 출근해.
(2) 나 버스 잘못 탔어! → 정답 : on
(3) 그곳에는 버스가 안 다녀.
(4) 공항 가는 버스는 어디서 타지? → 정답 : catch
(5) 버스표는 얼마예요? → 정답 : for
(6) 그곳에 도착하면 좀 알려주세요.
(7) 난 다음 정류장에서 내려.
(8) 나 내려야 할 곳을 놓쳤어! → 정답 : stop
(9) 다음 정류장은 어디죠?
(10) 너 여기서 내려야 해! 벨 눌러. → 정답 : Ring
(11) 이 버스 공항에 가나요?
(12) 이거 센트럴 파크에서 서나요? → 정답 : at
(13) 가드너 애버뉴까진 얼마나 걸려? → 정답 : reach
(14) 박물관에 가려면 어디에서 갈아타? → 정답 : transfer

> **Tip** 2) 버스 운행과 관련해서 다음과 같은 질문들도 알아두면 좋아요.
> - When does the bus run? 버스 언제 있어요?
> - What time does the bus come? 버스 몇 시에 와요?
> - How often does bus number 301 come? 301번 버스는 얼마나 자주 다녀요?

Gotta Remember
Show'em Who's Boss!

A. Remember what we have learned today? Complete the dialogues.

(1) A: What bus _____?
   B: You'll have to take _____.

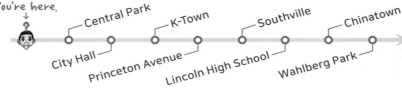

City Hall ↔	**210**	↔ O'Hare Airport
Main Street ↔	**17**	↔ Shedd Aquarium
Mega Mall ↔	**308**	↔ National Museum

(2) A: How many more stops are left until _____?
   B: _____.

You're here.
↓
City Hall — Central Park — Princeton Avenue — K-Town — Lincoln High School — Southville — Wahlberg Park — Chinatown

B. Complete the dialogues. (Some answers may vary.)

(1) A: _____ at the museum?
   B: No, you're gonna have to take bus number 11.

(2) A: I think I got on the wrong bus!
   B: Where're you trying to go?
   A: City hall.
   B: Ring the bell at the next stop and _____.

(3) A: Do I _____ here to go downtown?
   B: Yep. You can either take bus number six or nine.

(4) A: Excuse me, _____ to the airport?
   B: No, you'll have to take bus number seven.
   A: I see. Thanks.

(5) A: Did we just _____?
   B: It looks like it.
   A: Darn it. What time is the next bus?
   B: It's at seven.

Translations & Answers

A. 다음 대화문들은 참고용입니다. 오늘 학습한 내용을 바탕으로 자유롭게 대화를 나눠보세요.

(1) A: What bus <u>should I take to get to Shedd Aquarium</u>?
　 B: You'll have to take <u>bus number 17</u>.
　　　A: 셰드 아쿠아리움에 가려면 몇 번 버스를 타야 하죠?
　　　B: 17번 버스를 타야 할 거예요.

(2) A: How many more stops are left until <u>Princeton Avenue</u>?
　 B: <u>Four more stops. It's right after K-Town.</u>
　　　A: 프린스턴 애비뉴까진 몇 정거장 더 남았죠?
　　　B: 네 정거장 더요. 케이타운 바로 다음이에요.

B. 알맞은 표현으로 다음 각 대화문을 완성해보세요. (일부 정답은 응답자에 따라 다를 수 있음)

(1) A: 이거 박물관에 서나요?　　　　　　　　　　→ 정답 : Do you stop
　 B: 아뇨, 11번 버스를 타셔야 할 거예요.

(2) A: 나 버스 잘못 탄 거 같아!　　　　　　　　　→ 정답 : take a transfer
　 B: 어디 가려는 건데?
　 A: 시청.
　 B: 벨 누르고 환승 티켓 뽑은 뒤에 다음 정거장에 내려.

(3) A: 시내로 가려면 여기서 버스를 타야 하나요?　→ 정답 : take the bus
　 B: 네. 6번 버스나 9번 버스 중 하나 타면 돼요.

(4) A: 실례합니다만, 이 버스 공항에 가나요?　　　→ 정답 : is this bus going
　 B: 아뇨, 7번 버스를 타셔야 할 거예요.
　 A: 그렇군요. 감사해요.

(5) A: 우리 방금 버스 놓친 거야?　　　　　　　　→ 정답 : miss our bus
　 B: 그런 거 같아.
　 A: 젠장. 다음 버스는 몇 시에 있지?
　 B: 7시에.

※ 미국에서는 버스를 이용할 때 미리 버스 티켓을 구매하거나 승차 시 현금을 내고 타야 하기 때문에 환승이 필요할 경우 처음부터 환승 티켓을 구매하거나 승차 시 운전기사에게 따로 환승 티켓을 달라고 해야 해요. 이러한 환승 티켓을 영어로 "**bus transfer**" 또는 그냥 "**transfer**"이라고 하며, "**transfer**"은 "**환승하다**"라는 뜻의 동사로도 사용되죠. 환승 티켓은 보통 총 버스 이용 시간이 2시간 30분 이내인 경우에는 몇 번을 환승하더라도 추가 비용이 붙지 않지만, 그 이상을 넘어갈 경우에는 추가 비용을 내야 할 수도 있어요. 참고로, 미국에는 지하철이 있는 도시가 거의 없고, 지하철이 있다고 해도 노선이 하나 뿐인 곳이 많아서 "환승"이라는 개념이 불필요한 곳들이 대부분이죠. 좀 큰 도시에서만 환승이 가능하답니다.

I'm having a problem with my car.
나 차에 문제가 있어.

Gotta Know

A. Let's look at the example and change the sentences accordingly.

ex) I've got a heater problem. → I'm having a problem with my heater.

(1) I have a sprinkler problem. → _____.
(2) I've got a toilet problem. → _____.
(3) I have a dishwasher problem. → _____.
(4) I've got a sink problem. → _____.

B. Use the *Cheat Boxes* to fill in the blanks.

(1) What _____ to be the problem?
(2) What problems are you having?
(3) The heater is not working.
(4) The washing machine doesn't work.

Cheat Box		
clog	drain	function
down	seems	overflowing

(5) My shower is broken.
(6) My vacuum cleaner broke _____.
(7) The dishwasher stopped working yesterday.
(8) The dryer doesn't _____ anymore.
(9) My hot water heater petered out on me.
(10) The sink won't _____.
(11) There's a _____ in the bathroom sink.
(12) The drain is clogged.
(13) The toilet is clogged up. (= The toilet is stopped up.)
(14) The toilet is _____.

(15) The roof is _____.
(16) The faucet is _____.
(17) The basement is _____.
(18) No water's coming out of my kitchen sink.
(19) There's no hot water in the bathroom.
(20) My hot water's been only _____ since yesterday.
(21) My water pipes are _____.
(22) The window is broken.
(23) The power is _____.

Cheat Box
out
frozen
flooded
leaking
dripping
lukewarm

Translations & Explanations

A. 보기를 참고로 하여 주어진 문장들을 바꿔봅시다.

ex) 히터(난방기)에 문제가 있어요.

(1) 스프링클러에 문제가 있어요. → 정답 : I'm having a problem with my sprinkler.
(2) 변기에 문제가 있어요.　　　→ 정답 : I'm having a problem with my toilet.
(3) 식기 세척기에 문제가 있어요. → 정답 : I'm having a problem with my dishwasher.
(4) 세면대에 문제가 있어요. / 싱크대에 문제가 있어요.
　　　→ 정답 : I'm having a problem with my sink.

 Tip　1) 우린 보통 "sink"라고 하면 "싱크(대)"를 떠올리지만, 미국에서는 "세면대(washbasin)"
　　　라는 뜻으로도 쓰이므로, 상황에 맞게 잘 이해하거나 표현해야 해요. 엄밀히 따지자면
　　　세면대는 "bathroom sink", 주방 싱크대는 "kitchen sink"라고 표현해야 하지만
　　　대부분은 그냥 "sink"라고 표현하죠.

**B. 다음은 집안에서 발생할 수 있는 여러 가지 문제와 관련된 표현들입니다. Cheat Box 속
표현들로 빈칸을 채워보세요.**

(1) 문제가 뭔 것 같아?　　　　　　　　　　　　　→ 정답 : seems
(2) 어떤 문제가 있어?
(3) 히터(난방기)가 작동을 안 해. / 히터(난방기)가 고장 났어.
(4) 세탁기가 작동을 안 해. / 세탁기가 고장 났어.
(5) 샤워기가 고장 났어.
(6) 진공청소기가 고장 났어.　　　　　　　　　　　→ 정답 : down
(7) 식기 세척기가 어제부터 작동하지 않아.
(8) 건조기가 더 이상 작동하지 않아.　　　　　　　　→ 정답 : function
(9) 온수기가 고장 났어.
(10) 싱크대에 물이 빠지질 않아.　　　　　　　　　　→ 정답 : drain
(11) 욕실 세면대가 막혔어.　　　　　　　　　　　　→ 정답 : clog
(12) 하수구가 막혔어.
(13) 변기가 꽉 막혔어.
(14) 변기가 넘쳐.　　　　　　　　　　　　　　　　→ 정답 : overflowing
(15) 지붕에서 물이 새.　　　　　　　　　　　　　　→ 정답 : leaking
(16) 수도꼭지에서 물이 똑똑 떨어져.　　　　　　　　→ 정답 : dripping
(17) 지하실에 물이 찼어.　　　　　　　　　　　　　→ 정답 : flooded
(18) 싱크대에서 수돗물이 안 나와.
(19) 욕실에 뜨거운 물이 안 나와.
(20) 어제부터 물이 뜨겁지가 않고 미지근해.　　　　　→ 정답 : lukewarm
(21) 수도관이 얼었어.　　　　　　　　　　　　　　→ 정답 : frozen
(22) 창문이 깨졌어.
(23) 전기가 나갔어.　　　　　　　　　　　　　　　→ 정답 : out

Tip　2) "will not"을 줄인 표현인 "won't"는 "~하지 않을 것이다"라는 뜻이지만, 간혹 특이하게도
　　　"(아무리 해도) ~하질 않는다"라는 뜻으로도 쓰여요.
　　　　ex) The stove won't light.　　가스레인지에 불이 들어오질 않아.

Gotta Remember
Show'em Who's Boss!

A. Make any sentences you want using the given phrases.

(1) I'm having a problem _____.

(2) I'm having a problem _____.

(3) I'm having a problem _____.

(4) I had a problem _____.

B. Complete the dialogues. (Some answers may vary.)

(1) A: _____.
   B: I'll call the power company.

(2) A: The heater is _____.
   B: No wonder it's so cold in here.

(3) A: I'm having a problem with my toilet.
   B: What kind of problem?
   A: It's _____ up.

(4) A: I'm having an issue with the microwave.
   B: What seems to be the problem?
   A: It's not _____ things up.

(5) A: There's a problem with the dishwasher.
   B: What kind of problem?
   A: It suddenly _____.

C. Remember what we have learned today? Complete the dialogue.

A: I'm having a problem with _____.
B: What's wrong?
A: _____.

D. Match A1 through A4 to B1 through B4. (Some answers may vary.)

A1) My cold won't ...   •   • B1) turn on.

A2) The garbage disposal won't ... •   • B2) go away.

A3) The bathroom door won't ... •   • B3) turn over.

A4) The engine won't ...   •   • B4) open.

Translations & Answers

A. 다음 문장들은 참고용입니다. 주어진 표현들을 이용해 자유롭게 문장을 만들어보세요.

(1) I'm having a problem <u>with my garbage disposal</u>. 나 주방용 오물 분쇄기에 문제가 있어.
(2) I'm having a problem <u>with my air conditioner</u>. 나 에어컨에 문제가 있어.
(3) I'm having a problem <u>receiving calls</u>. 나 전화 수신이 잘 안 돼.
(4) I had a problem <u>with alcohol</u>.
　　 난 술 때문에 어려움이 있었어. / 난 술 문제가 있었어. / 난 알코올 중독이었어.

B. 알맞은 표현으로 다음 각 대화문을 완성해보세요. (일부 정답은 응답자에 따라 다를 수 있음)

(1) A: 정전됐어.　　　　　　　　　　 → 정답 : The power is out
　　 B: 내가 전력 회사에 전화해 볼게.

(2) A: 히터가 작동을 안 해.　　　　　 → 정답 : not working
　　 B: 어쩐지 이 안이 너무 춥다 했어.

(3) A: 변기에 문제가 있어요.　　　　　 → 정답 : clogged / stopped
　　 B: 어떤 문제요?
　　 A: 꽉 막혔어요.

(4) A: 전자레인지에 문제가 있어요.　　 → 정답 : heating
　　 B: 문제가 뭐 같아요?
　　 A: 음식이 데워지지 않아요.

(5) A: 식기 세척기에 문제가 있어요.　　 → 정답 : stopped working
　　 B: 어떤 문제요?
　　 A: 갑자기 작동하질 않아요.

C. 다음 대화문은 참고용입니다. 오늘 학습한 내용을 바탕으로 자유롭게 대화를 나눠보세요.

A: I'm having a problem with <u>my air conditioner</u>.　　 A: 에어컨에 문제가 있어요.
B: What's wrong?　　　　　　　　　　　　　　　　 B: 뭐가 잘못됐죠?
A: <u>It's not blowing cold air.</u>　　　　　　　　　　 A: 찬 바람이 안 나와요.

D. 이어질 알맞은 표현을 골라 각 문장을 완성해보세요. (일부 정답은 응답자에 따라 다를 수 있음)

A1) → 정답 : B2) My cold won't go away.　　　　　　　 감기가 떨어지질 않네.
A2) → 정답 : B1) The garbage disposal won't turn on.　 음식 찌꺼기 처리기가 켜지질 않아.
A3) → 정답 : B4) The bathroom door won't open.　　　 욕실 문이 열리질 않아.
A4) → 정답 : B1) The engine won't turn on.　　　　　　 시동이 걸리질 않아.
　　　　　 또는 B3) The engine won't turn over.

Gotta Know

A. Let's look at the examples and make new sentences accordingly.

ex1) I saw a girl. She was on American Idol last year.
→ I saw a girl that was on American Idol last year.

(1) I have a dog. It looks just like you.
→ _____.

(2) I know a guy. He knows you.
→ _____.

(3) I bought a laptop. It was on sale.
→ _____.

ex2) I know a guy. His favorite hobby is learning different languages.
→ I know a guy whose favorite hobby is learning different languages.

(4) I have a friend. His last name is Benz.
→ _____.

(5) I helped an old lady. Her car broke down on the road.
→ _____.

(6) I saw a dog. Its name is the same as mine.
→ _____.

B. Let's circle the correct answers.

(1) She forgot that I was the one (who / which) told them.

(2) The boy, (his / whose) father is very rich, is very spoiled.

(3) We didn't know this was the dog (who / that) bit you.

(4) The dog, (which / whose) nap had been interrupted, barked loudly.

(5) If you want to get a job (it / that) pays well, give me a call.

(6) I have two sisters, (who / that) are not married yet.

(7) I met a girl (whose / whom) sister went to the same high school as me.

(8) I want a girlfriend (that / of which) likes me for me.

(9) I know a guy (which / whose) brother works in Seoul.

(10) I know a guy (who / he) has a huge crush on you.

A. 보기를 참고로 하여 문장들을 만들어봅시다.

ex1) 난 한 여자애를 봤어. 걘 작년에 아메리칸 아이돌에 출연했어.
→ (나) 작년에 아메리칸 아이돌에 출연했던 여자애를 봤어.

(1) 나한테 개가 한 마리 있어. 걘 널 똑 닮았어.
→ 정답 : I have a dog that looks just like you. 나한테 널 똑 닮은 개가 한 마리 있어.

(2) 난 어떤 남자를 알아. 그는 널 알고 있어.
→ 정답 : I know a guy that knows you. (나) 널 알고 있는 어떤 남자를 알아.

(3) 나 노트북 하나 샀어. 그건 할인 중이었어.
→ 정답 : I bought a laptop that was on sale. (나) 할인 중인 노트북을 하나 샀어.

ex2) 난 한 사람을 알고 있어. 그가 가장 좋아하는 취미는 외국어를 배우는 거야.
→ 난 외국어를 배우는 게 가장 좋아하는 취미인 사람을 한 명 알고 있어.

(4) 나에겐 친구가 한 명 있어. 걔 성은 벤츠야.
→ 정답 : I have a friend whose last name is Benz.
나에겐 성이 벤츠인 친구가 한 명 있어.

(5) 난 어떤 할머니를 도와드렸어. 그분 차가 길에서 고장 났어.
→ 정답 : I helped an old lady whose car broke down on the road.
난 길에서 차가 고장 난 어떤 할머니를 도와드렸어.

(6) 난 개 한 마리를 봤어. 걔 이름이 나랑 같아.
→ 정답 : I saw a dog whose name is the same as mine.
난 나랑 이름이 같은 개를 봤어.

Tip

1) 관계대명사절 속에는 주어나 소유격이 없는 경우도 있어요. 각각을 이끄는 관계대명사를 "주격 관계대명사", "소유격 관계대명사"라고 하죠. 목적격 관계대명사와는 달리 이 두 관계대명사는 생략되지 않아요.

2) 주격 관계대명사는 선행사(꾸밈을 받는 명사)가 사람인 경우 "who"나 "that", 선행사가 사물인 경우 "which"나 "that"을 이용하는데, 대화 시에는 둘 다 "that"이 선호돼요.

3) 소유격 관계대명사절은 대화 시에는 물론, 글에서도 자주 사용하진 않아요. 선행사가 사람인 경우에는 관계대명사로 "whose"를 이용하고, 선행사가 사물인 경우에는 관계대명사로 "whose" 또는 "of which"를 이용하는데, 사물일 때 "whose"를 이용하는 것은 사물을 의인화해서 표현하는 경우가 많기 때문이라고 이해하면 돼요. 물론, "of which"보다 발음하기도 더 쉬운 이유도 있죠. 사실, 이러한 이유로 미국영어에서는 "of which"를 거의 안 쓰는 추세랍니다.

B. 괄호 속 표현 중 각 문장에 올바른 것을 골라봅시다.

(1) 걘 그들에게 말한 사람이 바로 나였다는 사실을 잊었어. → 정답 : who
(2) 아버지가 아주 부유한 그 소년은 아주 망나니야. → 정답 : whose
(3) 우린 이 개가 널 물었던 개라는 걸 몰랐어. → 정답 : that
(4) 낮잠을 방해받은 그 개는 크게 짖었어. → 정답 : whose
(5) 월급 많이 주는 일자리를 구하고 싶으면 전화 줘. → 정답 : that
(6) 난 자매가 둘 있는데, 아직 시집을 안 갔어. → 정답 : who
(7) 난 자매가 나랑 같은 고등학교에 다녔던 여자애를 만났어. → 정답 : whose
(8) 난 '나'라는 사람을 있는 그대로 좋아해 주는 여친을 원해. → 정답 : that
(9) 난 형이 서울에서 일하는 남자를 한 명 알고 있어. → 정답 : whose
(10) 난 널 엄청나게 좋아하는 남자를 한 명 알고 있어. → 정답 : who

Gotta Remember
Show'em Who's Boss!

A. Identify which of the following underlined parts can be omitted.

(1) I know everybody <u>that</u> works here.
(2) I don't have any money <u>that</u> I can lend you.
(3) I know a guy <u>that</u> can help.
(4) Money is the only thing <u>that</u> matters to me right now.
(5) He's not someone <u>that</u> you want to be around.
(6) What is it <u>that</u> you don't understand about me?
(7) I know a girl <u>whose</u> name is Cindy.
(8) This is the book <u>that</u> I was talking about the other day.

B. Complete the sentences. (Answers may vary.)

(1) I have some friends _____ speak more than two languages.
(2) That's just somebody _____ I used to know.
(3) I saw a car _____ windows were all broken.
(4) This is not the kind of movie _____ I'm interested in.
(5) I have a friend _____'s getting married next week.
(6) This is Ken _____ you've been dying to meet.

C. Complete the dialogues. (Answers may vary.)

(1) A: Give me back my coffee mug.
   B: Which one is it?
   A: The one _____ on it.

(2) A: You're late.
   B: Says the man _____. Are you kidding me?

(3) A: That guy's the one _____.
   B: I can tell he's an annoying person just
      by looking at him.

(4) A: Jennifer is marrying a man _____
      don't seem to like her much.
   B: Poor Jennifer.

(5) A: This is the dog _____.
   B: This, I have to see. Where's my cat?

Translations & Answers

A. 밑줄 친 부분 중 생략 가능한 것들을 찾아보세요.

(1) 난 여기서 일하는 모든 사람을 다 알아. → 정답 : X
(2) 난 너한테 빌려줄 수 있는 돈이 없어. → 정답 : O (생략 가능)
(3) 난 도와줄 수 있는 남자를 한 명 알고 있어. → 정답 : X
(4) 지금 내게 중요한 건 오직 돈밖에 없어. → 정답 : X
(5) 걘 네가 어울리고 싶어 할 만한 사람이 아니야. → 정답 : O (생략 가능)
(6) 나에 대해서 이해 안 되는 부분이 뭔데? → 정답 : O (생략 가능)
(7) 난 이름이 신디인 여자애를 하나 알고 있어. → 정답 : X
(8) 이게 내가 지난번에 이야기하던 그 책이야. → 정답 : O (생략 가능)

> ※ 목적격 관계대명사절 속에 목적어 없이 홀로 남겨진 전치사는 관계대명사절 맨 앞에
> 표현하기도 하는데, 이때는 관계대명사를 생략하지 않고, 관계대명사 that을 사용할 수도
> 없어요.
> ex) 이게 내가 지난번에 이야기하던 그 책이야.
> → This is the book that I was talking about the other day. (that 생략 가능)
> ⇒ This is the book about which I was talking the other day.
> (관계대명사 that 사용 불가, which 생략 불가)

B. 알맞은 관계대명사로 다음 각 문장을 완성해보세요. (정답은 응답자에 따라 다를 수 있음)

(1) 내겐 두 개 이상의 언어를 구사하는 친구들이 몇 명 있어. → 정답 : who / that
(2) 저 사람은 그냥 예전에 알고 지내던 사람이야. → 정답 : that / who / 생략
(3) 난 창문이 모두 깨진 자동차를 봤어. → 정답 : whose
(4) 이건 내가 재밌어하는 그런 종류의 영화가 아니야. → 정답 : that / 생략
(5) 난 다음 주에 결혼하는 친구가 한 명 있어. → 정답 : who / that
(6) 이쪽이 네가 그토록 만나고 싶어 하던 켄이야. → 정답 : who / whom

C. 알맞은 표현으로 다음 각 대화문을 완성해보세요. (정답은 응답자에 따라 다를 수 있음)

(1) A: 내 커피 머그잔 돌려줘. → 정답 : that has my name
B: 어느 거지?
A: 내 이름 써 있는 거.

(2) A: 너 늦었어. → 정답 : who's late every day
B: 맨날 늦는 사람이 누군데 그런 소리야? 장난해?

(3) A: 날 계속 짜증 나게 하는 애가 바로 쟤야. → 정답 : that keeps annoying me
B: 그냥 딱 봐도 짜증 나는 인간이라는 거 알겠네.

(4) A: 제니퍼가 어떤 남자랑 결혼하는데, 시부모님 → 정답 : whose parents
될 분들이 자기를 별로 안 좋아하시는 눈치래.
B: 불쌍한 제니퍼.

(5) A: 이 녀석은 고양이를 무서워하는 개야. → 정답 : that's afraid of cats
B: 이건 꼭 한 번 봐야겠네. 우리 고양이 어디 갔지?

140 This is where I used to live.

여기가 내가 한때 살았던 곳이야.

Gotta Know

A. Let's match A1 through A4 to B1 through B4.

A1) Now is the time ... •

A2) Here's the place ... •

A3) That's the reason ... •

A4) This is the way ... •

• B1) when we have to be most careful.

• B2) these things work.

• B3) where I'll meet him in two hours.

• B4) why I hate him.

B. Let's look at the example and change the long and awkward sentences into shorter, simpler ones.

> ex) That's the way that I got my promotion.
> → That's the way I got my promotion.
> → That's how I got my promotion.

(1) Tell me the way that you got there.

→ _____ .

→ _____ .

(2) It seems that's the way that it works.

→ _____ .

→ _____ .

(3) At least that's the way that I understood it.

→ _____ .

→ _____ .

C. Let's circle the correct answers. (Some answers may vary.)

(1) That's (when / that) I realized something was wrong.

(2) I still remember the day (when / that) you popped the question.

(3) This is the place (where / that) I lost my watch.

(4) This is (where / that) I met your mom for the first time.

(5) Is that (why / that) you have decided to drop out of your school?

(6) Isn't the reason (why / that) I hate you obvious?

(7) Tell me (how / that) you found out.

(8) I love the way (how / that) you smile.

A. 이어질 알맞은 표현을 골라 각 문장을 완성해보세요.

> A1) → 정답 : B1) Now is the time when we have to be most careful.
> 지금이 우리가 가장 조심해야 할 때야.
> A2) → 정답 : B3) Here's the place where I'll meet him in two hours.
> 여기가 내가 걔 두 시간 있다가 만날 곳이야.
> A3) → 정답 : B4) That's the reason why I hate him.   그게 내가 걔 싫어하는 이유야.
> A4) → 정답 : B2) This is the way these things work. 이게 이것들이 작동하는 방식이야.

Tip

1) "선행사(꾸밈을 받는 명사)" 뒤에는 불완전한 문장이 아닌 완전한 문장이 등장하기도 해요. 이들을 "**관계부사절**"이라고 하죠. 관계대명사절과 마찬가지로 관계부사절도 바로 앞의 선행사를 꾸며주게 되는데, 선행사가 "시간 명사"인 경우에는 관계부사로 "when"을, 선행사가 "장소 명사"인 경우에는 관계부사로 "where"을, 선행사가 "이유 명사"인 경우에는 관계부사로 "why"를, 선행사가 "방법 명사"인 경우에는 관계부사로 "how"를 이용해요.

2) 관계부사절이 등장하는 문장은 선행사와 관계부사를 함께 사용할 수도 있고, 선행사나 관계부사 중 하나를 생략할 수 있어요. 특이하게도 관계부사 "how"는 선행사나 "how" 중 하나를 반드시 생략해야 하죠.

B. 보기를 참고로 하여 길고 어색한 문장들을 짧고 간단한 문장으로 바꿔봅시다.

ex) 그게 내가 승진한 방법이야.

(1) 네가 거기 어떻게 갔는지 말해줘.
→ 정답 : Tell me the way you got there.
Tell me how you got there.

(2) 그게 (그것이) 작동하는 방법인가 보네.
→ 정답 : It seems that's the way it works.
It seems that's how it works.

(3) 적어도 난 그런 식으로 이해했어.
→ 정답 : At least that's the way I understood it.
At least that's how I understood it.

Tip

3) 관계부사 "how"는 "that"으로 바꿔서 표현할 수도 있어요. 단, 이때는 선행사를 생략하지 않죠.

C. 괄호 속 표현 중 각 문장에 올바른 것을 골라봅시다. (일부 정답은 응답자에 따라 다를 수 있음)

(1) 그때가 뭔가가 잘못됐다는 걸 깨달았을 때였어. → 정답 : when
(2) 난 아직도 네가 청혼했던 날을 기억해. → 정답 : when / that
(3) 여기가 내가 시계를 잃어버린 곳이야. → 정답 : where / that
(4) 여기가 내가 네 엄마를 처음으로 만난 곳이야. → 정답 : where
(5) 너 그래서 학교 관두기로 한 거야? → 정답 : why
(6) 내가 널 싫어하는 이유는 뻔하지 않아? → 정답 : why / that
(7) 네가 어떻게 알아냈는지 (방법을) 말해줘. → 정답 : how
(8) 난 네가 웃는 모습이 정말 좋아. → 정답 : that

Tip

4) 나머지 관계부사들도 "that"으로 바꿔서 표현할 수 있어요. 단, "that"을 사용할 경우에는 무조건 선행사를 밝혀줘야 한답니다.

Gotta Remember
Show 'em Who's Boss!

A. Find the incorrect sentences and correct them. (Some answers may vary.)

(1) Do you remember a time you broke your ankle?

(2) It's just the way it is.

(3) Is that the reason for why he smelled so bad?

(4) It didn't turn out in the way I wanted it to.

(5) Seven p.m. is the time I usually get off work.

(6) I'll be at the coffee shop where we always drink coffee at.

(7) That's when you called me.

(8) That's the reason that I didn't wanna go.

(9) This is the place which I often eat out.

(10) That's all the more reason you should get a job right away.

(11) I don't like the way how you treat me.

B. Complete the dialogues. (Answers may vary.)

(1) A: That was the reason _____ I had to run.
   B: I see.

(2) A: What year did you guys get married? Was it 2013?
   B: Yeah, that's the year _____ we got married.

(3) A: That's _____ you can get the best pizza in town.
   B: The best, huh? We should go eat there sometime.
   A: Definitely.

(4) A: This isn't _____ it's supposed to be.
   B: Are you sure? It looks okay to me.

(5) A: I still remember _____ we first met.
   B: Really?
   A: You don't?
   B: Of course not. That was more than 10 years ago.

(6) A: Is this _____ you found me?
   B: Not really. I just wanted to hang out.

Translations & Answers

A. 틀린 문장을 찾아 바르게 고쳐보세요. (일부 정답은 응답자에 따라 다를 수 있음)

(1) 너 발목 부러졌던 때 기억나?　　　　→ 정답 : a를 the로 바꿈

(2) 그건 원래 그래. / 그냥 원래 그런 거야.

(3) 그래서 걔한테서 고약한 냄새가 난 거야?　→ 정답 : for 삭제

(4) 그건 내가 원하는 대로 되지 않았어.　　→ 정답 : in 삭제

(5) 오후 7시는 내가 평소 퇴근하는 시간이야.

(6) 나 우리가 늘 커피 마시는 커피숍에 있을게.
　　　→ 정답 : 문장 끝에 있는 at 삭제 / where 삭제 / where을 that으로 바꿈

(7) 그때가 네가 나한테 전화했을 때야.

(8) 그게 내가 안 가고 싶었던 이유야.

(9) 여기가 내가 종종 외식하는 곳이야.
　　　→ 정답 : which를 where로 바꿈 / which를 없애고 문장 끝에 at 추가
　　　　　　/ which를 that으로 바꾸고 문장 끝에 at 추가

(10) 그게 더더욱 네가 일을 당장 구해야 하는 이유야.

(11) 난 네가 날 대하는 태도가 마음에 안 들어.
　　　→ 정답 : the way나 how 중 하나를 삭제하거나, how를 that으로 수정

B. 알맞은 표현으로 다음 각 대화문을 완성해보세요. (정답은 응답자에 따라 다를 수 있음)

(1) A: 그게 내가 급히 어디론가 가야 했던 이유였어.　→ 정답 : why / that / 생략
　　B: 그랬군.

(2) A: 너희 몇 년도에 결혼했지? 2013년이었나?　→ 정답 : that / when / 생략
　　B: 응, 그때가 우리가 결혼한 해 맞아.

(3) A: 저 집이 이 동네에서 피자 맛이 가장 좋은 곳이야.　→ 정답 : the place where
　　B: 최고란 말이지? 언제 한번 저기 가서 먹자.　　　　　/ where
　　A: 물론이지.

(4) A: 이거 원래 이렇게 되면 안 되는 건데.　→ 정답 : the way / how
　　B: 정말이야? 내가 보기엔 괜찮아 보이는데.　　　 / the way that

(5) A: 난 아직도 우리가 처음 만난 그 날을 기억해.　→ 정답 : the day / when
　　B: 정말?　　　　　　　　　　　　　　　　　　　 / the day when
　　A: 넌 아니야?　　　　　　　　　　　　　　　　　 / the day that
　　B: 그럴 리가 없지. 그건 10년도 더 된 일인데.

(6) A: 이게 네가 날 찾은 이유야?　→ 정답 : the reason / why
　　B: 딱히 그런 건 아니야. 그냥 같이 놀고 싶어서.　 / the reason why
　　　　　　　　　　　　　　　　　　　　　　　 / the reason that